思想觀念的帶動者
文化現象的觀察者
本土經驗的整理者
生命故事的關懷者

$\{$ PsychoAlchemy $\}$

啟程，踏上屬於自己的英雄之旅
外在風景的迷離，內在視野的印記
回眸之間，哲學與心理學迎面碰撞
一次自我與心靈的深層交鋒

# 榮格 與 現象學

# JUNG
*and*
# PHENOMENOLOGY

作者　羅傑・布魯克　｜　ROGER BROOKE　｜　譯者　李維倫

Routledge
Taylor & Francis Group

榮格與現象學　　　　　　　　　　　　　　　　　　｜目次｜
Jung and Phenomenology

|中文版序一｜**榮格與現象學：從揭示與隱蔽之間的現象性**
　　　　　　**談回到事物自身的意涵／楊婉儀**……………………009
|中文版序二｜**為世界重新賦予靈魂的心理學／蔡怡佳**……………017
|導　　讀｜**榮格心理學的洞見與閱讀存在經驗的方法／李維倫**……023
推　薦　序 …………………………………………………………035
作者自序 ……………………………………………………………042

|第 一 章｜**朝向一個現象學分析心理學**……………………047
　　　摘要／62
　　　本書概要／63

|第 二 章｜**榮格心理學綜覽**………………………………069
　　　心靈的結構／70
　　　心靈動力學／75
　　　人格發展／80
　　　問題與出發點／86

|第 三 章｜**現象學架構下的榮格方法**……………………091
　　　現象學做為方法的定義／96

描述 / 97

現象學還原 / 100

本質的尋求 / 106

意向性 / 115

摘要 / 125

對榮格做為現象學家的評價 / 127

| 第 四 章 | **對榮格之非洲經歷的批判性討論：心理生活的場所** ⋯⋯⋯ 133

世界的恢復 / 136

世界做為神殿 / 142

榮格的撤退 / 146

結論 / 150

| 第 五 章 | **心靈和經驗的結構** ⋯⋯⋯ 153

心靈的自主性 / 154

心靈的身體 / 162

榮格的「心理主義」 / 169

從封裝的心靈到做為生活世界的心靈 / 176

摘要與暫時的定義 / 188

心靈做為此在 / 189

大地的意義 / 199

歸結想法 / 203

| 第 六 章 | **自性和個體化** ........................................ 207

　　做為心靈整體的自性 / 208

　　自性做為此在 / 213

　　離題一下：自我 / 215

　　自性做為此在（續）/ 218

　　個體化、聚集和占有 / 226

　　轉化：從字面意義到隱喻 / 232

　　對於象徵的說明 / 235

　　內部 / 237

　　主題摘要 / 244

　　自性和個體化：現象學的勾勒描述 / 246

| 第 七 章 | **意識和無意識** ........................................ 249

　　導言：與佛洛伊德的分歧 / 250

　　意識和無意識這兩個詞彙的模糊性 / 252

　　做為存在複雜態的情結 / 257

　　做為生活母體的無意識 / 261

　　做為根本性隱藏的集體無意識 / 266

　　無意識的面貌和意識的態度 / 268

　　摘要 / 273

| 第 八 章 | **原型** ........................................ 277

　　榮格的概念介紹 / 278

　　詮釋學的批判 / 286

榮格的動物行為學和原型的身體性 / 293

原型與在世存有 / 297

原型做為心靈所必要者 / 308

原型實在的圖像自主性 / 311

摘要 / 315

|第九章| **一個臨床研究** ................................................ 321

背景設置 / 322

場景 / 325

消解 / 328

討論 / 331

|第十章| **主題的整合** ................................................ 341

現象學對現象學分析心理學的貢獻 / 344

分析心理學對現象學分析心理學的貢獻 / 345

|附錄一| **參考文獻** ................................................ 346
|附錄二| **英文索引** ................................................ 360

| 中文版序一 |

# 榮格與現象學：從揭示與隱蔽之間的現象性談回到事物自身的意涵

楊婉儀

中山大學哲學研究所教授

　　本書名為《榮格與現象學》，那麼顧名思義，如何從現象學亦或者說從現象學方法呈顯榮格理論與現象學的關係，或許將是本書的重點之一，而這也將是筆者嘗試在本序言中展開的部分。如同本書作者所曾引述的勞里・勞哈拉（Lauri Rauhala）的這句話：

> 即使是對榮格思想的膚淺了解，也有理由認為將現象學—存在分析（phenomenological-existential analysis）用於理解榮格的觀點會比用於佛洛伊德精神分析更有收穫，因為後者在某種意義上綁在自然科學的研究傳統上。（Rauhala 1984, pp. 229-30）[1]

　　問題是，如何以現象學 存在分析來理解榮格觀點，以達到現象學所關注的回到事物自身（return to the things themselves），也就是在本書脈絡下的回到榮格的文本和它們所揭示的現象[2]這一呼籲呢？或許正是如何以現象學做為理解榮格或榮格思想之方法的要點

所在。

　　如同本書所強調的，若從康德式的物自身來思考榮格原型的意涵，那麼此種詮釋方式必將重新落入笛卡兒所面臨的心物二元的難題。如此將不僅使得心與身的關係被割裂，也將使得相對於形而上真理的現象之真實被忽略。相較於上述將原型視為實體的思考方式，將原型視為在世存有的現象學─存在分析轉而從現象學汲取靈感，在榮格認為圖像（image）就是心靈[3]的基礎上，嘗試從圖像開展對於心靈的詮釋。但問題是，此種詮釋是否或如何可能避開身心二元的難題？這或許關乎如何詮釋圖像就是心靈這句話。我們首先看看本書作者對於圖像的詮釋：

　　　　分析心理學所稱的圖像，現象學依循海德格而稱之為
　　物（things）。[4]

　　而若從法蘭克（Didier Franck）對於海德格思想中的物之詮釋來看，將發現物的核心意義即「聚集」[5]。這意味著我們不僅可以從聚集這一說法來理解圖像，而也同樣可以藉此思考心靈在此處的意涵：

　　　　如果自性聚集（gather）世界，這個聚集就會以原
　　型的方式進行。原型做為一種「揭示─隱匿」的顯化
　　（presence），既在世又在身。[6]

　　從自性以原型的方式聚集世界，以及原型可視之為人類物種特

定的身體潛在可能性[7]而言,「圖像就是心靈」這句話所指涉的心靈已然不是一個孤立實體,而是在身體這一顯露作用,也就是「姿勢」(posture)[8]的表達中,讓世界前來的可能性。因而,若從現象學—存在分析對人這一在世存有的心靈進行探索,將發現心靈不僅與身體相關,且總已然與世界相涉。而也正是在此意義上說,從現象學觀點對於榮格理論進行詮釋(在此特別指原型理論),確實有助於避開身和心以及超越和現象二元的難題,並進而開展出從在世存有(being-in-the-world)這一現象探詢存有意義的可能性。並因而可以說:

> 圖像揭示並聚集了一個世界,而它的意義就是由此帶入存有的世界。[9]

問題是,若從現象學的觀點提問在世存有的意義,又將如何理解此處所謂的意義呢?榮格(Jung, 1947/54)說道:「圖像和意義是相同的;當前者成形時,後者也會變得清晰。」[10]換句話說,若從上述圖像與原型的關係以及「一個圖像即是一個隱喻」[11]的觀點而言,意義的發生將不再被符應論所侷限。而若圖像的隱喻成為探詢意義的另一種可能性,那麼此種型態的詮釋將呈顯為榮格(Jung, 1940)所說的:「每一種詮釋都必然是一種『宛若』。意義的最終核心或可被圈限住,但不能被描述。」(p. 156)[12]如此將不難發現,此不能被描述的「宛若」,正是在避開「是其所是」之定義方式的同時,揭示出某種被感受但卻無法以如其所是的方式對其下定義的非一存有。而此被榮格稱之為「無意識的意義核心」[13]

的非─存有（亦即原型）的揭示，呈顯出對於實體或被對象化事物的認識論或許將不適用於在世存有。因為既在世又在身的原型，其「揭示─隱匿」的顯化特質使其無法被任何一套認識理論所窮盡，也因而使其保持自身意義的開放性。

　　故而，若說無意識及原型不可知，原因在於符應論式的真理觀被懸置。而一旦以現象學描述為方法面對充滿隱喻的圖像，將於描述的歷程中體驗到對於無法描述的現象性（phénoménalité）進行描述時的感受與情緒（emotion）。如同榮格所言：「同時，既是圖像又是情緒（emotions）。只有當這兩個方面同時存在時，我們才能說是一個原型。……」[14]。而此將現象學方法應用於榮格思想的嘗試，將使得在現象學描述中所揭示的現象性，與胡塞爾理論中以語言有系統地表述對象及其狀態的現象學描述出現落差，而呈顯為在描述不可描述者中，接近做為意義核心的無意識，並在情緒的感覺調性中，體驗前反思地呈顯出的在世存有的質感和美感。

　　上面透過現象學的觀點詮釋榮格理論的過程中，逐步勾勒出在世存有的樣貌。然而這樣的工作，似乎並不只是借助現象學來對榮格的文本和其所揭示的現象進行詮釋，而更是以現象學的思維進入分析心理學的經驗世界。而此不停留在以現象學方法理解榮格理論，而嘗試以現象學思維對分析心理學所提供的經驗材料進行研究的方式，所在乎的更像是，揭示被忽略的現象性並關注其對於人這一在世存有所可能造成的影響。如羅伯特‧D‧羅曼尼遜（Robert D. Romanyshyn, Ph.D.）博士在序言所說的：

忠實於事物之呈現且做為身體和世界活生生肉體性

的恢復，現象學和深度心理學是人類現代心理生活的治療學，它們記起了我們在解釋世界時所遺忘的東西，為世界的那些看不見的深度保留了一個所在。別的先不說，現象學，以其回到事物自身與對活生生身體的恢復，以及深度心理學，以其承認了一個在拋棄身體與取消掉世界深度品質的線性視野之外的現實——無意識，一直都是做為回歸人性的時刻，成為一種相反相成（enantiodromia），逆轉人性從在世肉身的逃離。[15]⋯⋯

如同將身體視為機器的思維，使得活生生的肉體只有在疾病和死亡之前才觸目一般。拒絕接受自身的陰影，抑或是覺得世界與我無關⋯⋯等諸般想法，都顯示出人對於「活生生的人」這一現象的陌生。而這樣的情況也同樣顯示於，人往往更加願意把握住某個確定的意義，而不願意處在意義不明確的焦慮不安中，但這卻也使得人們忽視了人類所本有的自我開展與轉化的可能性。羅伯特・D・羅曼尼遜博士觀察到了當今人類世界的問題，並認為現象學和深度心理學有助於回歸人性的說法，或許將有助於為現代人類的心理生活提供治療。

然而無獨有偶地，他所注意到的問題，也同樣出現在海德格「存有的遺忘」（Seinsvergessenheit）以及「焦慮」（Angst）等理論的闡釋中。事實上，不論在對於「存有的遺忘」的闡釋中所呈顯出的，在身體性中顯示為迎接世界的人是既揭示又隱蔽的，而也由於揭示與隱蔽的相互歸屬性，注定了人終將落入遺忘存有的命運中，亦或是「焦慮」所揭示出的無法全然把握意義這一接近無意識

的狀態,都回應著羅伯特・D・羅曼尼遜博士所關注的,回返人性狀態如何是現象學和深度心理學所共同關懷的。

值得一提的是,在回返人性這一前提下所「看出」的活生生的人,事實也同樣出現在本書作者對於榮格的觀察中:

> 榮格的現象學很不一致,而且很沒有紀律。他經常在揭示他的洞察時又掩蓋它,這特別指的是,當他宣稱了現象學的主張後卻又退縮到他的十九世紀導師或自然科學同事的實證主義幻想中。[16]

上述作者對於榮格的觀察,真真實實地呈顯一個活生生的人如何處在揭示與隱蔽之間,以及他不願或不能將意義落實為確定概念的洞察,如何在「宛若」的詮釋方式下再次被掩蓋,並因而顯得如同「宣稱了現象學的主張後卻又退縮到他的十九世紀導師或自然科學同事的實證主義幻想中」[17]。是否在現象學的視域下所看出的真實,這一赤裸的回到事物自身所伴隨的情緒以及對於命運的體察,讓一個活生生的人在觸探無意識或說生命深度的體驗中因恐懼不安而退縮?而此以人性的方式看榮格所揭示出的現象性,也呈顯出了現象學的思維如何有助於深刻化思想家的理論與其生命的關係?如同本書作者所言:

> 為了從現象學的角度理解榮格的心理學,我們需要反覆回到他的著作中,回到他與文字的掙扎當中,回到他似乎很少能調和的生活經驗與概念思維之間的緊張關係。[18]

本書作者引導讀者深入到榮格的生活經驗與概念思維之間的緊張關係中，在此回到事物自身的研究方式中，我們看到了作者以現象學家的思維對於分析心理學甚或榮格進行研究的歷程中現象性的顯而明之（apparoir）。而這也是筆者在書寫序言時，藉著對於本書所進行的引用、分析與詮釋，嘗試回應以榮格文本為現象的本書作者對於現象學方法的應用與實踐，藉以凸顯出本書作者所言：

> 現象學以回到事物自身（return to the things themselves）的呼籲為指導。我們關注的不是「比較」分析心理學和存在現象學，而是回到榮格的文本和它們所揭示的現象。這是以現象學家的思維進入分析心理學的經驗世界（experiential world），因此如果這本書成功地成為現象學的著作，那麼它應該以一種嶄新的方式揭示其中的一些現象。[19]

從本書作者對於現象性的揭示而言，以現象學家的思維進入分析心理學經驗世界的做法，確實讓現象的不同面向顯而明之。而此來回往復於揭示與隱蔽之間的探索所發現的真實，將有助於打破既有概念、活化意義。意義的活化賦予了現象學描述深刻描繪人性的可能，而這樣的做法不僅有助於深化分析心理學的理論研究，相信對於心理治療師以及現象學家也將有所助益。

# 註釋

1. 參見本書第 92 頁。
2. 參見本書第 43 頁。
3. 參見本書第 197 頁。
4. 參見本書第 298 頁。
5. 楊婉儀，〈從 Ereignis 談莊子與海德格的物觀及其思想中的倫理性〉，中山人文學報，高雄：國立中山大學文學院第 55 期，2023，頁 67。
6. 參見本書第 298 頁。
7. 參見本書第 298 頁。
8. 參見本書第 298 頁。
9. 參見本書第 303 頁。
10. 參見本書第 291 頁。
11. 參見本書第 291 頁。
12. 參見本書第 290 頁。
13. 參見本書第 290 頁。
14. 參見本書第 305 頁。
15. 參見本書第 40-41 頁。
16. 參見本書第 43 頁。
17. 參見前註。
18. 參見本書 43 頁。
19. 參見本書第 43-44 頁。

| 中文版序二 |

# 為世界重新賦予靈魂的心理學

蔡怡佳

輔仁大學宗教學系教授

　　羅傑・布魯克（Roger Brooke）在本書提出了「現象學分析心理學」，企圖將存在現象學與榮格分析心理學連結並融貫。這樣的嘗試有重要的意義，尤其是對於榮格分析心理學的闡明。榮格分析心理學對心靈的認識源於分析治療的經驗，以及榮格與其病人的幻象體驗。除了做為分析治療的方法，榮格也提出一套當代心理學的理論，以及對於集體文化心理的分析。在這篇序文中，我想從布魯克所討論的一位婦女的夢境出發，來討論從存在現象學闡明榮格分析心理學的意義，特別是關於分析治療、心靈的理解、以及文化治療這幾個面向。

　　布魯克曾在發表於 2009 年的〈自性、心靈與世界：一個現象學的詮釋〉（'The Self, the psyche and the world: a phenomenological interpretation'）這篇文章中闡述自性、心靈與世界的現象學意涵，這篇文章可以視為《榮格與現象學》的延續。他在文章中提到一位名為瑪麗的婦女的夢。瑪麗出生於南非東開普省阿馬索爾（Amathole）霍格斯貝克（Hogsback）山區的一個村莊，沒有上過學，也不識字，從十二歲就開始像大人般照顧自己的弟弟妹妹。瑪

麗二十出頭時到格拉罕鎮（Grahamstown）工作，也享受城市便利的生活，以及賺錢的機會。她在城市結了婚，生了兩個小孩，雖然被丈夫拋棄，仍努力工作，最終從簡陋的棚屋搬到了屬於自己的房子。瑪麗努力和仍在山中生活的親人保持聯繫，每當遇到重要的紀念日，或需要做決定的重大事件時，她都會諮詢祖先。從三十五歲左右開始，瑪麗經常覺得焦慮和苦惱。她認識布魯克，也知道他從事心理治療的工作，於是和他分享這段痛苦的時間中一個縈繞於心中的夢境：

> 我夢見自己在從小長大的農場中，從曾祖父以來我們就生活在這塊土地上。有人開了一輛拖拉機，想要犁開這片我們牧牛以及埋葬祖先的大地。我很擔心，也很難過。接著我沿著道路走到一個小池塘。我走到池水及腰之處，覺得很平靜。我看到水中許多的小金魚圍繞著我，看到他們讓我感到非常開心。有些金魚游到水面，對我說話。它們說，我一定不要再憂慮或是悲傷了，它們會照顧我。然後我就從水中走出來。

雖然這不是分析治療，但布魯克對瑪麗之夢境的回應表達了榮格分析師不以化約的「心理動力」解釋「夢境意義」的態度。布魯克回饋瑪麗，認為這個夢猶如祖先送來的禮物：雖然瑪麗擔憂自己因為城市生活而遠離了與祖先與傳統的聯繫，但透過夢中的小金魚，祖先傳達了對她的照顧與關懷。布魯克的回應讓瑪麗釋懷，因為她認為夢中的小金魚很可能就是祖先，但擔心這樣的想法被質

疑,只能對著信任的人分享。

　　從分析的觀點來看,雖然夢中的大地、犁、池塘與小金魚都可能具有重要的心理意義,但布魯克不是從心理動力的角度將他們當作「象徵」,並拆解其意義。布魯克並不是反對意義的詮釋,而是指出心理動力的解釋所預設的心靈觀,很可能將心靈視為決定經驗、夢境與生活的動力裝置。如果這樣理解,夢中的祖先只是心靈的產物,祖先的實在性也隨之被取消。夢的象徵意義固然重要,但意義不是「內在」心理動力的產物。夢者的心靈不是在「投射」某物,而是「在那裡」(out there)。心理生活的真正家園是我們生活在其中的世界。從存在現象學闡釋榮格對於心靈的理解,也就是「恢復世界做為心理的、想像的生活的真實家園」。霍格斯貝克山與格拉罕鎮的種種事物、人、動物、地方、神話、觀念、歌曲、儀式,以及神靈等共同構成瑪麗的生活世界,瑪麗的心靈也就是這個經驗和意義的場所,這是「在那裡」的意思。從存在現象學來闡明榮格對於心靈的概念,深具啟發性的就是這個從「生活世界」所提出的理解。現象學方法所還原的指的是對生活世界的還原,也就是對生活世界原初意義關係之本質的還原。

　　布魯克對瑪麗的回應呼應了現象學所強調的「同在」(stay with)的態度,也就是與經驗者之意義世界的同在。挖土機犁開大地,「象徵」瑪麗在原鄉與都市文化所經歷的衝突,來到池塘走入水中「象徵」出路的浮現。但這些「象徵」不是指向隱含的心理動力、不是遮掩真實意義的裝置,也不是有待被揭露之意義的「表達」。當布魯克以「祖先的禮物」來理解瑪麗的夢境時,瑪麗不是夢的編造者。夢是瑪麗與祖先相遇的地方;如果用榮格的

話來說，這是源自自性（the Self）的大夢。瑪麗的夢也成為她的自我（ego）向自性開敞之處。在瑪麗的意義世界中，夢中祖先的臨在、以及大地與池水所開啟的世界，更優先於「心理」意義的揭露。布魯克也提出心靈做為此在（Da-sein）的理解：「心靈做為一個開放領域，在這個領域中，世界進入存有並將人納入其中生活……心靈既是生活世界，也是世界的開放，或者說世界的顯化。兩者是存有論地共存。沒有任何『開放』不打開一個世界的，也沒有任何一個世界不在某種開放之中，即心靈的光中被揭示。生活世界即是開放於人類經驗的身化之光中」。世界猶如一座神殿，讓心靈想像力得以在此落身與滿足。

　　如果瑪麗的夢是祖先的禮物，「祖先」為何以小金魚示現？用榮格對心靈的理解來說，心靈的作用在很大程度上是象徵活動的工作。但象徵不是指向某種難以窮盡的實在，只做為「實在」的表達。「象徵是孕育著意義和轉化力量的圖像」，心靈的整合與轉變都是透過象徵來「進行」。與其說象徵「表達」，不如說是心靈是在象徵的「行動」中發展。因此，「小金魚」不僅是「祖先」的象徵，而是祖先的「行動」。小金魚是祖先在心靈／生活世界的落身。在「物理世界」中不再擁有物質身體的祖先，在心靈／生活世界仍是活生生的存在——不僅是「象徵」性地存在，而是心靈大地中的永恆居民。在夢這個自我向自性開啟的時刻，祖先／小金魚才得以對瑪麗說話。犁劃開大地，大地之下埋葬的祖先得到翻轉，再度成為流動的生命，在大地的水窟窿中悠遊。瑪麗的身體沐浴在滋養祖先的泥土與池水之中，領受了祖先的祝福，最後重返大地。瑪麗的夢是孕生之夢，不只言說衝突，也翻轉生命，讓骨骸重獲血

肉。瑪麗重返的大地是向著天空敞開,並連結至地底深處的大地。賦予她心靈意義的萬事萬物、過去與未來,都在這片大地中重獲生機。

象徵的孕生行動是詩性的工作(the work of poesis)。布魯克認為榮格將心理學移轉到一個本質上是詩性的視角:「詩性的想像力將世界聚集進入象徵性秩序。同時,詩人的想像力是試圖準確地看到那裡的東西,並準確地找到正確的詞語來表達看到的東西。……詩人以隱喻說話,透過隱喻,現實變得非常生氣蓬勃,但同時又奇怪地難以捉摸。這種張力,即詩人所論及之顯露和隱蔽之間的張力,是榮格對心理學和原型的理解的核心。」心靈是生氣蓬勃的現實,透過想像的詩性開展。榮格的分析心理學大量使用宗教、神話,和煉金術的材料,是因為他們是言說與開展心靈現實最貼切的語言。前啟蒙時代的神話、煉金術、民間故事和夢想使用的語言都是從根源世界中表達出來的語言。布魯克認為榮格對於根源語言的強調呼應了現象學「回到事物自身」的方法,「以事物一直以來的方式稱呼他們」。榮格想要「為現代人重新喚醒在世界事物中之靈魂感的整個文化治療努力。回到事物的直接孕生性……」。榮格的心理學因此是為世界重新賦予靈魂的心理學,而分析治療不只是幫助現代人恢復其靈魂的工作,也是為忘卻靈魂語言的時代找尋語言的文化治療。

瑪麗同意布魯克的建議,把她的夢和更多可以信任的人分享,因為這個夢也可能幫助到其他人。我以瑪麗的夢所開展的意義來說明布魯克在《榮格與現象學》中努力傳達的洞見,從這個角度來說,我也是受益於瑪麗夢境的聆聽者。布魯克在書中的討論嚴謹而

深入，李維倫的翻譯把握了布魯克兼具精準與詩性的風格，非常精彩。《榮格與現象學》不是容易快速閱讀的書，但絕對值得細細閱讀。存在現象學對榮格心理學的闡明，對我來說也像是重新踏上大地的瑪麗，在那一刻所看見的世界之光。對榮格心理學或現象學感興趣的讀者來說，《榮格與現象學》是不容錯過的佳作。

| 導讀 |

# 榮格心理學的洞見與閱讀存在經驗的方法

李維倫

I.

本書可說是由榮格心理學來展示存在現象學，也可說是由存在現象學來澄清榮格心理學。在這樣的交互映照下，榮格心理學與存在現象學都各自有了新的風貌。能夠達到這樣的內涵，本書顯然不是一個週末就可讀完。不過正是因為需要緊緊地跟隨，細細地思考，這本書帶給你的會是久違的、書本閱讀的樂趣。

本書作者羅傑・布魯克（Roger Brooke）是生於南非的白人，於 1989 年在南非羅德斯大學（Rhodes University）獲得心理學博士學位。本書即脫胎於他的博士論文《朝向一個對榮格分析心理學的存在現象學詮釋》（*Towards an existential phenomenological interpretation of C. G. Jung's analytical psychology*）。他的論文指導教授德雷爾・克魯格（Dreyer Kruger）是南非第一位以存在現象學取向進行實務與教學的心理學家。克魯格年輕時自學地閱讀范丹伯（J. H. van den Berg）、博斯（Medard Boss）以及海德格（Martin Heidegger）等人的著作，而這些作者的著作也是我在美國匹茲堡杜

肯大學（Duquesne University）修習臨床心理學博士學位時的必讀作品。杜肯大學心理學系是全球知名的現象學心理學重鎮，布魯克於 1994 年加入杜肯大學心理學系直到 2022 年退休。布魯克也是一位榮格治療師與學者，活躍於美國的榮格學圈，目前他是一位在匹茲堡私人執業的心理治療師。

我於 1992 進入杜肯大學心理學系碩士班，1994 到 1999 年間修習博士學位，與布魯克有師生之緣。雖然我非榮格心理學專家，但我的思考與布魯克的存在現象學思路一致，熟悉他所引用的現象學文獻，也對心理治療有深刻經驗，因此可以掌握他論述的內涵。不過即便如此，要以中文譯出本書仍然是一個挑戰，因為不論是榮格或存在現象學都在叩問我們每一個人身在其中但卻難以言說的存在經驗。在我看來，布魯克的語句表達相當精確，但經常收攏著多層次的意涵，因此在進行翻譯時除了需要忠於其語句內容外，也要將完整意涵確定下來。這兩者都是我在翻譯時努力去做的。即便一些文句在閱讀上有不甚流暢之感，但在正確度上我盡己所能地負擔起讓讀者信任的責任。我希望讀者可以安心地吸取本書所提供的思想養分。

## II.

對於存在經驗的探問就是一種存在經驗。因此，讀者在閱讀這本書時就必然進入一種存在經驗。事實上閱讀所有的存在現象學著作都應該如此，而不是僅在於知識的獲得與累積。探問存在經驗就是探問人如何活著，而這必然涉及我們自己。這又是什麼意思呢？

本書英文版中由羅伯特・羅曼尼遜（Robert D. Romanyshyn）所寫的推薦序就是一個很好的例子，展示了什麼叫做去知道人，也就是我們自己，是怎麼活著。在我們當前的生活中，我們相信我們可以進入最客觀的態度來觀察，獲得事物的真相；我們相信眼見為憑。我們也就依著我們所知道的「真相」來掌握與建造這個世界。我們從來不知道，我們每天張著眼睛的「觀看」，早已是一種特定方式的「觀看」，一種被十五世紀時發明的「線性透視」支配著的觀看。這種觀看讓人活在世界上這件事變成只是觀看者與觀看對象之間的關係。也就是說，我們以為我們具有「看到事實」的能力，殊不知「線性透視」的眼鏡早已過濾掉這世界的直接呈現。這正發生在我們每天的生活當中，這就是我們現在的活。[1]

探究存在經驗就是要把我們的心智從泡在理所當然的相信中撈出來，讓它與世界直接地面對面。此時心智會非常不舒服，因為它失去了長久以來的信念依靠，對於自己本真的在世存有惶惶不安。探究存在經驗需要勇氣，指的是願意離開習以為常的態度，困難地重新認識自己的生活。在這一點上，榮格也是如此；榮格正是在探究人類存在處境的實相時勇往直前，走上自己的個體化之道。因此，任何人想要瞭解榮格，想要榮格的指引，也需要有探究存在經驗的勇氣。

羅曼尼遜與布魯克都指出，榮格心理學與存在現象學都是努力去撥開當代文化中對存在經驗的遮蔽，在存在維度上回到與世界的直接聯繫，從而「恢復世界做為心理的、想像的生活的真實家園。」這樣的工作有兩項任務，一是「去除遮蔽」，另一是「獲得直接經驗」。布魯克指出，榮格的天才在於他能夠穿越重重迷霧，

洞察存在的直接經驗，並且以詩性的語言描述出來。讀者可以從本書第四章榮格描述其在非洲的經驗中瞭解到，什麼叫做存在的直接經驗。榮格心理學的核心就是來自他對於人類心理生活之直接經驗的本質掌握，並且用一種適當的語言呈現出來。

布魯克認為，相較於榮格洞察人類心理生活之本質的成就，他在「去除遮蔽」這件事上顯得力不從心。這裡的「遮蔽」其實是當代心理學用以「看到」其所認為之「心理現象」的預設，即笛卡兒心物二元論（Cartesian dualism）。也就是說，雖然榮格有能力去抵達人類在存在維度上的直接經驗並正確地掌握其本質，但他卻不是完全覺察到笛卡兒主義滲透到他的理論性語言中，以至於他的理論論述經常揹負著濃濃的、與他的洞察相反的心物二元論氣息。不僅如此，這種二元論的滲透經常讓他對自己所獲得之洞察的描述陷入矛盾。要去除這樣的「遮蔽」就要在存有論與知識論上有充分的思考訓練及語彙。由於存在現象學在興起之初就敏感於心物二元論對人類經驗的誤導，因此發展出對笛卡兒主義的完整批判，並同時發現了揭示人類經驗本質所需要的語言。這就讓存在現象學能夠澄清榮格的洞察與理論論述並使其一致。本書的立論與任務就在於，在榮格的理論論述中進行「去除遮蔽」的補充，並在經驗本質之洞察的描述上消除矛盾。

有了上述的理解，讀者就可以更清楚地掌握本書第一章所述，關於本書的要旨：

> 我們有必要對榮格的理論表述進行批判性的評估，尤其是在它們所根據的後設理論假設方面。我們會發現，如

果要揭示其中包含的洞見，就必須繞過許多這樣的表述。重要的是，儘管這樣做的標準來自於現象學，但在榮格本人的著作中也能找到線索和指南。也許本書的中心主題是，榮格自己的許多著作超越了他理論思維的限制，而且其所指向之對人類的理解也正是存在現象學的核心所在。但這意味著榮格比一般現象學家普遍認為的還要接近現象學，而且從榮格對自己作品的理解（儘管是各種各樣的）過渡到存在現象學對其作品的理解，就呈現在榮格作品本身中。換句話說，我想論證的不僅僅是榮格的心理學可以從現象學的角度進行重構，甚至不僅僅是榮格和現象學是密切相關的。我想探討一個更大膽的主張，即把榮格視為一個存在現象學家來看待和理解，只是他缺乏概念工具，無法以現象學的嚴謹方式來表達他的洞見。如果這個想法能夠成功地得到認可，那麼就意味著我們的詮釋學批評和理解有其現象學的基礎，但更核心的是在於榮格自身之內的對話。我們的意圖是在整個過程中盡可能地接近這種內在對話以及榮格努力表達的東西。這一主張的力量建立在這樣的信念上：現象學提供了必要的概念工具來理解和闡述從經驗到理論表述過程中所揭示和隱藏的經驗和洞察。這些工具是一種明確而連貫的存在人類學，一種世界做為意義關係網絡的存有論，以及一種與這種存有論和人類學一致的方法論。

因此，本書不是對榮格的批評，更不是否定，而是要讓榮格珍

貴的洞見以清晰一致的語言呈現在世人面前。只要讀者把握住這一點，就可以安穩地悠遊於本書的各章之中，享受榮格心理學與存在現象學的洗禮。

## III.

《榮格與現象學》相當系統化地安排了各章的內容，第一章說明了本書論述的要旨，第二章可以說是一個簡明版的榮格心理學介紹，讓讀者對榮格的重要概念有一個基本認識，以做為後續討論的基礎。第三章說明以存在現象學詮釋榮格心理學的思考方法，其中簡要地介紹了現象學的理路。第二、三兩章可說是呈現榮格心理學與存在現象學的基本思路。對於不熟悉這兩個領域的讀者會是有用的簡介。對於熟悉的讀者可以看到兩者如何在此獲得不同的呈現。這前三章可說是本書主要內容的預備。

第四章雖然篇幅較短，但卻是本書的關鍵，其內容是關於榮格自己在存在維度上的直接經驗描述。這一章的重要性在於：「回到經驗自身」。對於現象學心理學家而言，不論有多少理論性的思辨與討論，出發點與回歸處都必須是生活經驗。讀者可以看看榮格自己的經驗描述在現象學的理解下呈現出什麼樣的意涵。本書有兩章的內容核心是生活經驗描述。除了第四章外，還有第九章的心理治療實例。這兩章讓本書的理論性討論連結到具體的生活經驗中。喜歡具體事例的讀者也可以先讀這兩章，從具體經驗出發與定錨來走過本書關於榮格與現象學的論理過程。

第五、六、七、八章各自對榮格的重要概念進行現象學理解。

布魯克使用了大量的榮格及榮格學者的著作做為討論的依據，顯示他對榮格心理學的熟悉程度。這是學術寫作的風格，為的是讓作者的論點能夠站得住腳，取信於人。學術寫作的特點在於具體的依據與清晰的論述，它讓讀者可以信任，也讓有異議的讀者可以進行針對性的反駁。熟悉榮格的讀者或許會對本書的某些見解有不同意見，那麼就可以用具體的依據與清晰的論證來與本書作者對話。

## IV.

我在翻譯本書時，有一些名詞斟酌許久。在這裡略為說明。

首先，psyche 是榮格心理學最根本的關鍵詞，本書翻譯為「心靈」；psychic 翻譯為「心靈的」。相近的詞 psychological 翻譯為「心理的」。不過，作者經常混用 psychic 與 psychological，沒有特別區分。此外，mind 翻譯為「心智」。「心靈」是根本性的領域，「心智」則指向了人的認知作用。

榮格心理學的關鍵詞 image 本書譯為「圖像」。相關的詞如 imagination 譯為「想像」，imaginative 與 imaginal 是它的形容詞，譯為「想像的」或「想像性的」。imagine 是動詞，也譯為「想像」。與圖像接近的相關字詞有 symbol，譯為「象徵」，metaphor，譯為「隱喻」。這 組詞都跟榮格強調的，圖像的創發作用有關。本書作者仿梅洛龐蒂的一本書名「知覺的優先性」（the primacy of perception），稱榮格的心理學主張的是「圖像的優先性」（the primacy of image）或「想像的優先性」（the primacy of imagination）。

另一個榮格心理學的關鍵詞是 self，譯為自性，指的是一種人存在的根本過程。與之相對的是 ego，譯為「自我」，是個別個人所持對自己的認識或是對自己行動的中心感的自稱。不過作者在書中有時以日常用語來使用 self 一詞，由於其意義並不指向榮格心理學的特殊意義，在這個時候我就將之譯為「自己」或「自身」。作者有時用 selfhood 一詞，本書視上下文脈譯為「己性」或「自身」。

另一要區分的詞組是跟「內」有關的，但由於閱讀本書是要非常敏感於笛卡兒心物二元論，因此「內在」一詞我只用在 inside，通常是指向笛卡兒二元論的思維。同樣跟「內」有關但不是笛卡兒脈絡的 interiority，譯為「內部」或「內部性」，而 immanence 一詞指的是根本上就有的，譯為「內存性」。

Function 一詞有「功能」、「涵數」與「作用」的意涵。在本書我大部分將之翻譯成「作用」，如「自我的作用」而非「自我的功能」，因為「作用」指向了動態的過程，而「功能」比較像是屬性。這個差別會影響讀者對榮格心理學與存在現象學的理解。不過，在一般已經習慣的用法，如「超越功能」，我還是依循使用。

同樣具有多義的是 identity 一詞，有「身分」、「認同」、「同一」等意思。中文語境中我們通常把「身分」與「認同」混用，但認同的動詞意義「認定為同一」就跟「身分」有點遠了。在本書中，我會視上下文脈交替使用，以盡得其意。有時，identity 這個詞的使用同時具備了「身分」、「認同」、「同一」等意義，這時句義的內涵就更加豐富而有層次。在這種情況下如 personal identity 一詞我就會譯為「個人的身分／認同／同一性。」

榮格心理學中的 persona 譯為社會面具或社會角色，端視上下文脈的通順與否。

再來，有些譯名本書沒有依照一般榮格學圈的慣用譯法，如 the great mother 譯為「偉大母親」而非「大母神」。我的理由是：第一，不管是象徵還是原型，「大母神」這個詞有點超越界的味道。第二，這本書以現象學為根本精神，作者也一再指出語言的使用的重要性，因此我還是選擇回到現象學比較樸實的原則。

Object 一詞在國內因為「客體關係理論」（object relations theory）的緣故經常被譯為「客體」。本書大部分譯為「對象」，指的是「所對之象」。例如，「母親是嬰兒的對象」這個描述直接呈現了嬰兒面向母親的經驗，而「母親是嬰兒的客體」則多出了某些無法經驗到的過程。此外，本書有時將 object 譯為「物件」，如「把一個人知覺為『物件』」，指的是把這個人視為如物一般。若翻譯成「把一個人知覺為『客體』」，意義上非常不同。對現象學來說，「客體」一詞含藏著太多的概念化。根據上下文，翻譯成「對象」或「物件」，或是 objective 翻譯成「對象的」或「客觀的」，反而易於理解。

本書用到 schizoid 一詞時我譯為「孤僻性」，而不是 DSM 診斷系統第五版的「孤僻型」或第四版的「類分裂」。我的理由是榮格與作者用這個字時都不是參照到 DSM，而是回到榮格那個年代的認識。「精神分裂般」會是比較接近原文意義的譯法，表示一種與世界隔絕的關係狀態，但這層意義可能也不太為今日的讀者所知。因此參照這個詞在書中出現的上下文，我選擇「孤僻性」的翻譯，如「a schizoid retreat from the world」就是「從世界中孤僻性撤

退。」

在現象學脈絡裡，lived body 的意思是「活出來的身體」，相對於解剖學的、如物件的身體。本書有時視上下文脈會強調性地譯為「活出來的身體」或「活生生的身體」，而大部分的時候為了閱讀上的順暢譯為「生活身體」。其意涵同樣是有別於生物性的、生理性的或解剖學的身體。

最後，positivist 和 empirical 兩個字，前者譯為「實證主義的」（形容詞）或「實證主義者」（名詞）。指向的是現代自然科學研究的實證主義。後者的意涵是關於經驗的，因此翻譯為「實徵」，指的是有實際經驗參照的。進一步來說，positivist science 是「實證主義科學」或簡略為「實證科學」，指的是在經驗層次以自然科學的實證方法所進行的科學研究。empirical science 則是「實徵科學」，是關於經驗的科學研究，包括了實證方法也包括了其他方法，如現象學。positivist psychology 為「實證心理學」，就是量化心理學；empirical psychology 是「實徵心理學」，包括量化與質性心理學，它的對反是 theoretical psychology，「理論心理學」。同樣的，實徵心理學包括了實證心理學，後者比前者範圍小。

## V.

以中文出版的榮格心理學相關著作已經非常多，心靈工坊出版社是主要的貢獻者之一。本書可以與眾多的榮格相關著作形成一片閱讀風景，尤其本書在第一章就有關於榮格學圈內不同派別的介紹，在討論主要的榮格概念時也涉及不同榮格學者的見解，因此可

以給讀者一個綜覽榮格學圈的參考。此外，我特別推薦本書與日本榮格學者河合隼雄的《佛教與心理治療藝術》（心靈工坊出版）共讀，不但是因為這兩本書都將榮格心理學與另一思想系統連結，讀者也可從其中發現佛教與存在現象學之間的類通處。在我看來，在榮格心理學與佛教思想與實踐之間，存在現象學可以做為一座連通的橋梁。有興趣的讀者可以從《榮格與現象學》一書中找到引導的線索。

相較於榮格心理學，存在現象學心理治療的中文出版品就少很多。所幸心靈工坊對這個領域也相當關注，已經出版了由羅伯・史托羅洛（Robert D. Stolorow）領銜發展之「精神分析現象學」（psychoanalytic phenomenology）領域的兩本書，分別為《現象學的力量：精神分析與存在哲學的深度反思》（*The Power of Phenomenology: Psychoanalytic and Philosophical Perspectives*）以及《體驗的世界：精神分析的哲學和臨床雙維度》（*Worlds of Experience: Interweaving Philosophical and Clinical Dimensions in Psychoanalysis*）。我自己的《存在催眠治療》也是由心靈工坊出版。它是以我在台灣社會中二十餘年來的心理治療現象學研究與實務為基礎，萃取出意識經驗轉化的理論模式所形成的存在現象學取向心理治療。如今加上《榮格與現象學》的中譯本，也就是布魯克所稱的「現象學分析心理學」（phenomenological analytical psychology），足以提供有興趣的讀者一個系譜來掌握心理治療界的存在現象學思考。

這個系譜組成包括存在現象學理解下的精神分析、分析心理學與催眠治療，以及前者在其中所展示出來的不同面貌。具有現象學哲學背景或心理治療專業背景的讀者如果願意拿這幾本書交叉共

讀，不但對存在現象學心理學領域會有十之八九的掌握，也許在本身熟悉的學識範圍內會出現創新的想法。

## 註釋

1. 羅曼尼遜於 1970 年從杜肯大學獲得臨床心理學博士學位，在存在現象學心理學領域有多本重要著作。讀者若對他在推薦序中的討論有進一步的興趣，可以參閱他的書《科技做為症狀與夢想》（*Technology as Symptom and Dream*, 1989）。

# 推薦序

　　在十七世紀，當伽利略（Galileo）描述他的物體下墜實驗時，他說他在腦海中想到的是完全獨立的可移動物體，這些物體以同樣的速度下墜。不管伽利略在這裡描述的是否是一個真實的實驗（據說該實驗是在比薩斜塔進行的），他這番話的決定性意義在於：在事物出現之前就對其進行思考，甚至不管它們的呈現；也就是，它邀請我們不要去看所發生的是什麼。伽利略和當時的其他人一起開創了一種新的觀看風格（new style of vision）：進行著思考作用之心智（mind）的觀看，取代了活生生的、具身的眼睛的觀看。而在這種取代中，呈現在具身感知者（embodied perceiver）眼前的事物的外觀，恰恰變得具有欺騙性。以另一種方式說，伽利略的引薦讓世界成為心智的對象，而使做為經驗基礎的身體黯然失色。

　　當然，伽利略並不是這種被稱為現代科學觀看風格的唯一發明者；它肯定不是在歷史上的某一個決定性時刻突然產生的。我引用伽利略的例子，只是因為它說明了這種觀看風格做為一種對世界的態度或姿態，如何地涉及了人類心理歷史中至少三項根本性的轉變。首先，它說明了現代科學如何確立了一種新的知識理想（ideal of knowledge），根據這種理想型，認識世界的最好方式可以說是轉身背對著它。第二，它說明了在這種對世界的姿態下，人被轉化為一個思考主體（thinking subject），世界被轉化為一個思考的

對象（object of thought）。第三，它說明了在這種主體與對象的分離中，感性的身體（the sensuous body）如何不再被信任能體會（make sense of）世界，因為後者的可感呈現（sensible appearance）已經變成具欺騙性的了。

雖然在這些說明中現代科學的笛卡兒主義基礎是非常明顯的，但不那麼明顯的是，這個基礎本身是建立在人類心理生活中更早、甚至更徹底的轉變之上。我這裡指的是十五世紀佛羅倫斯藝術家布魯內列斯基（Brunelleschi）發明的線性透視（linear perspective vision）*。他的藝術意圖是在畫布的二維平面上創造出三維深度的幻覺，後來被阿爾貝蒂（Alberti）編纂為一種世界空間幾何化的法則系統。做為這一成就的一個後果，就是一開始的藝術發明變成了一種文化常規，一種心智習慣，讓伽利略等人在大約兩百年後得以實際地操作。從十五世紀藝術家的想像之眼開始，然後到十七世紀哲學家—科學家的推論性思想心智，再來才是現代科學世界的誕生。

閱讀阿爾貝蒂於 1435-6 年出版的論文《論繪畫》（De Pictura），就如同親身經歷了現代生活中許多未經檢視之確定性的創造過程。在他的論文中，線性透視將畫布變成了一個觀察世界的視窗。此外，這扇窗將具身感知者和被感知的世界分開，不僅將前者做為主體的本質轉化為觀看者（see-er），將後者的本質轉化為一個被觀看的對象，而且還在理念上將世界投放到距觀看者無限遠之處。前面提到的，認識世界的最佳方式是轉身背離它的那種知識

---

\* 譯註：又稱交點透視法，指利用假想的延長線和線條交會處（消失點）等技巧，將立體三維空間的形象表現在二維平面上的一種繪圖手法。

理想，是孕生於這種更早的、更根本的理想之中；根據這種理想，認識世界的最佳方式是盡可能地遠離它。加斯東‧巴舍拉（Gaston Bachelard）曾將科學描述為對世界的創造性拒絕，這恰好符合伽利略的姿態。然而，線性透視所表明的，建立在撤退或疏遠上的拒絕行為是更加根本，因為背對世界仍然是身體性地涉入並存在於世界之中。但正是在這種撤退的距離中，世界可以在最純粹的情況下成為眼睛的對象，而且只成為眼睛的對象。因此，它可以表明人是多麼不信任使世界成為一個有感受之大地的身體。然而，退到窗子後面，遠離世界，以便位於無限距離之外的理想狀態，這意味著更根本的主張，即當世界可以被變成一個光的事件時，身體並不重要。那是一個跟眼睛有關，而且只跟眼睛有關的光的事件。因此，做為現代科學之笛卡兒主義基礎的文化歷史脈絡背景，線性透視表明，伽利略在他的腦海中對墜落物之獨立性的思考，不僅僅是一種出於方法論動機而對身體經驗的不信任，更根本的是一種反對身體感性生活的文化歷史心理傾向。事實上，只有在這種對肉體的反感而不僅僅是不信任的背景下，線性透視之窗轉化為幾何網格，疊覆在世界上進行勘測這件事才可獲得理解。做為網格的視窗讓自然得以被數學化，在量化的過程中世界淨化了它的品質。如此的量化，正如胡塞爾所指出的，導致了科學的危機。而要實現這種量化，需要的不僅僅是對具身生活的一種權宜式的不信任，更需要一種心理上的信念，即身體不重要。的確，想要客觀地認識世界自身的真實面貌，需要拋棄身體。

　　線性透視正是也一直是對身體的拋棄。在具身感知者和被感知的世界之間放置一個視窗，這種觀看方式把人變成了觀看者，把

世界變成了一個景象，把身體變成了一個樣本。牛頓將彩虹轉化為光譜的做法正是這些論點的顯例。牛頓退到一個黑暗的房間裡研究光線，在窗子上裝置窗簾，在窗簾上面開一個小洞，只讓一束光線進入。將一個稜鏡放在這個被遮住的窗子和對面的牆壁之間，牛頓拆解出了彩虹。他的實驗安排是這種線性觀看風格的「化身」：透過稜鏡的眼睛，也就是一隻樣品眼睛，觀看者牛頓觀察到一個光的世界，而彩虹成為一項觀看物。但彩虹絕不是光譜。或者更準確地說，只有當我們實踐這種觀察方式時，它才是光譜；只有在這種心理距離之下，我們把彩虹從它在世界中的位置剝離開來，用一種分離的、稜鏡的眼睛來觀察它，它才是光譜。此外，只有在這樣的狀態下我們才能同意牛頓的觀點，即顏色不屬於事物，而是屬於光。線性透視的核心是保持一隻眼睛觀看著世界，它是一種觀看的邀請，但我們卻因此與世界失去了接觸。這個客觀世界不僅僅失去了我們與它的接觸，也被抽走了顏色，而且更是一個沒有聲音、氣味和味道的世界。身體被觀看者主體放棄之後也就轉變進入了這樣的客觀世界。

　　我在這裡當然在做一種隱喻性的表達，不過也正是因為它大致說明了線性透視如何已經成為了心靈的一種思維習慣，我還是要堅持這個表達的重要性。阿爾貝蒂在他的文章中說得很清楚，線性透視將所有被看的東西和看的人都放在相同的水平面上。這一要求意味著，做為層次的深度被做為空間距離的深度遮掩掉了；事物的大小是它們與觀察者之間空間距離的函數；它們離得愈遠，看起來就愈小。這一知覺法則現在是我們的視野中未經審查之幾何學的一部分。做為一個隱藏在窗子後面而把視線固定在這個世界上的觀看

者，透過對它的解釋，我們已經習慣要衡量這個世界的話，就是要把所有東西化約成同一層次或位置的存在。把窗子一邊的世界做為多重經驗事實的集合體開放給窗子另一邊具清晰而明確觀念的意識自我，我們已經習慣於這種對世界的啟蒙，習慣於用意識自我的光來淹沒它，從而使它成為一個跟光有關的東西。而且，我們應該補充說，一個僅是光的現象世界是一個沒有品質的世界，它的實在性已經薄到成為數字。

然而，既然這種觀看成功地創造出科學技術理性的現代世界，而使得我們忘記其真實面貌的最基本特徵，這種觀看的習慣必然要求我們付出代價。將世界上的事物定位為一個可測量之同質空間中的物體，供一個脫離肉體的、固定的、靜止的眼睛使用。這種在世存有（being in the world）的方式遮蔽了更原初之肉身生活的真實。對於有肉身的生物來說，世界上事物之所在不是空間（space），而是一個地方（a place）；因此，它們的大小與在世界中生活、在世界中移動的具身感知者之欲望、意圖、動機和興趣有關。此外，我們自己也是肉身生物，世界上的種種事物從來不是在一種對立性的存有論中做為我們所面對的物體而在那裡。相反地，它們是吸引我們目光的東西，或是邀請我們觸摸的東西，或以它們的感性誘惑引動我們的東西，正如詩人里爾克（Rilke）所說，它們依賴於我們，就像我們依賴於它們一樣，而如此我們相互地各自成為自身。這些東西在我們的頭腦中從來不是清晰明確的觀念，也不是可以在世界中衡量的事實。相反地，世界上的這些東西始終是一種神祕的東西，一種隱藏的東西，也許就是我們的另一面，如果你願意這樣想的話，是通向我們生活之上和之下深處的門戶。我們

永遠不可能以我們的事實和想法完全征服它們，而是隨著時間的推移在與它們一起移動的過程中認識它們；現在以這種方式體驗它們，以後以那種方式體驗它們。它們是如隱喻般的現實，保持難以捉摸的同時也不斷邀請我們看到和說到它們。如此與它們共在，總是引動著什麼與暗示著什麼，總是關於啟發與靈感，而只有在一種低度的狀態下它們才會成為測量之物。一個人不一定要成為詩人才能以這種方式認識世界，但正是詩人，如布雷克（Blake），警告我們拒絕「牛頓睡眠的單一景象」（the single vision of Newton's sleep），幫助我們記住我們本來會忘記的東西：線性視野成為只看表面的心靈，成為只看到法則文字的眼睛，而這種心靈的眼睛在將世界轉變為可見的表面時，剝奪了它不可見的深度。同樣，人們不需要成為一個詩人來恢復這一切，但正是靈魂的詩性音聲使窗子後面的觀看者恢復了肉體的厚度、世界之隱喻的神祕性，以及用梅洛龐蒂（Merleau-Ponty）的話來說，交纏（the chiasm）；在情緒欲望的情慾懷抱中，感知者的身體和世界的身體永遠被包裹在一起。

　　但現在我們應該問，這一切與榮格和現象學，與等待著讀者閱讀的羅傑・布魯克的這本書有什麼關係。我相信答案很簡單。現象學以及佛洛伊德和榮格的深度心理學都是因為這種觀看者意識的文化歷史心理學而被召喚出來的，這種意識在放棄身體的同時也失去與世界的接觸。正是這種歷史文化背景使它們的出現成為必要，也使他們的成就具有意義。忠實於事物之呈現且做為身體和世界活生生肉體性的恢復，現象學和深度心理學是人類現代心理生活的治療學，它們記起了我們在解釋世界時所遺忘的東西，為世界的那些看不見的深度保留了一個所在。別的先不說，現象學，以其

回到事物自身與對活生生身體的恢復,以及深度心理學,以其承認了一個在拋棄身體與取消掉世界深度品質的線性視野之外的現實——無意識,一直都是做為回歸人性的時刻,成為一種相反相成（enantiodromia）,逆轉人性從在世肉身的逃離。別的先不說,既然今天我們已經來到了這樣的臨界點:上述之撤退到窗後的心理距離進一步發展為附隨著大規模屠殺和破壞陰影的脫離地球的科技事件,現在似乎正是如此轉向的合適時機。我們需要現象學和深度心理學的實踐。我們需要培養這種實踐的心智習慣,這種覺察地棲居於世界上的方式。

羅傑・布魯克的書對這種培養工作有很大幫助。此外,這本書特別重要之處在於它為榮格的心理學做了像梅洛龐蒂和保羅・呂格爾（Paul Ricoeur）等人為佛洛伊德心理學所做的工作。布魯克是一位知識淵博、見多識廣的現象學家,透過對榮格的作品敏感、仔細和尊重地解讀,他將榮格心理學從其未被辨識出之笛卡兒主義遺緒中解放出來,並實現了榮格作品的潛在現象學意義。這樣一來,現象學透過與榮格心理學的接觸得到了深化和豐富,就像榮格心理學透過與現象學的接觸得到了擴大和實現。這是一個不小的成就,屬於這兩種傳統的讀者以及對思想的文化歷史心理學感興趣的一般讀者,都將會得到豐富的回報。

羅伯特・D・羅曼尼遜博士
帕西菲卡研究院（Pacifica Graduate Institute）
美國聖塔芭芭拉

# 作者自序

在與佛洛伊德決裂之後的幾年裡，榮格確認了自己的心理學探究方法、假設以及關於無意識、心理生活和個人發展之主張的基本想法。毫不奇怪地，他在確認自己的立場時經常是藉由論述與佛洛伊德（以及在較小程度上與阿德勒）之間的對比。這一點是眾所周知的。較少人知道的是，他以現象學的名義批評了佛洛伊德並確立了自己的立場。不過他與現象學的關係是相當表淺且前後不一的，這也是事實。

然而，榮格與現象學的關係確實存在，而且我認為，儘管前後不一，但這種與現象學的關係對於理解榮格的工作至關重要。但是，如果人們想從其他現象學家那邊來對榮格立場有更好的理解，其結果比較可能是混亂而不是澄清。

現象學家傳統上的寫作風格與榮格截然不同。如果他們曾經提到過榮格，就像賓斯旺格（Binswanger）、博斯（Boss）和史匹格伯格（Spiegelberg）那樣，往往在批評中表現出不屑一顧。特別令人困惑的是，對於不了解情況的人來說，現象學家往往以同樣的理由來批評佛洛伊德和榮格，但這些理由卻正是榮格用來批評佛洛伊德的；事實上，存在現象學對佛洛伊德的許多批評都是榮格預料到的。顯然，現象學家嚴重誤解了榮格。然而問題並沒有就此結束，因為我們必須承認，現象學對榮格的批評儘管通常是粗略的，但確

實有道理。

由這些議題浮現而出的以下各點,即是本書的關注所在。

- 將榮格理解為現象學家是理解榮格的核心。
- 榮格的現象學很不一致,而且很沒有紀律。他經常在揭示他的洞察時又掩蓋它,這特別指的是,當他宣稱了現象學的主張後卻又退縮到他的十九世紀導師或自然科學同事的實證主義幻想中。
- 存在現象學家談論榮格時一般都是著重在他哲學上最糟糕的部分,因此未能收穫他所提供的巨大豐富的心理學洞察。
- 為了從現象學的角度理解榮格的心理學,我們需要反覆回到他的著作中,回到他與文字的掙扎當中,回到他似乎很少能調和的生活經驗與概念思維之間的緊張關係。

在我看來,儘管許多關於分析心理學的次級資料都很出色,但它們往往忽略了這些議題,從而陷入了與榮格本人一樣的認識論折衷主義和困境。然而,對榮格著作的後設理論探究並不僅僅涉及他的認識論(epistemology)(我們知道什麼以及我們如何知道我們所知道的)和存有論(ontology)(人類及其生產之事物的本質是什麼?它們之間的關係本質是什麼?)。對這些問題的回答形塑了關於自我、無意識、原型和心理治療等的特定理論問題。如果榮格對心理學的貢獻涉及這些現象,那麼我們的大部分思考就會是考慮這個「存在者」(ontic)層面的分析。

現象學以回到事物自身(return to the things themselves)的呼籲為指導。我們關注的不是「比較」分析心理學和存在現象學,而是回到榮格的文本和它們所揭示的現象。這是以現象學家的思

維進入分析心理學的經驗世界（experiential world），因此如果這本書成功地成為現象學的著作，那麼它應該以一種嶄新的方式揭示其中的一些現象。由於後榮格分析心理學（post-Jungian analytical psychology）已有所發展，而且有時還變動了這個榮格開闢的經驗世界，所以我們將不限於只對榮格自己的觀點進行思考。我關注的不僅是關於榮格的學術歷史考究，更是在於分析心理學的基本原理。然而，我希望下面的思考不僅對分析心理學家有意義，而且對心理治療師、現象學家和其他關注心理學做為一門人文科學之發展的人有意義。

應該提到的是，在過去的幾年裡現象學和分析心理學之間的和解氛圍愈來愈強。現象學家們愈來愈認識到，榮格的思想不能像佛洛伊德地形學式的後設心理學那樣被輕易地扔進同一個實證主義的垃圾袋。或者說，如果正如呂格爾特別表明的，佛洛伊德的後設心理學可以（而且應該）被理解得比傳統上現象學家建議的更加細緻的話，那麼榮格的情況就更加如此了。不可否認的是，榮格的理論體系通常包含了一種隱含的存有論和認識論，仍然囿於十九世紀的笛卡兒主義和實在論的遺緒。在這個程度上，早期的批評，例如博斯的批評，仍然是相關的。然而，一些現象學家，如凱西（Casey）、羅曼尼遜（Romanyshyn）、薩德洛（Sardello）、狄科寧（de Koning）和史考特（Scott）都受到了榮格心理學見解的啟發，而來自分析心理學領域的作者，如阿本海默（Abenheimer）、卡爾頓（Carlton）、希爾曼（Hillman）、霍布森（Hobson）、霍爾特（Holt）和申克（Schenk）都被現象學所觸動。對於這兩個領域來說，特別幸運的是希爾曼和羅曼尼遜於1980年代初期在

達拉斯大學（University of Dallas）的合作。本書正是在這種和解（reconciliation）的精神下寫成的。

羅傑・布魯克

葛拉漢斯鎮

1990 年六月

| 榮格與現象學 | 第一章 |
Jung and Phenomenology

# 朝向一個現象學分析心理學

1　　　本書試圖從存在現象學（existential phenomenology）的角度來理解和闡述榮格的心理學洞見，試圖透過榮格的著作看到他看到的現象，或者用不同的比喻來說，透過他的文字聽到他想說的話，並以現象學的方式準確地表達出來。

　　這不是在榮格的心理學和現象學之間找到比較點或接觸點的問題。我們需要比這更深入，探問榮格看到和理解的到底是什麼，使得其與存在現象學的任何接觸點成為可能。同樣地，這也不是一個僅僅把榮格的語言「翻譯」成「存在」語言的問題，因為真正必要的是清楚地了解，在人類存在中是什麼把不同的語言聯繫在一起——換句話說，使翻譯成為可能的心理學洞見是什麼。我確實認為，說話的不是語言本身，而是其中揭示的現象（這並不是要採用一種忽視語言之構成性力量的素樸現象學）。因此，從詮釋學的角度來閱讀榮格，不僅僅是以一種不同的方式來閱讀他的著作，而是與它們相遇，在一種既尊重又批判的對話中進行（Sardello, 1975）。從這種對話中，我們希望並期待找到一種方法，以一種存在的深度和意義來閱讀榮格，而這種深度和意義往往在他與文字的掙扎中和他自己的後設理論基礎（metatheoretical foundations）中丟失。

　　此外，一個補充性的目標是將榮格的心理學深度和豐富性提供給存在現象心理學。這主要意味著使榮格的洞見在現象學上可以被理解，如此一來存在現象學的一些主題就可以在心理學上得到充實。例如，大家太容易談論隱蔽性（hiddenness）而沒有充分認識到這一名詞隱含的結構和構成性力量，而榮格在這方面可以提供很多東西。

我們有必要對榮格的理論表述進行批判性的評估，尤其是在它們所根據的後設理論假設方面。我們會發現，如果要揭示其中包含的洞見，就必須繞過許多這樣的表述。重要的是，儘管這樣做的標準來自於現象學，但在榮格本人的著作中也能找到線索和指南。也許本書的中心主題是，榮格自己的許多著作超越了他理論思維的限制，而且其所指向之對人類的理解也正是存在現象學的核心所在。但這意味著榮格比一般現象學家普遍認為的還要接近現象學，而且從榮格對自己作品的理解（儘管是各種各樣的）過渡到存在現象學對其作品的理解，就呈現在榮格作品本身中。換句話說，我想論證的不僅僅是榮格的心理學可以從現象學的角度進行重構，甚至不僅僅是榮格和現象學是密切相關的。我想探討一個更大膽的主張，即把榮格視為一個存在現象學家來看待和理解，只是他缺乏概念工具，無法以現象學的嚴謹方式來表達他的洞見。如果這個想法能夠成功地得到認可，那麼就意味著我們的詮釋學批評和理解有其現象學的基礎，但更核心的是在於榮格自身之內的對話。我們的意圖是在整個過程中盡可能地接近這種內在對話以及榮格努力表達的東西。這一主張的力量建立在這樣的信念上：現象學提供了必要的概念工具來理解和闡述從經驗到理論表述過程中所揭示和隱藏的經驗和洞察。這些工具是一種明確而連貫的存在人類學，一種世界做為意義關係網絡的存有論，以及 種與這種存有論和人類學一致的方法論。

榮格的科學努力主要是由內在經驗和個人需要引導（Jung, 1961），他在滿足當時學術需要上的困難也反映了這一點。在1940年的艾瑞諾斯論壇（Eranos seminar）上，他說：「我只能在

我的思想爆發的時候把它們表達出來。這就像一個噴泉。那些在我之後的人將不得不把它們整理好。」（引自 Jaffe, 1971, p. 8）

榮格在這裡承認了他的經驗和他試圖談論此經驗之方式間的張力。首先，榮格一直掙扎於寫作的問題。安東尼・史脫爾（Anthony Storr）曾評論說，他「不知道有哪一個具創造力之人（比榮格）更受到因無法寫作而來的束縛」（Storr, 1973, pp. 37-8）。但問題不只如此。在上述引文中，榮格指出這樣的事實：他的說話和寫作是以一種自身不透明的方式直接發生。當榮格說，「先驅者只在事後知道他之前應該知道的東西」（Jung, 1949c, p. 521），而且即便如此，其知道的東西也是不完整的，他這個個人陳述卻是現象學家所認定的一個認識論真理。意即，意識在被反思地占有（appropriated）為「知識」之前，是具身與活出的行動（embodied and lived as action），甚至被書寫的「知識」也繼續參與到生活基底的不透明性之中。榮格的概念性知識在多大程度上準確地反映了他知覺行為中的直接覺察，正是開啟我們研究的問題。

3　　經驗和知識之間的張力在榮格的情況是顯現於深刻的洞見和明顯的概念折衷主義之間。榮格並沒有一致地從一個特定的角度來書寫，反映了他不斷對自己的表述感到不滿。他個人獨特的樣貌映射出他的創造力，即他的第一號和第二號人格的不同需求，以及他對科學傳統和宗教傳統的矛盾心理（Jung, 1961）。但這也映射出他堅持主張知識依賴於觀點和歷史的本質。

榮格的折衷主義似乎聚集在兩種一般風格上，可以稱之為自然科學的（the natural scientific）和詩性的（the poetic）。這再次反映了他的第一號和第二號人格各自不同的風格。

首先，當榮格談到投射、人格解離、情結、精神分裂症（思覺失調症）、精神流行病等等時，他是透過精神醫學和心理病理學的語言，也就是他的博士指導教授尤金・布萊勒（Eugen Bleuler）的語言（他因創造了「精神分裂症」（schizophrenia）一詞而被人們記住）來看待和書寫的。這種語言根植於醫學，揭示了自然科學的一些基本假設：人是一個自足的實體，疾病的病灶可於其內在可以找到；健康和疾病是能量的分布和可用性（對自我來說）的反映；觀察者是獨立於其觀察對象之外。在榮格的字詞聯想（word-association）研究中可以找到這種精神醫學和自然科學之間的聯繫，因其試圖以實驗的方式為正在萌芽的精神醫學和精神分析奠基。我們可以發現他試圖將心理學連結到生物學，儘管這些嘗試是偶然的，正如以下的陳述：

> 將心理學從生物學的基本假設中分離出來完全是人為的，因為人類的心理與身體的結合是不可分割的。由於這些生物學假設不僅對人，而且對整個生物世界都是有效的，所以它們依賴的科學基礎獲得了遠遠超過心理學判斷的有效性，而心理學判斷只在意識領域有效。因此，如果心理學家經常傾向於回到生物學觀點的確定性上，自由地借用生理學和本能理論，這並不令人驚訝。（Jung, 1937/42, p. 114）

榮格在談到心靈能量、熵、心理補償規律的能量名詞以及心靈能量量化的可能性時，他對這一傳統的堅持似乎很清楚。

正是在這一點上，現象學家們最關心的是如何與榮格保持距離，但卻做得不夠謹慎。榮格警告我們，不要按照佛洛伊德的化約論方式，把他的心靈能量概念理解為生物性的衍生物，而是理解為心理的自主性，在那裡它只是心理價值或意義強度的衡量標準（Jung, 1928a, pp. 9-10）。它與「他把更多的能量放在工作上，而不是放在家庭生活上」的說法具有相同的含義。（即使對任何心靈能量提法都無法苟同的梅達・博斯〔Medard Boss〕，偶爾也會以這種描述性、隱喻性的方式使用這個語詞。）此外，由於榮格將心靈能量這一語彙理解為相當於「原始」的力量（神力，*mana*）體驗的現代版，他似乎是覺察到了他的語彙的隱喻性和歷史性，而這削弱了以自然科學為前提的非歷史實在的主張。

　　存在現象學家承認佛洛伊德打破了自然科學對人類看法的界限，即使他的後設心理學仍依循了這一觀點（例如 Boss, 1963；Izenberg, 1976）。但如果佛洛伊德是這樣的話，那麼榮格就更明確了。然而，榮格的歷史敏銳性有時是以自然科學的名義提供的，這可能會導致他與自己產生矛盾。例如，他最後一篇重要的理論論文《論心靈的本質》（*On the Nature of the Psyche*）（Jung, 1947/54）開篇就為自然科學辯護。如果他更準確地理解這個語彙，這顯然不是他的意圖。他試圖捍衛自然科學心理學對於哲學的獨立性，在他的描述中哲學主要是理性主義的。然後他批評被一般人視為自然科學心理學之父的威廉・馮特（Withelm Wundt）出於「哲學」的原因拒絕無意識的概念！顯然，榮格在這裡說的自然科學不是通常意義上的自然科學——即由馮特發展起來的方法——而是更類似於精神分析。每當他似乎將自己認定為自然科學家時，我們都需

要牢記這一點。我們還可以注意到，榮格對自然科學的看法受到他與愛因斯坦（Einstein）、波耳（Bohr）、包立（Pauli）和海森堡（Heisenberg）的關係的重大影響，這些自然科學家使無因果的、系統的、包含參與者和相對主義認識論的新科學典範成為可能。

榮格與現象學的連結是明確的，儘管他對這個詞的使用有些鬆散。但榮格對意義和內在性（immanence）的強調將心理學移轉到一個本質上是詩性的視角。正如詹姆斯・希爾曼（James Hillman）對榮格的評論：

> 即使榮格使用科學和神學語言來進行他的解釋，他的圖像理論（theory of images）展現了心靈的詩性基礎，而積極想像（active imagination）將其付諸實踐。（Hillman, 1978, p. 162）

從這個角度來看，他說的是宗教、神話和煉金術的語言。這正是他最出名的視角，他在這個視角上做了大部分的寫作。這似乎至少有三個原因。首先，這種語言是最令他個人滿意的（Jung, 1961, p. 17）。這是他的二號人格的語言，在他的一生中，二號人格展開成為他自己（Papadopoulos, 1984）。其次，他相信隱喻是談論人類最準確的方式，因為每一個關於心靈的陳述——每一個個人的詮釋，或者科學的「解釋」——都具有隱喻的「宛若」（as-if）性質（Jung, 1940, pp. 156, 157, 160）。第三，正如已經提到的，還有榮格對自然科學的歷史感知。

因此，當榮格開始為分析心理學尋找更深層的、本源的基礎

以及它的可靠語言時,他轉向了「我們祖先的教誨」,如他所說的,「無論好壞」(Jung, 1931b, pp. 344-5)。在那裡,他找到了不受當代偏見干擾、更接近原始經驗的概念:靈魂(soul)、精神(spirit)、陰影(shadow)、阿尼瑪(anima)等等。榮格比較喜歡「用事物一直以來的名字來稱呼它們」(Jung, 1929c, p. 339),因此他正確地指出,分析心理學「肯定不會是一種現代心理學」(Jung, 1931b, p. 344)。在這種觀點中,物質主義被視為以新的形式復活了上帝的宗教視野(ibid., p. 34, 1),而科學心理學就是在製造神話。正如榮格在談到心理學時說:「它把言說神話的古代語言翻譯成了現代神話主題——當然尚未被如此公認——這構成了『科學』神話的一個要素」(Jung, 1940, p. 179)。榮格對人與心理學的理解,有著這樣的移動的效果:看穿自然科學語言而抵達形成它的視角或視野。心理學在本質上就成為隱喻的或詩性的(De Voogt, 1984)。

現在,雖然這一觀點是榮格的核心,並標誌著對當代思潮的深刻貢獻,但它也顯現了幾個議題,這些議題構成了本書很大一部分的根據。

首先,在分析心理學中,自然科學取向——它的人類學、它的化約論、它建立真理的實證主義標準——一直持續存在,即使它隨著榮格的成熟變得愈來愈不相關。儘管榮格分析師傾向於摒棄化約論,但似乎確實有一種被廣為認同的觀點,即從分析實踐中產生的「真理」在某種意義上是暫時的。自然科學的實證標準在方法論中得到地位的提升,而後者(通常)的隱含假設輕率地成為了我們對人類理解的主要存有論主張。這種作法的蹤影

出現在,例如,當有關夢境研究(Gabel, 1985)或大腦半球側化(Prifitera, 1981)的實驗結果「支持」或「修改」榮格的直觀洞見時,或者當有人以物理學中的能量概念來辯護他的心靈能量「理論」時(Mattoon, 1981)。雅可比(Jacobi, 1942/68)的經典著作以「心理過程和力量的法則」和「心靈能量主義的原則」來介紹榮格的理論。史丹(L. Stein, 1967)試圖將原型和自性(the self)與細胞內的活動連結起來,他的嘗試得到了麥可‧佛登(Michael Fordham)(Fordham, 1974)的讚揚。在心理病理學領域,維塔里(Vitale, 1978)將憂鬱描述為「一個表示能量與心理『調性』的量化名詞……〔它〕在主體耗費掉的力比多比他所生產出的還要多時發生」(p. 220)。如果被追問,也許這些作者會承認他們以類比方式提出的理論模型與現實之間是有差異的,但這些持續被提出的模型以及其明顯的實在論內容模糊了這個差異。另一方面,如果說榮格確實與這樣的傳統決裂,那麼他做得實在不夠清楚或一致。而當他的許多追隨者落回到這種自然科學人類學和方法論時,就沒有辦法真正進入榮格所引介的洞見。

其次,儘管存在現象學在某些方面產生了直接影響,但榮格引入的詩性視角從未被他自己或其追隨者有系統地建立在具連貫性的人類學之上。如上所述,其結果就是自然科學模式持續留存下來。另一個結果是,榮格引入的**詩性**工作往往仍然陷於一種自我封閉的、幾乎是唯我論的存有論。例如,當榮格說「我們所有的知識都是由心靈的東西組成的,因為只有它是直接的,所以它是超級真實的」(Jung, 1931b, p. 353),他似乎沒有抓住**他自己也清楚看到的**,於其中我們得以為家並找到自身意義之世界的深刻意涵。如果

榮格不是唯我論的話,這樣的說法需要徹底地重新解讀。現象學的一個核心目標即是滿足這樣的需要。

第三,詩性的視角需要一種可以用來評估榮格各種隱喻之適當性或相關性的人類學。主張所有的知識都是透過對世界之想像性視野的視角或結構而產生,並不是說每一種隱喻都是一樣好。如果有些隱喻比其他隱喻好,這似乎是顯而易見的,那麼做出這種判斷的基礎就需要被澄清。

第四,存在現象學可以提供一種原生於人文科學心理學的明確方法論,因此比自然科學的實驗方法更適宜。此外,榮格發展的方法在許多方面可以由現象學更清楚地闡述,這一點也會得到表明。

第五,為分析心理學提供一個存在現象學框架,可以做為一個基礎來看待榮格1961年去世之後的發展,特別是由佛登(和其他人)開創的客體關係工作和希爾曼開創的圖像或「原型」工作。

最後,現象學對事物之根本意義性和經驗之存在置身性(the existential situatedness of experience)的關注凸顯出榮格和海德格的個人敏感度以及他們在文化治療上的(cultural-therapeutic)努力。榮格的風格與作品中的純樸具體是傳奇(參見 Jung, 1977, pp. 88-92)。儘管《存有與時間》(*Being and Time*)的語言高拔,但很明顯,海德格和榮格一樣,

> 對物理存在的紋理和實質,對事物的「物性」和頑固的確定性,無論它們是岩石、樹木還是人的顯現,都有一種幾乎不可思議的個人感應……海德格以一種罕見的具體性感受著這個世界。(Steiner, 1978, p. 38)

海德格以一種榮格無法做到的方式，留給我們一種存有論。在這種存有論中，顯現（presence）（存有，Being）的覺醒仍然是維持在其自身。在某種意義上，雖然榮格的個人敏感度和治療工作削弱了笛卡兒主義的認識者和被認識者分離，並構成了我們所說的**詩性**（*poesis*），但卻是海德格的思想和這對現象學的影響，讓榮格的個人敏感度和他的治療意圖得以被詩性地**思考**。

鑒於在西方思想史裡，我們傾向於在概念上把詩的運作和思維的運作分開。然而，像海德格那樣進行詩性的思考，就是要求我們**思考**存有，從而於其中合法地建立起詩性的敏感度。但這種要求往往不能在西方理性主義的刀下生存。因此，如果我們想讓榮格的心理學被詩性地**思考**，我們就不能在笛卡兒的假設中尋求庇護，這些假設將世界之多重層次孕育的特性夷平為**物質實體**（*res extensa*）；我們也不能在被實際化為物體的原型、自性，或甚至人上面，為我們的心靈實在（psychic reality）找到一個（偽造而來的）確定基礎。

如果「詩」這個詞不只是一種修辭上的花稍它就需要有精實的意涵。它是在古典意義上使用的，來自希臘文的 poesis，意思是「製造」。製造涉及到「物」，或者說發生詩性的原材料，以及實現這種轉變的人。因此，說榮格是一位詩人，是指他和他的主題之間內在、不可化約、相互轉化的關係，如果榮格的個人視野呈現在他的作品中，那麼賦予這種視野的實在也同樣呈現其中。詩性的視野和幻想是有所不同的。

第二，在分析心理學中似乎出現一種日益增長的趨勢，把心靈生活（例如象徵和個體化〔individuation〕）置於人際生活真實發

生的事件中。這隱含在一些分析心理學家將「移情─反移情」置於分析工作的中心位置，隱含在愈來愈多的人認為個體化始於出生，而不只限於生命的後半段，隱含在把實際的人際關係視為象徵的基礎。雖然現象學往往更關注讓成功的治療工作發生的基礎性問題，但其基礎性批評及詮釋的意涵會支持分析心理學中這種朝向具體特定性（incarnate particularity）的治療性移動。分析心理學不當命名的「內傾」（introversion）（尤其是古典分析心理學？），令其領域從世界中撤退到一堆象徵中，並錯失了榮格想要為現代人重新喚醒在事物世界中之靈魂感的整個文化治療努力（Jung, 1928/3la）。回到事物的直接孕生性（the pregnant immediacy of things）是詩性的工作（the work of poesis）。

第三，「詩性」一詞表明，榮格與他的主題之間的關係是一種想像力的工作。正如一些煉金術士意識到他們的**原始材料**（*prima materia*）轉化是心理的或想像的，榮格也把他自己的實踐視為一種**對抗自然的工作**（*opus contra naturam*）。在治療的實踐和理論化的實踐兩者之中，詩性的想像力將世界聚集進入象徵性的秩序。同時，詩人的想像力是試圖準確地看到那裡的東西，並準確地找到正確的詞語來表達看到的東西。

第四──這也是選擇用詞的決定性因素──榮格是海德格意義上的詩人。對海德格來說，詩人的出現是在諸神退隱和存有顯現之間的那個墮落和無神的時代（Heidegger, 1954a, p. 4）。因此，詩人是文化歷史中的一個支點，透過這個支點，他的會死者同胞（fellow mortals）轉而面向存有之神聖顯現（the advent of the divine presencing of Being）的降臨。如果這是詩人的歷史意義，那麼他在

這個後啟蒙的技術時代中處於最緊迫的位置,特別是尼采在一個世紀前就宣布了上帝的死亡。「在一個窮困的時代做一個詩人意味著,」海德格說,「去關注⋯⋯退避的神的蹤跡。」(1936, p. 94)在這些方面,榮格是一個徹頭徹尾的詩人。他強烈地意識到,心理學興起的歷史意義是對理性主義、物質主義和上帝之死的反應。他看到,在真正療癒之後沒有一個人不恢復對生命的「宗教看法」。但是,這個看法不是透過從肉身生活撤退到一個天堂般的祈禱場所而得到的──這將使榮格試圖療癒之諾斯替[1]分裂(Gnostic splits)永久化──而是透過深入到令患者不安的那些東西裡去:他的症狀。榮格說:「諸神已經成為疾病。宙斯不再統治奧林匹斯山,而是統治太陽神經叢。」(1929b, p. 37)

第五,詩人用隱喻說話,正如已經指出的,對榮格來說,所有關於人類及其世界的陳述都是隱喻的。透過隱喻,現實變得非常朝氣蓬勃,但同時又奇怪地難以捉摸。這種張力,即詩人所論及者之顯露和隱蔽之間的張力,是榮格對心理學和原型的理解的核心。它也是存在現象學存有論和詮釋學方法的核心。換句話說,將榮格的方法認定為詩性的,就是將其奠基於一個闡明其方法中隱含之存有論和認識論的傳統之上。

因此,認定榮格的工作是詩性的一種,就是接受隱喻的認識論合法性和生活世界的存有論主張。因此,榮格詩性的認識論和存有論層面都指向存在現象學思想的先驅路德維希·賓斯旺格(Ludwig Binswanger)曾經稱之為「*das Krebsubel aller Psychologie*」的核心,大致可翻譯為「所有心理學的致命缺陷」(Binswanger, 1946, p. 193)。他指的是主體與世界、認識者與被認識者的二分法。這

種二分法在笛卡兒（Descartes, 1647）那裡得到了最清晰的哲學表達，它構成了科學心理學直到現在的基本假設。笛卡兒對「認知」（*res cogitans*）和「展延」（*res extensa*）的區分將人類的意識置於心智（mind）之中，而心智是一個非物質的、內部的「位置」，與自然的、物質的世界完全分開，同時身體和其他物體都是這個世界的物件。在笛卡兒看來，心智在本質上是理性和自由的，而身體─世界則受制於自然界的決定力量和關係。

隨著心理學的興起，笛卡兒的存有論似乎稍微軟化，但那只是在於「心智」，即現在所稱的「心理」，納進了感覺、幻想和無意識的「內容」。人的經驗與經驗立即發生之世界的基本分離，以及相信自然科學的假設和方法可以解釋「真實世界」──甚至有一天可以解釋心靈──的信念仍然存在。

這種存有論影響了後文藝復興，特別是後啟蒙運動之思想所處的文化氛圍。正如我們將提出的，從這樣的氛圍中榮格試圖構建他對自己的理解，這對分析心理學產生了決定性的影響。正如吉格里希（Giegerich）所說的，也許帶有輕微的誇大：

> 每當〔榮格〕對他的理論化進行有意識的控制並打算進入批判性時，他都想把他驚人的心理學見解凍結在邏輯上最低的層次上，即存在者層次的「實徵發現」上，把他的見解禁錮在「物質」的邏輯層次上，防止它們成為其自身（心理學）。（Giegerich, 1987, p. l08）[2]

我們不在此深究這一主題，因為我們會在後續章節反覆提及。

從存在現象學的角度來看，它是榮格大部分理論思維的「致命缺陷」，而且它在分析心理學中以不同的程度持續到今天。

試圖批判性地平息那揮之不去的笛卡兒精神是現象學的首要貢獻，但是，正如已經提過的，在榮格的作品中也可以找到很多幫助。事實上，榮格作品的精神似乎是朝著這個方向發展的，這可以從他處理那些對他的思想至關重要的詞彙的方式中找到：意識、無意識、自性、個體化、原型等等。此外，儘管他聲稱自己是一個關注「事實」和假設驗證的「經驗主義者」，但榮格使用的詮釋學方法在很多方面都適合於現象學。此外，分析心理學已經成熟並發生了很大的變化。首先，日益增長的臨床複雜性已經導致了重要的理論轉變，朝著現象學分析心理學（phenomenological analytical psychology）的方向發展。再來，在分析心理學中（或從分析心理學中）成長起來的一個運動，明確地關注著與我們在本書中相同的存有論和認識論議題。

山繆斯（Samuels, 1983b, 1985b）的分類將被用來為分析心理學的後榮格發展提供方向。首先，古典分析心理學（Classical analytical psychology）指的是最接近於榮格的取向。「榮格的心理學」（Jung's psychology）一詞有時將被用於這種取向。第二，發展學派（the Developmental school），主要以倫敦為基地，由麥可‧佛登開創，強調嬰兒和兒童發展，客體關係和移情─反移情分析的重要性。第三，由詹姆斯‧希爾曼開創的原型心理學（Archetypal psychology），主要關注於解構榮格的「科學」和理論思想，及其實證主義的幻想，並以心靈自身的圖像詞彙重新看待心理生活。在提到這些流派時，古典、發展和原型這三個詞將以大寫表示。這些

詞彙沒有涵蓋分析心理學中正在進行的一系列有趣的工作，但它們抓住了其基本的理論發展。也許應該指出的是，山繆斯的這個框架是試圖對理論發展和轉變進行連貫的思考。儘管許多分析心理學家被認為有他們自己的偏好，但這些「學派」最好被理解為整個領域中的概念和想像的支線，而且可能大多數分析心理學家在不同時期都在某種程度上參與了其中一條支線。正如山繆斯本人反覆主張的那樣，各學派之間的緊張關係不再主要是歷史的或地理的，而是任何對該領域整體感興趣的人所會經驗到的內部緊張關係。[3]

存在現象學是一個異質性的運動，而將對話限制在一個特定現象學家的取向上也許是可行的。與榮格相識並一直對他心存感激的梅達‧博斯將是一個不錯的選擇。然而，也沒有必要如此限制。例如，正如萊彭（Luijpen, 1969）和克魯格（Kruger, 1979/88）表明的，有一些主題是整個運動共有的。在很大程度上，不同的現象學家可以被理解為強調不同的存在現象，但他們的存有論假設在根本上是一樣的。我自己依循的主要是海德格和梅洛龐蒂的思考，也就包括了博斯、克魯格，特別是羅曼尼遜。儘管有人試探性地對榮格和沙特進行了比較和對比（Shelburne, 1983），然而沙特（Sartre, 1956）的存有論似乎沒有像他的情境描述那樣流傳下來，因此本書不會進行此一方向的關係比較。

## 摘要

我們的主要目的是在存在現象學的基礎上理解和詮釋榮格的心理學洞見。另一方面則是幫助存在現象學家了解榮格的工作，因為

前者基本上傾向於迴避後者。在很大程度上，對榮格的這種現象學解讀的動力來自於榮格自己的作品本身，因為榮格行使的是如現象學家般的觀看，即使他通常是以一個自然科學家的角度進行理論思考。

能夠如此閱讀榮格的根據是，他的作品基本上貫穿著一種自然科學和詩性觀點之間的存有論和認識論張力。詩性的視角解構並包容了自然科學的視角，儘管這一點往往沒有被認識到。如果榮格的作品要實現其做為一種原生的、本源的心理學的承諾，就必須在一個連貫的存有論和認識論框架內闡述這種詩性的觀點。現象學提供了這樣一個框架和適當的方法論。

如果我們的目的是用現象學的名詞來重新闡述榮格的作品，那麼這樣做的主要任務就在於消除其中的笛卡兒主客分離觀點。消除笛卡兒式的分離將使榮格作品中對自然科學實在觀的認可與誘惑變得無效，並恢復世界做為心理的、想像的生活的真實家園。

## 本書概要

第一章介紹我們的問題導向，如上文所總結的。

第二章綜觀榮格心理學。這裡的目的主要是為那些對榮格思想不是那麼清楚的讀者提供方向。它提供了一個分析心理學的概念基礎，可以在此基礎上建構更詳細的分析。由於本章概述會忠實於榮格對自己理論的理解，因此會以一些尚未被明白揭示的概念性問題做為結尾，而這些問題會在接下來的章節中加以考慮。

第三章從現象學的角度描述榮格的詮釋學方法。在現象學成為

一種思想運動之前,它基本上是一種描述現象本質的方法。梅洛龐蒂概述的四個維度可做為架構來討論榮格的方法並評價他做為現象學家的主張。

第四章討論榮格在非洲的經歷。這有幾個原因:這是榮格對個體化意識的唯一具體描述,它生動地顯示了榮格自己理解到的,心理生活的真正家園是我們生活在其中的世界。我還強調,把心靈想像成笛卡兒式的內部位置並從存有論上將其與經驗發生的世界相分離是錯誤的,我認為,榮格在他的非洲經驗中得到了對人類存在本質的理解,但他個人的和文化的焦慮使他無法以合宜的語詞構成他的理論思想。

從某種意義上說,這前四章為後面的章節奠定了基礎。到目前為止,重點一直是導論的(第一和第二章)、方法論的(第三章)和「經驗性的」(第四章)。以下各章將詳細討論分析心理學的核心概念。

後半部章節一開始,即第五章,討論「心靈」(psyche)一詞。上一章在討論榮格在非洲的經歷時已經談到了這一點,但這裡的討論將圍繞著心靈的定義以及它與身體和世界之關係的「所在」。這將表明,儘管榮格傾向於用笛卡兒的語彙來書寫,彷彿心靈是一個封裝的內部「場所」,並或多或少地與大腦相連,但榮格的意圖是將我們所處的世界恢復為心理學的(psychological),即心靈(psyche)。因此,「心靈自主性」並不是指一個獨立於身體或肉身生命的領域,也不承認榮格認識論上的唯我論——儘管它經常被以這些方式理解。它指的是生活世界(life-world)的存有論優先性,即我們生活於其中的心理世界。心靈這個詞是榮格的一個

直觀嘗試，用以指稱人類存在的基本結構。從生活世界的角度來詮釋，榮格理解的心靈接近於海德格對「此在」（Dasein）的闡釋，而從「此在」的角度來詮釋，則達到了存有論和結構的清晰。本章最後回顧了「大地」（earth），它是心靈的支持性、滋養性和穩定性的基礎。

隨著心靈的意義被打開，探索和詮釋諸如自性（the self）、個體化（individuation）、無意識（the unconscious）和原型（archetypes）等現象就成為可能，而不需要對它們的「心靈」位置提出問題，也不需要感到必須跳出「心靈」來宣稱它們的存在性和關係性結構。

第六章討論自性和個體化。榮格（Jung, 1961, p. 235）認為個體化是分析心理學的核心概念。然而，對它的討論無法不同時論及自性，所以這裡將這兩項主題放在一起討論。自性有很多定義，但我試圖說明這些定義與榮格對自性的最普遍性定義——「心靈整體」（psychic totality）——不衝突。然而，這一論點需要把自性定義為心靈中心的說法去字面化意義（deliteralising）。換句話說，做為心靈中心的自性並不像太陽系中的太陽，而是心靈整體將自身圍繞著一個中心組織起來的能力，在個人的心理生活中建立一個可行的中心。榮格認為自性整體是心靈的同義詞。因此，自性，像心靈一樣，被以此在（Dasein）來詮釋。在接續對「自我」（ego）這一語詞進行簡要討論之後，榮格的個體化概念得到了存在層次上的探索與詮釋。個體化被闡述為（自我，ego）對具身且為原初之自性所聚集的那些可能的世界關係的占有。在這一點上，轉化的時刻與其說是呈現為個人的心靈生活從與世界的接觸中退卻，不如說是將

這些關係脫胎換骨為隱喻的結構。因此，重要的是要注意到，「象徵生活」的出現並沒有取消肉身的現實，而是將想像的生活置於其中。內部性（interiority）被重新處理，因為它變得有必要去認可其個人意義，但不會將內部性的位置從存在的空間性中剝離。

第七章討論意識和無意識。我試圖表明，儘管榮格試圖將他的語彙與佛洛伊德的語彙連結起來，但卻與佛洛伊德的立場存在著存有論上的分歧。對榮格來說，這些語彙是完全模糊的，並不指向心靈位置，而更多的是指向已知且被經歷過的肉身生活維度。我也討論榮格的情結（complex）概念和他早期的字詞關聯研究，以表明意識不是清晰和理性的，身體也不是盲目或遲鈍的。意識是具身的（embodied），而身體本身就是在文化和語言世界中存在性地結構起來的活躍生命意識。無意識是已知事物的生活母體（the lived matrix of the known）；集體無意識是「根本性隱蔽」，即一切都從其中產生的虛無（nothingness）。本章最後討論意識的態度和它在「無意識」中的反映。

第八章討論原型的概念。相當多的注意力會放在榮格對這一語彙的意義，以及他自己所造成的對這個概念的種種誤解。存在現象學在這裡的核心貢獻在於，它能夠把原型的兩種重要的但看似不相容的詮釋連結起來。原型既是圖像（或圖像群）中的意義中心，也是以典型方式居住在世界中的身體潛在可能性。將原型置於「在世存有」，承認了它們的身體性，但同時也堅持用詮釋學取向來分析原型實在（archetypal reality）。在這種整合之後，接著是對原型圖像和關係的討論。最後，我討論榮格（尤其是希爾曼）對原型實在之想像自主性（imaginal autonomy）的堅持，並試圖表達它，但不

以笛卡兒式的語彙將其空間化，也不將其人化（humanise）。雖然事物於想像世界中的顯現方式可能有種種不同，想像自主性並不與事物世界相分離。圖像和事物之間的區別不是存有論的區別，而是世界顯露模式的區別：看、夢、想、幻想等等。

第九章介紹一項臨床研究，以說明理論工作對心理治療的適用性，並反過來說明心理治療中的時刻將如何支持朝向整合的現象學分析心理學的移動。

最後，第十章概述現象學分析心理學的結構，並呈現出每個思想學派的貢獻。

## 註釋

1. 諾斯替思想的主要特徵是徹底的二元論，它支配著神與世界以及相應的人與世界的關係。神是絕對地超凡脫俗，它的本質與宇宙的本質格格不入……與之完全對立的是：自足而遙遠的光明神界與做為黑暗領域的宇宙相對立。（Jonas, 1963, p. 42）

   榮格的觀點中有時會出現諾斯替二元論（例如，Jung, 1973, p. 49）。霍勒（Hoeller, 1982）試圖將此建立為榮格作品的詮釋學關鍵，但他的論點證據不足，沒有得到很好的反響（Carvalho, 1983）。布伯學者莫里斯・弗里德曼（Maurice Friedman, 1967）一度將諾斯替主義做為他批判榮格的核心。（我們稍後將再論弗里德曼。）我個人的觀點是，這種觀點是錯誤的，而本著作的主旨也希望表明這一點，儘管這並不是一個凸出的核心主題。做為「現代人」的榮格在事物的世界中並透過事物的世界具體地找回了自己的靈魂；事物並不是他精神的敵人。阿文斯（Avens, 1984）聲稱，最近的研究糾正了對諾斯替主義之傳統上徹底二元論的理解，但我們在這裡不會繼續追蹤這一點。

2. 吉格里希不僅指榮格思考的事情，也指榮格的寫作本身。他說，心理學的創建者並不心理學（not psychological）；是我們必須從心理學的角度來解讀他們。另一方面，在過去的二十多年裡，吉格里希在閱讀榮格時採用了他的辯證法，較我願意的走得還更遠一些（Brooke, 2012）。
3. 令人吃驚的是，山繆斯（Samuels, 1985b）的巨著《榮格與後榮格學派》（*Jung and the Post-Jungians*）幾乎沒有提及英語世界以外的領域。不幸的是，這種在英語分析心理學的局限性在本書中仍然存在。不過，可以說，從翻譯出來的期刊摘要和書評來看，英語寫作領域似乎是最激烈質疑其基本議題的地方。

本書的另一個局限在於，榮格對超心理學的興趣以及他的共時性和一元世界（*unus mundus*）等概念將不被討論，除非這些語彙反映了榮格用來跳過他的主客體分離傾向創造出來之鴻溝的神奇嘗試。這也意味著，分析心理學裡的一個正冒出苗頭的嘗試，即與當代物理學的結合，也將被排除在外。想要在這方面說點有用的東西，還需要另一項單獨的研究。

榮格與現象學 ──────── | 第二章 |
*Jung and Phenomenology*

# 榮格心理學綜覽

我在本章的目的是為之後接下來的批評和對話提供一個方向和出發點。本章主要針對那些不是特別熟悉榮格著作的人提供分析心理學的簡介。我們對榮格的介紹將採取一般共同的看法，即透過心靈（the psyche）的結構和動力學，然後討論個體化過程。[1]

## 心靈的結構

榮格所說之心靈的確切含義將成為下一章主題的一部分。就目前的目的而言，可以注意到的是，榮格的研究幾乎完全關注人類心靈，它的意義、範圍、結構和動力。心靈是意識和無意識過程的「場所」。榮格對這些過程是否可以置於人類意志的控制之下搖擺不定。無論如何，心靈是經驗和意義的場所。

心靈有三個概念上不同但動態上相互關聯的層次：意識、個人無意識和集體無意識。

### 意識

意識是指一個人覺察到的經驗範圍，儘管知覺領域時時刻刻都在變化；這種覺察範圍傾向於凝聚起來，為個人提供一種日復一日的連續性感覺（sense of continuity）。這種凝聚可以被理解為是自我或自我情結的作用，或者更好的說法是自我或自我情結的反映。這可以被定義為意識的中心，即關注著個人認同與其他等等問題而思考、觀察、做出有意識之決定的「我」。意識和自我之間的關係是相互決定的。做為意識的中心，自我是意識的內容，然而意識也是自我的作用，因此是它的前提。意識最重要的決定性特徵是

它的辨別或區分出對立面（我和非我，內在和外在的現實，男性和女性，善和惡等等）的力量。然而，人們並不總是反思地意識到自己之自我的種種作用。在分析心理學中已經普遍認為，自我是部分「無意識的」。

## 個人無意識

個人無意識是心靈的一部分，它包含了被遺忘或壓抑的個人思想、經驗、記憶和心理材料。[2] 在這裡可以找到個人情結（personal complexes）。情結是一種心靈能量中心，周圍聚集了個人經驗中的特定類型或主題。情結將經驗「纏繞在一起」（即 com-plex），形成熟悉的模式。因此，它們可以說是按照個人生活史中形成的那些模式來結構起進入意識的經驗。

它們是否做為精神官能症（neuroses）發揮作用，並不取決於它們的內容，而是取決於它們是否對個人和周圍的人造成了困擾，以及它們是否抑制了進一步的心理發展。為了使心理發展得以進行，重要的是自我要把自己從情結的無意識影響中區分出來。然而，這並不意味著將自己與它們分離開來，這相當於精神官能症式的否認。它意味著透過它們看到通常（總是？）位於其正中心的原型意義核。實際上，這意味著盡可能地將自己個人和人際關係的困難當作自己的困難，而不是將其歸咎於他人（父母、同事、所愛之人），並將與這些困難有關係的自己和他人看成可原諒的人而不是全能的神。

## 集體無意識

　　集體無意識是心靈的一部分,它是繼承而來的,因此是個人與他人共享的。這個語彙是一個假想的建構,旨在說明不同文化和時代的行為和經驗中巨大的結構相似性,這種相似性不能歸結為「學習」。集體無意識——有時也稱為客觀心靈(objective psyche)——具有無限的範圍和深度。做為人類進化的產物,它包含了我們典型反應模式的種種可能性,可回溯到我們種系發育過程的過去(our phylogenetic past)。因此,從某種意義上說,我們可以談論集體無意識的「積層」(layers),它直接延伸到有機物質的原始成分。

　　集體無意識是意識的母體,是自我發展而出的源頭,也是自我回返的目的地,特別是在死亡和睡眠中。集體無意識的內容是本能(instincts)和原型。

## 本能

　　榮格在日常意義上使用本能一詞,不僅指朝向食物、性、溫暖等方面的驅力,而且指任何不屬於意識意志作用的行動或心理傾向。在這個意義上,榮格的用法可能會是如母性或宗教本能,或說孩子「靠本能學習」。此外,從意識中分離出來的心理過程就有如本能般的作用。換句話說,這個語彙指的是一種心理活動的品質,而不是一種「固定的行動模式」(動物行為學)或心理作用之基礎的動態心理—生理根源(佛洛伊德)。

　　本能一詞有部分是榮格與佛洛伊德之間的關聯所遺留下來的,

而隨著榮格走自己的路，這個概念被使用得愈來愈鬆散，並且在概念的精確性和心理學意義上被原型一詞取代了。

## 原型與情結

原型是行為、反應和經驗之典型模式的來源，這些模式是人類的特徵，就像築巢是鳥類行為的特徵一樣。重要的是要區分原型本身，即做為一種潛在可能性（potentialities），和賦予它表達的圖像或圖像範圍。原型是繼承而來的，但圖像不是。因此，對於任何一個原型來說都有種種不同的原型圖像，這反映了原型會落實於不同的文化和歷史背景中。

做為潛在可能性，原型是情感（affects）和圖像（images）的構成性來源，而情感和圖像之間的關係是相互的。換句話說，原型圖像描繪了情感的意義，它們也可以做為釋放這些情感的線索。另一方面，情感或情緒（emotions）（榮格交替使用這兩個語彙）是原型圖像落實的中介。一個經驗愈接近原型核心，其情緒衝擊和圖像的引動力量就愈大。

因為原型是那些透過種系發生歷史過程傳遞下來的典型適應模式，它們往往在典型或原型的情境中被落實出來，例如，啟動、遺棄、婚姻、分娩、養育子女、月經、黎明和黃昏、季節變化、死亡。

應該注意的是，像集體無意識一樣，原型這個語彙是一個假想的建構，用來說明圍繞著典型人類主題和情境之種種圖像間的相似性，無論是跨文化地在現代人的夢中、在兒童的畫中，還是在精神病患者的妄想之中。它們的存在是根據其效果來推斷的，而其

中的基本意義核心仍然是一個深不可測的謎。因此,任何關於原型圖像或**象徵**(symbol)之意義的說法都只是近似這一核心而已。常見的原型主題有神聖的孩子(the divine child)、永恆少年(the eternal youth)、伊底帕斯孩童(the Oedipal child)、母親(the mother)、英雄(the hero)、陰影(the shadow)、死亡、出生和重生(death, birth and rebirth)、智慧老人或老婦人(the wise old man or woman)、阿尼瑪和阿尼姆斯(anima and animus),以及在臨床心理學和精神醫學中,負傷的治療者(the wounded healer)。

原型是普遍的潛在可能性,但它們在空間和時間上的落實總是在文化脈絡下構成。在個人發展中,這種脈絡在家庭生活與個人經驗的個別性中得到進一步分化。這些從個人經驗和原型潛在可能性之間關係中產生的個人化與結合起來的心靈結構,被稱為情結。但是,如果情結是從潛能—實現關係中產生的,那麼,它們最後也會構築起這些關係。因此,情結是心靈能量中心,經驗透過它得到中介並且圍繞著它聚集。理論上所有的情結都可以說有一個原型的核心。雖然榮格的大部分理論工作關心的是心靈的原型基礎,但大部分的實務工作都發生在情結的層面上。

集體無意識的原型,以及藉此得以實現的情結,並不是孤立的「實體」,而是相互關聯,特別是在相對極性的形態上,例如,孩子和母親,母親和智慧老婦人,母親和死亡,母親和父親,英雄和父親,英雄和少女,受害者和勝利者,或者搗蛋鬼(trickster)和智慧老人。心靈生活是關係性的。這些原型和情結關係有朝向衝突與化解的趨勢。因此,在心靈的整體中似乎有一種秩序化的傾向,這種傾向還包括自我與無意識的關係。此外,這種在心靈中創造秩

序與和諧的傾向常常以象徵性的方式顯現。這種傾向被稱為「自性」（the self）。

## 自性

如此，自性的定義相互矛盾。它是一個人與生俱來的潛在可能性的全部，出現於形成個人的獨特混合中；它是一個人一切可能所是的總和。另一方面，自性常常被經驗為整個人格的**中心**，是心靈中對立面和緊張狀態的調和之處。這裡所說的對立面不僅是指上面提到的原型對立面，還包括整體存在之中和每個原型本身中的對立面。在前一種情況下，有個人與集體、意識與無意識、精神與物質等對立面；後一種情況是指每個原型中的兩極性——正面和負面。這方面的例子有：**偉大母親**（the great mother），她的養育之恩也使人窒息；智慧老人，他的歷史感抑制了年輕的主動性；陰影，它的黑暗給個人帶來深度、視角和謙遜。

此外，自性做為中心和整體，以及做為一個人生命中最原始作者的心理形式，與上帝的形象，甚至與上帝的體驗是不可分的。

最後，如果心理發展指的是意識的不斷擴大和深化，以便最終實現神祕和神聖，那麼自性可以被理解為人類生活的源頭和目標。它是激發個人發展的超個人源頭，其目標是這一源頭在個人生命的空間和時間中得到落實。

## 心靈動力學

榮格接受佛洛伊德關於心理動力學的大部分內容，特別是關於

防衛機制和童年衝突的意義。[3] 然而，榮格將性（sexuality）的範圍和意義限制在其日常的常見用法中。因此他不接受佛洛伊德賦予錯置（displacement）與昇華（sublimation）的意義。更進一步，他不接受心靈活動必須建立在佛洛伊德所設想的本能基礎之上。榮格因此尖銳地批評了佛洛伊德的理論化約主義。這意味著榮格並不從假設性的本能活動中尋找心理事件的意義或重要性，因此在某種程度上──當然是與精神分析學家相比──無意識的、個人的心理動力學問題被淡化了。然而，榮格認為，做為一個整體，心靈存在著種種動力傾向。

## 自我與原型之間的關係

心靈活動主要是原型和原型圖像以及自我與它們之間關係的一種作用。做為自性之潛在可能性的原型，在個人（自我）的肉身生活史中尋求落實，而自我如何與這些心靈能量中心關聯起來是關鍵問題。有幾種可能性。

1. 自我可能被它們接管和吞噬。這種自我與多個原型（或一個原型）之間的同一被稱為膨脹（inflation）。這個主題的一個變樣是，當自我太弱，無法應付原型材料的衝擊時，就會瓦解成碎片，然後任由原型力量擺布。這就是精神病（psychosis）的特點。如果自我沒有解體，但仍然生活在與原型現實的融合狀態中，那麼內在和外在現實之間就會有部分但不充分的區分。榮格使用了社會人類學家列維─布留爾（Levi-Bruhl）的說法，稱這種情況為神祕參與（*participation mystique*）。

2. 自我可能會英雄式地和防衛性地對抗原型以及它們試圖在整個人格結構中帶來的變化。在這種情況下，個人與自己不和，或者更嚴謹地說，個人與其自性不和，這相當於精神官能症狀態。
3. 自我可能會與他們分離。然後就失去了與自性的聯繫，生命也就失去了意義。當然，這樣的構想有一個矛盾，因為異化疏離本身具有原型性質。它是深刻宗教體驗的典型（也許是必要的？）組成部分，歷史上被記錄在許多進入荒野的旅程中。榮格相信疏離的「現代人」的困境是一種宗教現象，這就有些許矛盾。
4. 自我可以做為內部對話的平等夥伴與原型連結起來。在這種情況下，人們既發現了個體性和獨特性的感覺，也發現了一種更深層地、謙卑地參與到神祕的生命戲劇的感覺，而且在其中自己並非作者。這種心靈重心從自我到自性的轉變是一種臣服於某個更大的整體的行為，或者至少是一種感受，而且是一種宗教感，無論是否關聯到任何正統宗教教義。應該注意的是，雖然使用了單數的自性一詞，但自我的臣服是朝向構成自性的許多原型，並將之稱為特定個體。因此，成熟和健康的個體（自我）不是單一主人的奴隸，而是一個在意識中為自性的許多潛在可能性之落實提供空間的主人。

在考慮自我和無意識之間的這些可能動力時，重要的是要理解到，這些位置不是靜止的，它們之間也有持續的運動。通常情況下，在自我膨脹、分離和異化疏離之間存在著一種動態的相互作用關係，然後以對話的形式進行綜合。這種動態的相互作用可以發生在日復一日生活裡的衝突、失望和解決中，但它也是整個人生正常

發展的模式。

## 補償

　　由於意識固有之指向與選擇的片面性，心靈適應是透過補償過程來維持的，在這個過程中，無意識但互補的內容被添加到意識中。一般來說，意識愈是片面，那些無意識內容就愈是緊迫於尋求實現。然而，儘管榮格有一個準能量模型，他明確拒絕對補償的機械性理解。通常情況下，無意識內容首先以投射或夢境或幻想的形式出現，但它們還沒有被整合。整合在很大程度上是做為象徵活動本身的作用而發生的，它獨立於意識的反思或自我的洞察。然而，特別是在危機、精神官能症或致力於整全的目的性工作中，需要的是道德正直、謙遜、自我力量和象徵態度。

## 象徵活動

　　心理作用在很大程度上是象徵活動的作工。心理發展、整合、崩潰和轉變是透過象徵以及自我與這些象徵的關係來進行的。象徵是將已知（意識）連接到未知（無意識），自我連接到原型的心靈圖像。既然無意識是意識的母體，意識的浮現就是藉由個人生活中種種圖像的落實與整合而來。自我的發展階段在這裡很重要。特別是在兒童時期，兒童與圖像連結的方式往往是具體的，且以投射形式為之（例如，母親和父親、對黑暗的恐懼、教師等），但在成熟期，象徵則是更清楚地被感知為「內在」圖像與象徵。這意味著，圖像不是在它們的經驗性或原始的具體性中被理解，而是被視為指向一個超越圖像本身直接性的現實。做為象徵的圖像包含層層的意

義，要由個人來回應與整合。這種象徵整合的過程雖有種種方式，但大部分是以理解來自無意識心靈之意義的方向，來理解一個人的生活狀況、夢境、圖像等等。這種將投射作用撤離的過程有助於將內在意義與實徵內容區分開來，並將這種意義納為一種必要之事，一個人以某種方式受益於此，並透過它豐富自己的生活。

原型圖像和象徵不應與原型混淆。一系列的圖像可以指向一個原型，但單一圖像也可以指向不同的原型主題。例如，蛇通常被理解為精神轉化和療癒的象徵，相形之下，佛洛伊德強調的則是以陽具意涵呈現的性。但實際上，它可能同時指向這兩個主題：轉化之路可能需要整合像蛇毒一樣令人恐懼的性。這個例子也可以說明一個整合了對立面的象徵力量，在這個例子中的對立是指性和精神。

可以提醒的是，許多榮格學者，也許是由於他們對象徵的熟悉，傾向於把它們當作抽象事物或符號。例如，大海是無意識的「象徵」。這種方法耗盡了符號的內在性（immanence）和影響力。海不再是有自己意義的圖像。由於這個原因，許多後榮格學者現在傾向於使用「圖像」（image）這個語彙，因為它具有特定性和具體性（Hillman, 1977; Samuels, 1985b, pp. 118-20）。這裡應該強調的主要不是後榮格思想的理論分歧，而是對方法論濫用的批判。因此，需要強調的是，象徵是孕育著意義和轉化力量的圖像，它們的內在性與它們的超越性（transcendence）一樣，是它們做為象徵的核心定義。

## 人格發展

我們已經注意到，正常的發展涉及到自我從無意識中分化出來以及隨後之自我與無意識的關係，而這個過程是透過在個人生活中落實與整合的象徵來中介進行。這是一個在整個自性領域中的分化與重整過程，於其中來自集體無意識的內容被整合到意識中。簡單一點來說，發展是一個以適合自己年齡的方式與自己維持一體的過程。因此，它被稱為**個體化**歷程（the individuation process）。弔詭的是，一個人成為一個獨特的個體，是當他以個人的方式實現並回應那些在其傳承中原型的、普遍的潛在可能性。因此，個體化的目標是忠於自己的本性，但在這樣做的過程中，本性當然會被意識和生活經驗轉化，並且個別地得到實現。當一個人對自己的獨特認同與責任有著深刻感覺時，就會體驗到這種矛盾，也就是同時與更廣大現實建立起謙卑的、也許是敬畏的關係。

除非被打斷或被阻止，心理發展從出生延伸到死亡。榮格只廣泛地談到發展的兩個「階段」：生命的「上午」和「下午」。生命的「中午」，即兩者之間的過渡，可能被經驗為所謂的「中年危機」。生命的前半段與自我的發展有關，這意味著建立一個人獨立於父母之外的社會身分（**角色**，*persona*）以及在世界上的位置。下半生涉及的實現任務是關於自性，而不是做為心理生活新中心的自我。個體化一詞通常只用於指後半段的發展，因為在某種意義上，在社會上適應良好的年輕成年人仍然以集體性的意識在運作。此時與其說自我沉睡在內在生活的集體無意識中，不如說它現在迷失在順應社會的集體意識中。然而，個體化這個詞也被用來指整

個心理發展，這也就是承認此一兩階段模式過於簡化。麥可‧佛登（Fordham, 1969）對這一模式提出了根本性的、令人信服的挑戰，他認為個體化的所有基本要素，包括象徵作用的發展，在生命的第三年就已經開始運作。

個體化這個詞彙還有另外兩種用法，這種兩可性（ambiguity）也反映了這個過程本身中的一個兩可性。一方面，個體化是一個自然展開的過程，就像橡實變成橡樹一樣。另一方面，與橡實不同的是，人類可以有意識地、有目的地協助這一過程。後一種形式的個體化過程相對罕見，但它是榮格大部分寫作、也是他的治療工作的重點（Jacobi, 1965）。它指的是前面提到的對意義及對自己在事物中之地位感的精神性追尋。

自性的實現是個體化的目標。然而，由於集體無意識的深度是不可測的，自性實現永遠不會完成，個體化絕對不是指一個已經達到的固定狀態。

## 個體化歷程的階段以及一些原型主題

榮格將個體化視為分析心理學的核心概念，從某種意義上說，幾乎他所有的作品（至少是在1916年這個詞首次出現後的作品）都可以理解為對這一核心主題的擴展。因此，掌握榮格最為人所知的一些原型主題和議題的一個便捷方式是，簡略描述它們在個體化的過程中發生的情況。這也將有助於澄清已經提過的概念和問題。儘管前面提過個體化涉及兩個寬泛的階段，但這些階段可以更詳細地描述如下。

在出生時和兒童早期，心靈作用基本上是沒有區分的，一對

對的對立組合也還沒區分，如外在和內在、自我和他人、男性和女性。慢慢地，自我開始從集體無意識中發展出來，也就是說，從自性的整體中區分出來。在這一點上，自性在很大程度上是被經驗為，投射到孩子的實際母親（或母親的替代者）上的偉大母親（great mother）原型。

從自性中浮現的自我如碎片，這些碎片慢慢凝聚在一起。以足夠好的人際關係經驗為中介，這個過程相當於心靈作用的整合，原型圖像和主題的個人化，以及我和非我之間的個人認同和界限的發展。

童年的原型主題包括**永恆少年**（*puer aeternus/puella aeterna*），他生活在偉大母親的軌道上，忘卻了後伊底帕斯的失落、任何真實的未來，或者始終切近的死亡。

透過童年、青春期和青年期，自我得到發展和加強，從而使人有了認同和自主感。這種發展需要克服偉大母親的力量，所以它常常被象徵為**英雄**以某種形式屠龍並踏上旅程。父親做為抵消倒退至本能和無意識之渴望的「精神原則」，傾向於協助這個過程，因為他為男孩和女孩都打開了一個超越母親的世界。正是在這個脈絡裡，榮格理解了伊底帕斯情結對年輕人的重要性。打敗父親的伊底帕斯勝利將孩子鎖在前伊底帕斯的原始狀態，但對「父親」的內化，只要它是合宜地個人化及足夠好的，就構成了精神對本能的勝利和對人類文化秩序的納入。

身分認同的發展在某種程度上總是對社會的妥協。這種妥協型態被為**角色**（*persona*，拉丁文：面具），最好的情況是將個人的身分認同與社會的需求連結起來。這個階段的一個常見問題是，自

我對角色的認同過於緊密。這相當於淹沒在集體生活的匿名性中，「他們」成為一種新的「母親」，從而遺失了建立在與自性對話基礎上的真正個體性和意識。

這種情況在某種程度上是不可避免的，不一定是病態，但如果它是嚴重的且持續的，就很可能導致心理危機。榮格發現，這種危機通常發生在中年時期（即 30 歲中期到後期），但目前的經驗是，這種情況往往發生得更早，在成年早期。隨著自我與自性的疏離，出現了意義的喪失、迷失方向和精神官能症，通常以焦慮或憂鬱的形式出現。象徵這一時期的經典圖像是英雄的死亡、自己的死亡、在沙漠或荒野中迷失、被鯨魚吞沒入海。在當代治療室中的圖像可能是憂鬱症和自殺的圖像，或者就簡單地拋棄父母。

這一時期的特點是，人們常常錯誤地試圖恢復自己的社會面具／角色，「重新回到原來的我」，榮格認為這些嘗試是倒退的。對榮格來說，重要的是公開地、堅定地、耐心地面對危機，見證心靈中正在發生的事情。

通常情況下，原型圖像會從無意識中出現，帶著轉化人格和賦予自我新生命的效果。這些轉化的象徵可能以投射的形式出現（例如，以一種新的和更深的方式看自己的配偶，或者在與心理治療師的移情關係中），而個人可能不會立即覺察到其轉化的重要性。基督可能會「像夜裡的賊一樣」出現。在任何情況下，做為象徵，它們對人格的轉化將透過（a）釋放原型能量（力比多）以提供給自我，以及（b）向自我展示成長中的個人所朝向的目標形象。這種象徵性的活動通常被經驗為某種重生，在這種重生中，自我和自性，或意識和無意識之間的連結被重新建立起來。

自性實現的過程因人而異,因為原型是在個人的歷史脈絡下落實的,而每個人的歷史脈絡又各自不同。然而,有些結構性或主題性的相似之處卻會跨文化地出現,更不用說在同一種文化中的個體之間。不過,並不是在任何個人生活中出現的原型都是有主題的,也不一定是問題性的。以下是一些最常見的原型主題,但它們的順序可能有所不同,且通常會有重疊和重複。用一個幾何學的比喻來說,個體化似乎遵循一種螺旋形的形式(即透過時間的迴圈),而不是線性的形式。此外,需要牢記的是,每個原型都有正向和負向的品質。而且,雖然它們形成我們的人性來源,但它們是前個人的和古老的。因此,在自性實現中它們一方面需要被自我認識並融入意識,但另一方面個人也不能與其同一。

**陰影**(the shadow)包含那些對於**角色**來說是「負面」的品質,即通常與憤怒、嫉妒、競爭、內疚和羞恥等感覺相關的未發展與「低劣」的部分。陰影是原型的,因為我們有以相當典型的方式形成陰影的傾向,也因為它往往是一個文化集體陰影的「垃圾場」。在此向度上,它是非個人的。然而,由於它是根據個人的成長經歷而獲得其特定形式,它也是一種個人情結。此外,通常是一個太過緊密地認同於狹窄之角色範圍的自我,會將陰影都視為負面的。陰影往往也會映照出看著它的面容,所以它通常也隱藏著正向的品質,並且在一定程度上能夠轉化。例如,憤怒陰影的整合往往會產生更大的自主性、自信和愛的能力。因此,陰影的整合也與阿尼瑪/阿尼姆斯的分化有關係。

阿尼瑪和阿尼姆斯是我們在異性關係中的雙性共生品質(contrasexual qualities)及能力的原型。阿尼瑪指的是男人身上潛

在的女性氣質；阿尼姆斯指的是女人身上潛在的男性氣質。在個體化的過程中，這些原型的能力和圖像會或多或少地從原型父母的影響以及個人父母的影響中分化開來。從本質上講，阿尼瑪的品質與連結和深度（靈魂）有關；阿尼姆斯的品質與差異和高度（精神）有關。（這是分析心理學中最有爭議的領域之一，但我們不需要在這裡討論這些問題。）

**神力**人格（the mana personality）呈現出一個膨脹自我的特徵，這往往發生在獲得有價值的洞察之後。隨著自我在這個原型中被吞噬，就會失去幾乎已經獲得的個體性。但**搗蛋鬼**（the trickster）可以透過幽默的能力幫助與自己內心所發生的事情保持距離感；另一方面，它也可以破壞良好的心理工作。它有時是代表反思、洞察與智慧能力之英雄或**智慧老人**的一種不成熟的形式或預示。在負向方面，智慧老人可能在維護傳統方面過於保守。**偉大母親**是一個特別的多重價值原型，包括養育能力和一種「自然智慧」（與**老人**的文化、歷史和「精神」傾向相反）。她的懷抱提供了深度、安全和生態感，但也扼殺了個體性和獨立，特別是對於年輕的英雄自我來說，代表了無意識本身的可怕黑暗。**兒童**（the child）是遊戲和自發性的能力。做為剛出生者，它是依賴且「索求」的，然而這種依賴性指向未來的發展。它也是一個多重價值的象徵，經常將本能和靈性、倒退和進步、純真和智慧、身體和心智連結起來。

如果自性被認為是心靈的整體，那麼所有的原型圖像都可以理解為自性的圖像。但榮格在談到自性的象徵時，通常是指做為心靈中心的自性及其秩序能力。在這方面，石頭、鑽石和曼陀羅（典型的是一個有四個軸的圓）是常見的自性象徵。它們暗示著恆久性

和心靈衝突的解決。因為這些都是個體化目標的象徵——整體性和中心性——當自我失落與迷失方向時，它們經常做為轉化的象徵出現。在這個意義上，鑽石的圖像，例如韌性與價值，因為它是從自性中浮現，可能是一個「自性的象徵」，但也可能指的是一個更鞏固的新興自我，而不是自性本身。再一次，我們不應該太快地從特定圖像跳到原型概念。因此，自性的象徵的出現並不一定意味著這個人接近完整，就像有些人以為的那樣；臨床經驗所認識到的它們經常是對自我不穩定的補償性反應。

最後，由於上述的原型主題是個別孤立地被描述，所以應該重複一下，它們往往發生在雙生組合（dyad）中，或者做為個人生活處境中之意義網路的一部分。

## 問題與出發點

上述簡短的綜觀有一個明顯的缺點，即失去了榮格思想的微妙性，也放棄了對證據和論證的使用。然而另一方面，如果沒有一些簡單的問題做為指導來接近他的思想，這種微妙性會讓人相當困惑，而像上面這樣的概述，其優點是使這些指導性的問題相當容易理解。因為問題和答案是相互決定的（這種迴圈性就是所謂的「詮釋學循環」），對榮格作品的詮釋學解讀將揭示出的答案就取決於所提出的正確問題。從這個概述中發展出來的以下問題，並不是僅有的幾個可能問題，但它們構成了後面詳細分析的出發點。

心靈的本質是什麼？更具體地說，它的範圍是什麼，或者說它在**哪裡**？如果這個問題的答案可以被更精確地定義，那麼關於心靈

的「內容」問題就可以相應地更加精確細緻。

心靈和軀體之間的關係是什麼？事實上，我們可以問，以「關係」來談是否準確，因為這往往意味著在它們的「互動」之前有兩個不同的實體，而重要的是不要在這裡迴避這個問題。因此，這個關鍵問題需要以不同的方式提問。它與我們的第一個問題有關，也是榮格的人類學中根本問題的一部分：他對人類以及我們與世界之關係的看法。

榮格對人、對世界、對它們之間的關係——也就是對我們所居住的人類世界——的看法是什麼？在這裡的答案將構成整個詮釋學所需要之存有論支點，因為除非釐清這一點，否則對話將缺乏基礎，很容易成為一種誤解活動。正如我們將論證的那樣，如果這關係是原初的，而且人和世界都是在存有論的關係性（ontological relationality）中成其所是，那麼諸如自性、意識、個體化和原型等概念將不得不從根本上被重新考慮。

榮格的心理學分析方法是什麼，做為其基礎的方法論假設是什麼？這裡的答案將使我們更容易知道他的思考範式。需要提出這一點是因為他的方法論——我們會看到那基本上是現象學的——和他描述他的一些發現所使用的語言之間似乎經常存在著一種緊張關係。例如，榮格把原型說成是神，是意義的核心，是行為的潛在模式。這裡有幾種緊張關係，但主要是前面提到的自然科學和詩性觀點之間的模稜兩可，因此對他的方法論的追究應該有助於解決這個問題。這樣就有可能用與榮格的方法論相一致的語彙來闡述他的發現。

如果能夠制定出明確的人類學／存有論和方法論，即使在這個

過程中對榮格的一些語言進行轉化，使之與他的觀點相一致，對他的心理學做為一門存有者學科（ontic discipline）的探究就可以有一個新的開始。以下是我想到的問題。

什麼是自性？更特定地說，如何將自性奠基於存在上，以便在概念上一些模稜兩可與矛盾可以整合？一個相關的問題是，自性是否可以被更清晰地定義，但又不至於背叛其本質的神祕性。

如果自性和個體化是以存在觀點來定位和闡述的話，如何從自性的現象學解讀來理解個體化？這與榮格的觀點有多大的一致性？

如何構想意識和無意識，以便更清楚、更明確地理解它們在心靈中的位置（以在世存有的方式詮釋）？這個問題對於無意識來說尤其重要。榮格的模式是從佛洛伊德的模式發展而來，傾向於將無意識置於意識的「後面」或「下面」，與世界沒有直接接觸。但仔細觀察就會發現，意識和無意識這兩個詞是完全含糊不清的。因此，當榮格說日常的「集體意識」是無意識的一種形式時，他是什麼意思？還有，被設定「在無意識中」的情結和原型如何能夠直接構建經驗並組織一個人所處的世界？隨著這些問題，集體無意識的「位置」和它所構成的圖像需要被更仔細地檢視。

原型和原型圖像的存有論「位置」是什麼？當圖像本身不是基因遺傳的，它們是如何共同構成的？其中的連結似乎比原型本身「單純」的結構作用更為密切，因為有些圖像顯然比其他圖像更適合做為原型意義的載體。此外，原型圖像和情感之間的關係是什麼？換句話說，它們的連結也許是結構性的，而不僅僅是經驗性的？最後，這些與原型處境（archetypal situations）的關係如何？

在一結構化的心靈中展開動力運作與個體化的理論模式下，心

理治療——或任何有此作用的其他人際關係——的位置和作用似乎是相當不確定的。榮格對於將個體化視為趨向於孤僻性地從世界中撤退的概念持批判的態度，但我們可以問，若是榮格持這種將人們封閉在他們自己和他們的「內心世界」中的理論模式，那他的批判立足於何處？

在這裡，無論如何，這些問題讓我們回到了起點，因為關於榮格將人類的存在封裝在一個獨立於世界的心靈中的看法，引出了關於心靈的本質及其與世界關係的問題。對榮格的心理學探究方法的討論將有助於闡明他的參考條件和基本假設。

## 註釋

1. 在這種一般性的概述中，對每一點都引用來源似乎過於繁瑣。如果在正文中引用，主要來源會是榮格的《榮格論心理類型》（*Psychological Types*）（Jung, 1921）中的「定義」，以及山繆斯等人的《榮格心理學辭典》（*A Critical Dictionary of Jungian Psychology*）（Samuels et al., 1986）；榮格的《自我與無意識的關係》（*The Relations between the Ego and the Unconscious*）（Jung, 1928b），《轉化的象徵》（*Symbols of Transformation*）（Jung, 1912/52），《論心靈的本質》（Jung, 1947/54），以及收錄在榮格《全集》（Collected Works）第九卷（1）《原型與集體無意識》（*The Archetypes and the Collective Unconscious*）（Jung, 1959/68）中的論文。優秀的次級來源有：阿德勒的《分析心理學研究》（*Studies in Analytical Psychology*）（Adler, 1949/69），艾丁傑的《自我與原型》（*Ego and Archetype*）（Edinger, 1972）・芙莉塔・佛登的《榮格心理學入門》（*An Introduction to Jung's Psychology*）（Frieda Fordham, 1966），弗雷—羅恩的《從佛洛伊德到榮格》（*From Freud to Jung*）（Frey-Rohn, 1969），馬丁的《深度實驗》（*Experiment*

  *in Depth*）（Martin, 1955），山繆斯的《榮格與後榮格派》（*Jung and the Post-Jungians*）（Samuels, 1985b），辛格的《靈魂的邊界》（*The Boundaries of the Soul*）（Singer, 1972），以及馬杜羅和惠爾萊特的論文《分析心理學》（*Analytical psychology*）（Maduro & Wheelwright, 1983）。

2. 榮格將個人無意識與佛洛伊德的無意識概念相提並論，但這並不完全準確。佛洛伊德的概念包括本我（id），其中包含了種系發育中遺傳而來的材料（phylogenetically inherited material），並且永遠無法被意識到；而對於榮格來說，個人意識是由個體發育構成的（ontogenetically constituted），原則上可以被意識到。

3. 實際上，這裡有一個問題，因為榮格的自我概念並不包括無意識的過程，但佛洛伊德對於心理動力學之洞察的核心意義正是防衛機制在自我**內部**並且在無意識中運作。然而，人們有一種印象，這反映了榮格在理論上的疏忽，而不是真正的辯論點。無論如何，山繆斯（Samuels, 1985b）指出，沒有一個後榮格學派會假設防衛機制是在意識控制下運作（p. 68）。

| 第三章 |

# 現象學架構下的榮格方法

29　勞里・勞哈拉（Lauri Rauhala）寫道：

> 即使是對榮格思想的膚淺了解，也有理由認為將現象學—存在分析（phenomenological-existential analysis）用於理解榮格的觀點會比用於佛洛伊德精神分析更有收穫，因為後者在某種意義上綁在自然科學的研究傳統上。
> （Rauhala 1984, pp. 229-30）

雖然我們同意這個觀點，但卻會驚訝地發現，現象學家在很大程度上繞過了榮格的工作。史匹格伯格（Spiegelberg, 1972）對心理學中的現象學進行了廣泛而詳細的研究，但只用了一頁半的篇幅討論榮格。他說榮格自稱是現象學家是由於該運動的廣受歡迎，而不是他實際採用的取向。正如卡拉菲德斯（Carafides, 1974）指出的，這種粗略的否定對榮格的立場來說根本不公平。然而，博斯（Boss）也傾向於把榮格放在與佛洛伊德一樣的笛卡兒主義結合實證主義的書架上，如此一來，榮格（或佛洛伊德）說的任何東西都只能用那些最不寬容的語彙來閱讀。這並不是說認定榮格的笛卡兒主義或實證主義傾向在文本上是沒有證據的，只是這種看法具有極大的局限性。

　　一方面，值得注意的是，存在現象學家對佛洛伊德精神分析的所有主要批評都被榮格預料到了：佛洛伊德只關注身體現實，他對身體現實（例如，性）的理解未能從人的整全性來進行，他的決定論和對歷史原因的探索使得當前的脈絡和人的未來性遭到忽視，他實際化的準生理後設心理學，他不加批判地接受了十九世紀

自然科學的假設,他對理性的背書而忽視了感覺和想像提供了進入「真實世界」的途徑,他默會地與素樸地接受真理的符應論(the correspondence theory of truth),對他自己的文化和歷史視角可能性的拒絕,以及他不願承認分析師的性格共同構成治療空間的程度。[1]

本章的目的是從存在現象學的角度討論榮格的取向和方法。重點不在於榮格所看到的,也不在於他表達他所看到之事物的嘗試,而是在於他的觀看方式,即他的取向和方法。「取向」一詞取自吉歐吉(Giorgi, 1970),他寫道:

> 取向是指科學家對於他做為科學家的工作所帶來或採用的,對人類和世界的基本觀點,無論這種觀點是明確的還是隱含的。(p. 126)

正如吉歐吉接下來說明的,在取向、方法和研究對象之間存在著持續的辯證關係。取向和方法相互隱含。取向結構了方法,方法將取向落實。在考慮榮格時,乍看之下,他似乎在一種折衷主義下使用了幾種取向,這在分析心理學中產生了幾種不同的與不相容的語言。另一方面,他顯然不滿足於自然科學和精神醫學的語言。他在看穿它們的同時,抵達了神話的或被稱為詩性的語彙。因此,在他理解心理經驗的方法中存在著相當大的一致性,而這種一致性的由來是吉歐吉稱為「取向」的更根本的連續性。

羅伯特‧斯蒂爾(Robert Steele)(Steele, 1982)注意到這種連續性,他認為榮格的工作與詮釋學傳統相同。斯蒂爾不認為榮格的思想需要像佛洛伊德一樣,根據詮釋學的原則重新詮釋。相反地,

他試圖將榮格確定為一名相當一致的詮釋學家,而他與佛洛伊德的分歧主要就是建立在這種詮釋學立場上。這是一種位於主體之間對話的立場,其中一個主體可能是另一個人,但也可能是一個文本、一件藝術作品、一個夢境圖像或一個症狀。主體被認定為意義的載體,因此可以回答問題;相反地,一旦他者被知覺為一個物件,一個依隨物質性決定的產品,也就是在存有論層次上與知覺者主體不同,那麼此他者就不能再「為自己說話」。意義就只能以預先被知覺者主體確定的語彙「說出」。當在歷史上被固定且被指稱地限定了,意義就根本不是真正的意義了;對話和問答的詮釋學循環崩解了。

斯蒂爾的論點毋須在此展開。榮格和詮釋學之間的連結應該是足夠清楚的。正如希爾曼指出的:

> 理解(understanding)也許是榮格所有概念中最具操作性的一個,隱含在所有其他概念中,並將榮格的方法置於**理解的心理學**的傳統中(狄爾泰、尼采、雅斯培),而不是解釋的、描述的或狹義的醫學心理學中。(Hillman, 1974b, p. 171)

為了支持這一點,我們可以回顧一下已經提到的榮格對佛洛伊德的批判,他對意義和目的的關注遠超過對所謂「客觀」過程的測量,以及他敏感於真理的歷史依附性,因為每個歷史時代都會重新轉化圖像與意義。事實上,榮格清楚地「把神話的古老言說翻譯成一種(當然還沒有被如此承認的)現代神話主題,『科學』神話存

於其中」（Jung, 1940, p. 179）。

因此，分析心理學在本質意義上根本不是「現代的」，而是歷史性地奠基與放大的（Jung, 1931b, pp. 344-5）。

稍後我們將呈現把榮格的方法置於詮釋學傳統中的大部分論點，但會有一個更聚焦的目標。我們將在此集中討論被稱為存在現象學的那種特殊形式的詮釋學。

詮釋學和現象學之間的關係一直是一個棘手的問題。本書做為對榮格文本的詮釋（interpretation），是詮釋學的，然而除非我們也面對著榮格所寫的那些現象，否則如此的詮釋是不可能的。另一方面，由於現象學是對現象的「語言化」（languaging）（logos），由於語言是歷史性的和形構性的，同時由於現象通常部分地被揭示為表象，存在現象學是一種詮釋的，即詮釋學的，活動（Heidegger, 1927, pp. 53-4, 61-2）。[2] 鑑於這種親密的聯繫，當系統性地從方法論上說明詮釋學和存在現象學時，兩者有相當大的重疊也就不足為奇了。兩者都嵌入在語言之中；兩者都試圖與他者（現象、文本等等）進行領受性對話；兩者都承認不可能提出無前提的問題，因此在原則上承認對話永遠不會停止，或者可以反覆進行。核心差異似乎是：（1）雖然存在現象學是詮釋學，但它建立在一種明確的人類學之內，（2）它的重點限於人存在性地活出的現象：它不關心文本、聖經訓詁等等。

這裡不是要爭辯榮格的取向和方法可以局限在現象學。除了這樣的斷言是錯誤的之外，榮格的大部分價值在於他對古典文獻的重讀、他的宗教思想，以及或許也可包含他早期的實驗研究。我們在這裡的目的只是為了發現榮格的工作在什麼程度上如同現象學

家一般。在這個程度上，他揭示的現象已經達到了現象學的清晰度，而這就讓真正的存在現象學闡述（existential phenomenological articulation）變得容易。

儘管分析心理學家和現象學家一樣遲遲沒有認識到這一點，這種現象學程度是很重要的。除了霍布森（Hobson）的幾句中肯評論之外，「分析心理學圖書館」（the Library of Analytical Psychology）書系第一卷《分析心理學：一門現代科學》（*Analytical Psychology: a Modern Science*）（Fordham et al., 1973）的作者並沒有利用這些連結。依據榮格的引領，分析心理學家可能承認有那麼一種與現象學或詮釋學的方法論連結。在後榮格分析心理學中，似乎有一種普遍的漂移，走向一種不太具體的「準現象學」方向（Samuels, 1985b, p. 266）。但就像將他者實際化的實在論觀點會持續存在一樣，仍然有人持續在所謂的「當代」物理學和生物學中尋找（分析心理學的）科學基礎。然而如此一來詮釋學循環就被打破了，此後無論在理論上或概念上說什麼都與分析心理學家的詮釋學方法論假設相矛盾。因此，本章的部分目的是澄清榮格的方法論歸宿，並證明他的現象學並非尋找解釋理論或模型的前奏。

## 現象學做為方法的定義

在胡塞爾的第一部作品出現近半個世紀後，梅洛龐蒂（1945）再次提出了這個問題：什麼是現象學？ 他的回答構成了他《知覺現象學》（*The Phenomenology of Perception*）一書的序言。對許多人來說，這篇序言已成為現象學的權威陳述，幾乎和《知覺現象學》

一書本身一樣廣為人知。它也為這裡討論榮格的方法論提供了一個有用的架構。

在看來，現象學基本上是一種研究現象本質的方法，該方法具有四個重疊的特徵：描述、現象學還原、尋找本質（本質還原）和意向性。我將簡要描述這些特徵，並討論榮格在他自己的取向中使用這些特徵的程度和風格。

## 描述

描述性是現象學最主要的特徵。范丹伯（J. H. Van den Berg, 1972, p. 76）說，現象學家「痴迷於具體事物」。理論和科學的假設和說明是不可信的，即使——或者特別是——它們已被普遍接受為整個社會無可置疑的偏見。顯現於生活經驗中的現實，是現象學家承諾在任何時候都對其保持忠誠的情婦。

聲稱現象學只是對現實的描述（例如 ibid., p. 124），以及現象學迴避了理論化和對解釋的尋求，並非實情。對現象學家來說，描述完全不是對觀察物的實證分類。描述是反覆回到現象本身，以便它能以更深刻、更豐富、更微妙的方式展示自己。這種重複的回歸是有紀律與自我批判的詮釋學循環。因此，描述並不與詮釋對立，但詮釋需要保持住描述性的特徵。

榮格經常把他的方法視為現象學的。當他如此做時，他在論證一種本質上是描述性的方法，以避免十九世紀的哲學假設和精神分析的化約主義。在《榮格論心理學與宗教》（*Psychology and Religion*）的著名開頭中，榮格認定現象學「僅僅是經驗的分類和積

累」（Jung, 1938/40, p. 5）。但這個低調的開頭對榮格來說特別有意義，因為在避免「形上學考慮」的同時，榮格開闢一個朝向契合於心理經驗的調查和論述領域。因此，舉例來說，處女所生（the virgin birth）* 是一個「事實」（p. 6）——這是說，一個圖像或信仰要根據它自己的心理詞彙來看待。換句話說，正是榮格決心以心理經驗自身的狀態來描述它，才有機會以一種非化約主義的方式來調查宗教經驗。榮格明確警告不要過早地尋找解釋，他說：「鑒於心理現象的巨大複雜性，純粹的現象學觀點正是且在很長一段時間內也將是，唯一有成功希望的觀點。」（Jung, 1941, p. 182）

除了指出該領域的「複雜性」之外，榮格還提出一個更重要的觀點，即無論是對生活史、夢境圖像還是藝術作品，尋求解釋都會導致遠離其固有的（immanent）意義。

> 當我們把歌德的一首詩追溯到他的母親情結時，當我們試圖把拿破崙解釋為一個男性抗議的案例，或把聖方濟各解釋為一個性壓抑的案例時，一種深刻的不滿足感將湧上心頭。這種解釋是不充分的，對事物的真實性與意義也不公平。美麗、偉大和聖潔會變成什麼？這些都是重要的現實，沒有它們，人類的存在將是極其愚蠢的。可怕的痛苦和衝突問題的正確答案是什麼？這答案應該能打動我們，至少能提醒我們痛苦的震撼。（Jung, 1928/31a, p.

---

\* 譯註：亦稱「聖靈感孕」（virgin birth of Jesus），源出基督宗教教義。據《聖經》記載，耶穌出生是因為馬利亞受了聖靈的能力感孕而有的，為神之子，馬利亞的丈夫約瑟和耶穌沒有血緣關係。

367）

　　榮格對顯性意義的關注，以及他放大顯性意義而不是將其分解為化約性解釋的努力，是他在方法論上與佛洛伊德的區別所在。事實上，榮格正是以現象學的名義批評佛洛伊德的物質主義假設，並堅持認為理論應該次於現象學描述並從現象學描述中衍生出來（Jung, 1936/54, pp. 54-5）。但只要榮格一開始使用集體無意識和原型等語彙做為解釋性概念，他就不再是一個描述性和現象學的心理學家。但有趣的是，佛洛伊德（Freud, 1914, pp. 58-66）對榮格與他的分歧之處的看法正坐實了榮格對他的批評。佛洛伊德特別批評了榮格對力比多理論的拒絕，以及他對夢境工作與潛在意義概念的拒絕。實際上，對精神分析學家來說，本身就很有趣的榮格的放大（amplification）歷程構成了一種對意識之前分析心理學的回歸。這是因為放大本身就需要詮釋（參見 Dry, 1961, pp. 114 ff. and *passim*; Glover, 1950）。例如，榮格可能會說，患者畫的方形圓（quadrated circle）「象徵」整體，就像曼陀羅在印度（和其他地方）的做法一樣。對於精神分析學家來說，這種放大在很大程度上只是意識之闡述的結果，但沒有提出這樣的問題：使得做為整體性圖像的方形圓被生產出來的特定個體發生條件（ontogenetic conditions），即無意識，是什麼？當然，像現象學家一樣，榮格在邏輯上正確地反轉了這個問題，並提出：使得這些特定個體發生條件有如此意義的是什麼？那麼，答案是，這些都是體驗完整性的時刻，如同方形圓圖像所「象徵」的。這裡不是解決這個爭議的地方。[3] 這裡的重點是，精神分析對榮格的批評支持了榮格多數時候

是位描述性心理學家的論點;精神分析正是以這理由批評榮格。[4]

榮格描述的例子散見於《全集》和他的自傳中。總地來說,這些描述並不像現象學家所希望的那樣持續,也沒那樣有規律。此外,有時他似乎更關心對經驗的結構或項目進行分類,而不是揭示它們的經驗性相貌。不過,在榮格的種種描述中,現在我們需要關心的例子是內傾和他在非洲的經歷,這實際上是對個體化目標的描述。

## 現象學還原

為了進行適當的描述,現象學家必須放棄他們的理論和哲學偏見。這涉及了一種被稱為現象學還原(phenomenological reduction)(或有時就簡單地稱之為還原)的「心理跳躍」。事實上,還原有幾個不同但重疊的面向,胡塞爾做了一些微妙的區別,但這些區別在目前的脈絡中是不必要的。不過,有兩個面向是直接相關的。第一個涉及「實存的置入括弧」(the 'bracketing of being')或「懸擱」(the epoché)。這指的是把「自然態度」暫停下來。自然態度中未被檢視的存有論偏見阻礙了通達現象於素樸意識中的呈現(Husserl, 1913, pp. 107-11)。這些偏見往往隱藏在自然科學的態度立場中。第二,正如萊彭所說,「回到我們最原初世界的最原初經驗」(Luijpen, 1969, p. 115)。(這裡的「原初」〔original〕一詞指的是我們**當下**的經驗起源;這不是歷史幻想。)這種回歸有時在更嚴格、更限縮的意義下被稱為還原。這兩個方面相互隱含,構成了「還原」一詞的更廣泛性意義。

正是這種還原確保了現象學在本質上是描述性的。正如吉歐吉所解釋的，「凡是呈現在意識中的東西，都應該被準確地以它自身的呈現來理解其意義，人們應該避免從它的呈現來認定它所是。」（Giorgi, 1982, p. 35）

這並不是康德式的現象（表象）與本體（物自身）的區分。這樣的區分建立的範疇反而是還原所要克服的。有些對現象學心理學粗糙的認識以為現象最初就是在經驗中給出，而還原是把現象與實在分離開來。相反地，被置入括弧的是存有論和科學的假設，這些假設偏頗地確定了不確定的狀態，或者在現象最初顯現時就將其範疇化。

**存在**現象學並不關注諸如數學、幾何學等純粹形式，而是以還原回歸到活出的世界（the lived world）或「生活世界」（life-world; lebenswelt）。詹納（Zaner, 1975）提出一個重要的觀點，即背離自然態度是極其困難的，因為這種轉變涉及一種放棄，而這種放棄在以事實性存在為根底的日常經驗中是沒有的。因此，在論證還原的價值時，並不能訴諸普通經驗。歸根結柢，只有在做了和做了之後才能把握住還原的價值。因此，當現象學家（和榮格）呼籲科學家同仁們回歸令人驚異的現象意義性不過多半沒有被聽見時，也就不足為奇了。同樣不足為奇的還有，引用梅洛龐蒂的名言，「還原教給我們的重要一課是完全還原是不可能的」（Merleau-Ponty, 1945, p. xiv）。

現象學還原、置入括弧和回到直接的意義經驗等主題，是現象學家關懷的核心，也是榮格奮鬥的核心。這種引導榮格的敏感性是個人的與充滿熱情的。「今天的實驗心理學，」他在 1912 年寫

道：

> 甚至沒有開始給〔實驗心理學家〕任何連貫的洞察力，以了解實際上什麼是最重要的心理過程。這不是它的目的……因此，任何想了解人類心靈的人……最好還是放棄精確的科學，收起他的書生長袍，告別他的書房，帶著人的心漫遊世界。那裡，在恐怖的監獄、精神病院和醫院，在單調的郊區酒吧，在妓院和賭館，在優雅的沙龍、證券交易所、社會主義會議、教堂、復興主義者的聚會和狂喜教派中，透過愛與恨，透過在他自己身上體驗各種形式的激情，他將獲得比 30 公分厚的教科書更豐富的知識儲備，他將知道如何用對人類靈魂的真實知識來治療患者。（Jung, 1912a, pp. 246-7）

榮格可能對現象學的理解有限，但他確實了解還原的主題的核心性和重要性。例如，他寫道：

> 一種要成為科學的心理學不能再把自己建立在物質主義或理性主義這樣的哲學前提上了。如果它不想不負責任地超出自己能力的限度，它只能從現象學的角度出發，而且必須放棄先入為主的觀點。（Jung, 1949a, p. 3）

榮格的這種取向，亦即他自己的現象學懸擱形式，是透過看穿有著歷史依附性的物質主義和理性主義存有論前提而獲得的。榮格

的歷史性覺察不僅僅解除了當代形上學對他的知覺和思想的控制，還透過將這種形上學置於心理生活的歷史性過程中，加深了我們對它的理解。換言之，榮格對他自己的文化假設的批判態度限制住這些假設的影響，從而打開了一個世界，在這個世界中，我們的心理生活的意義顯現為完全是歷史性的。當然，做為一種辯證的雙胞胎，**懸擱**和還原是相互關聯的。也就是說，為了繞過心理生理學和精神分析的偏見假設，從而建立一種本生性與歷史性之精細的「**有心靈的心理學**」（psychology with a psyche），榮格（Jung, 1931b）轉向啟蒙運動前的資源（pp. 344-5）。但是當榮格承認「〔它〕肯定不會成為現代心理學」（ibid, p. 344）時，他並不是在提倡回歸到前心理學思想。正如凱西（Casey, 1987）所指出的，榮格對形上學的拒絕以及他對圖像直接性的沉思關注，將他置於現象學思想的後現代潮流中。

榮格進行的現象學還原通達了一些普遍心理生活的結構，而這也是他的心理治療取向的一個標誌。因此他寫道：

> 如果我想了解一個人，我必須放下所有關於人之一般狀態的科學知識，拋棄所有的理論，以便採取一種全新的、沒有偏見的態度。我只能以自由和開放的心態來面對這種**了解**工作。（Jung, 1957, p. 250）

更具體地說，榮格（Jung, 1913/55, pp. 166-8）批評精神分析把決定論視為一個毋庸置疑的假設，從而認為化約地尋找歷史上的實證原因是必要的，而他反而專注於當前情況和未來目標。其次，在

處理夢和幻想時，榮格（參見 1934b, p. 149）專注於顯現的圖像。他拒絕精神分析理性主義假設，即圖像的難以理解是一種隱瞞性的作用。事實上，榮格在捍衛顯現的圖像或事物本身的意義完整性時是如此強而有力，以至於他似乎忽略了現象相異的可能性，而那些受客體關係理論影響的當代分析心理學家批評他在心理學上有些天真（在消極意義上）（Lambert, 1981a, p. 176）。儘管如此，至少在原則上，對顯現者（the manifest）的關注不應被暗指為詮釋學的「膚淺」。榮格在這裡的關注是相當微妙的。例如，榮格並不否認患者可能會夢到分析師是個理髮師。然而，他堅持認為這不是一種置換（displacement），而是一種對分析師貶抑的直接而清晰的圖像（Jung, 1954, p. 347）。第三，榮格在心理治療中採取用了一種辯證取向。這種位於詮釋學核心的自律取向是榮格克服其理論和概念偏見的明確嘗試（Jung, 1935a, pp. 7-8; 1951c, p. 116）。

就像存在現象學家，榮格承認人的歷史置身（historical situatedness）限制了現象學還原的程度。

> 最理想的自然是完全沒有假設。但是，即使一個人進行了最嚴格的自我批評，這也是不可能的，因為他自己就是他所有假設中最大的一個，而且是後果最嚴重的一個。儘管我們可以嘗試沒有假設……我自己所是的那個假設將決定我的方法：我如何存在，我就會怎樣做。（Jung, 1937, p. 329）

這種大膽的陳述可以變得更加鋒利，而榮格則運用他的分析技

巧做到這一點。「我所是的那個假設」（the assumption that I am）涉及一個人的生活指導哲學（Jung, 1943, p. 79），這反過來又涉及一個人的心理類型、文化狀況以及個人的情結，「每個人最絕對偏見的東西」（Jung, 1934c, p. 103）。

這確實讓榮格的情結是什麼的問題被提出來，還有這些情結如何限制了現象在分析心理學世界中如何被理解。榮格似乎試圖透過超越對立觀點之引導圖像的完整性（the guiding image wholeness）來克服自己的偏見，但這種嘗試並沒有明確成功。在個人的過度決定之下，出現了一種朝向統一和穩定的限制性趨勢，以至於忽視了多樣性。因此希爾曼使用榮格的詮釋學在榮格的一些著作中指認出一種防衛性的英雄主義立場，特別是當他強調自我力量、朝向不可分割和統一方向發展的個體化，以及做為獨一性權威的自性時。

儘管希爾曼可能誇大了他自己的觀點（Shelburne, 1984; Wharton, 1985），但他的批評是有道理的。透過它，他發展了「後榮格」或「新榮格」運動，即「原型心理學」。然而，希爾曼的分析的更大價值可能在於，在重新閱讀榮格時我們的理解發生的轉變。在這種觀點中，希爾曼與其說是一個新運動的發起人，不如說是分析心理學本身的療癒者。如果我們先讀希爾曼，然後再讀榮格，希爾曼就不再顯得那麼具有原創性，而這某種程度上也是他的聰明才智之所在。我們只需繞過榮格的英雄主義傾向，那麼榮格邀請我們並將我們送入的那個根本性的非自我中心世界就會被更清楚地揭示出來。因此，希爾曼的批判有助於我們自己的現象學詮釋，因為這些批判打開榮格先於其自我焦慮（英雄情結）所看到的，也打開他的西方笛卡兒形上學（我們將在下面的章節中看到），並朝

這個方向前進。

榮格以現象學還原所獲得的成功顯然是混雜不一的，本章末尾將對其進行簡要評價。

## 本質的尋求

如果現象學還原將現象學家置於生活世界中，那麼對本質的尋求就會以系統和清晰的方式區辨出被探討之生活世界的本質結構。對胡塞爾來說，事物的本質不能與其實際給定的屬性（重量、外延等）相混淆。相反地，事物的本質是在意識的想像性直覺（the imaginative intuition of the consciousness）中給出的，這種直覺將本質與經驗上的偶然性區分開來（Husserl, 1913, pp. 54-6）。胡塞爾稱這種辨別和表達的過程為本質還原（the eidetic reduction），它是透過自由的想像變異（imaginative variation）來實現的。科克曼斯（Joseph J. Kockelmans）簡述如下：

> 通常，我們從任意知覺或想像這種或那種事物的樣本開始。借助記憶、知覺修改，尤其是幻想，我們仔細檢視這樣本可以做出哪些改變，而不會使它不再是原來的樣子。由於這要求透過最武斷的變化，完全無視現實的本來面目，因此最好在我們的想像中進行。如此，不變的和必要的特徵複合體，也就是沒有它就無法想像該事物的特徵複合體就呈現出來了。……透過這種把握，支配著此一類別所有個體之不變和獨特的本質（*eidos*）就出現在我們的

腦海中。（Kockelmans, 1967, p. 31）

　　這種對「純粹的」或「超越論的」現象學的努力一直是眾多批評的目標，但這種批評還沒有定論。甚至看來，最近對胡塞爾未發表的著作的彙編和翻譯表明，他在存在現象學的「一般智慧」中被誤解和誤導了（Giorgi, 1987，個人通信）。這意味著，存在現象學的方法在多大程度上與胡塞爾的方法相同或不同，仍然是一個沒有結論的哲學問題。然而，這不需要我們操心。無論存在現象學方法論宗旨的作者來源為何，我們都可以注意到關於本質還原的以下幾點：

- 現象的本質是在事物自身中給出的，但不要與經驗的偶然性相混淆；
- 這些本質可以透過一種素樸的意識來直觀，即打破了自然態度枷鎖的意識；
- 這些本質以想像的方式被揭示，這也就是說我們不再接受「空白意識被動接受感官資訊並以某種方式獲得事物本質」的實證主義式幻想。
- 在生活世界中，這些本質是意義性關係。

　　姑且不論對胡塞爾可能的誤解，存在現象學似乎從相互關聯的四方面離開了「純粹」或「本質」現象學。

　　第一，不存在不可改變的本質。在心理學裡，我們特別尋求的是普遍上有效但非存有論上不變的本質。

　　第二，本質不再被視為「純粹的」或「直觀的」——即在知覺

意識中給出——而是在認識論上被更明確地置於事物自身的給出展現之中。這種轉變不應該被理解為「離開」意識而回到「實在」，如從觀念論到實在論的搖擺。現象學取消了這種辯論，所以在尋找本質的過程中，從知覺意識移到事物的轉變應該被理解為只是一個認識論上的側重問題。無論如何，隨著這個側重轉移，被認為縈繞在胡塞爾超越論現象學中的笛卡兒幽靈就能夠被停止下來。

第三，由於現象學總是於**此在**（*Dasein*）的時間界域內的揭示行動，每一個理解的動作都是一種詮釋（Heidegger, 1927, p. 62）。因此，不可能有生活結構的「純粹」直觀；現象學的還原永遠是不完整的。

第四，語言在詮釋性理解時刻的重要性愈來愈清晰。現象學成為詮釋現象學，因為語言不再被視為「描述」現象的手段，就好像它在任何表達之前以某種方式「存在」，自成一體。相反地，語言被更清楚地理解為具有構成性的力量。存在現象學家不想走得太遠，以至於將現象的給定性和密度溶解到語言中，研究「語言」世界而不是「對象」世界（Ihde, 1971, p. 98）。但是，承認語言的構成力量，就是承認，在現象被帶入存在的動作中，現象學理解（phenomenological under-standing）是一個對事物本身和知覺意識都具有轉化作用的詮釋性時刻。將雨後下午出現的那個東西稱為彩虹或光譜，或是稱我們身體生活中心的那個地方為心或幫浦（Romanyshyn, 1982），都會對事物本身和人類的存在產生影響。現象學家已經可以細緻地對頻到心理生活的隱喻特徵，而這往往是隱藏在隱喻已死的日常生活表面或科學真理背後。然而，隱喻並不是根據它們的語言或認知意義來看待的，而是做為使存在者的存在

得以顯現的原初方式。但隱喻的揭示力量是奇妙地模稜兩可。「湯姆是狼」揭示了關於湯姆的一些「本質」面向，同時我們知道他不是一隻毛茸茸的加拿大犬科動物。

> 因此，隱喻本身可以被隱喻地描述為一個說出真相的謊言，一個起澄清作用的混淆，一個讓人直接上路的迂迴，一個讓人看到的盲視。（Murray, 1975, p. 287）

榮格的方法與現象學的本質尋求有很多共同之處。如果說榮格在懸擱自然態度與回歸生活世界上的嘗試與現象學相吻合，那麼他也吻合於詮釋學。他以領先於他的時代的方式這樣做：夢境、症狀、繪畫和行為被視為等同於文本，得以採用文獻學的詮釋學方法處理之。

1914 年，就在他與佛洛伊德決裂之後，榮格已經對他的方法提出了一個初步的表述，他當時將其描述為「建構性的」（constructive）。他指的是「平行於其他典型形式」（Jung, 1914a, p. 187），並堅持認為他關注的是對現象的分析，而不是像佛洛伊德那樣把它們化約到一個外在的物質基礎。正如榮格所說：「從許多系統的比較分析中可以發現典型的形式。如果可以說是還原，那就是還原到普遍的類型。」（ibid.）

到 1916 年，榮格的「建構性」方法已經在詮釋學中找到了方法論的歸宿。當榮格的方法與佛洛伊德的方法不同時，詮釋學定義了他的方法的廣泛特徵。榮格在他的工作生涯中一直相當穩定地保持著這些特徵。在下面這段話中，榮格談到象徵。他說，詮釋學是

照亮它們所浮現之意義的適當方法：

> 詮釋學的本質……在於在已經由象徵提供的基礎上增加更多的類比：首先是患者隨意產生的主觀類比，然後是分析師根據他的一般知識提供的客觀類比。這個過程拓寬和豐富了最初的象徵，最終的結果是一幅無限複雜和多姿多彩的畫面，其中的元素可以還原為它們各自相互的**中間參照項**（tertia comparationis）。（Jung, 1916b, p. 291）

榮格接著說，這將會把個人的心理生活與文化（「集體」）意義連結起來。雖然榮格的治療意圖從一開始就很明確，但要等到榮格使用詮釋學來恢復啟蒙時代前的心理生活的神話基礎時，它的全部意義才顯現出來。詮釋學幫助現代人類恢復其靈魂。[5]

榮格對兒童（Jung, 1940）、精神（Jung, 1943/48; 1945/48a）、移情（Jung, 1946）、三位一體（Jung, 1942/48）和彌撒（Jung, 1940/54）等現象的詮釋學取向是眾所周知的。然而，這種取向在心理學上的特殊意義在於，它不限於閱讀文本，而是擴展成為一種通向心理生活結構的取向。有了這個新的焦點，詮釋學就與存在現象學相結合。病態行為、身體症狀、愛情、治療關係和夢境都可以做為文本閱讀。它們表達意義。在 1935 年的「塔維斯托克講座」（Tavistock Lectures）中，榮格對這種方法進行了廣泛的描述，當時他稱之為放大法（amplification）。榮格說他關心的是夢本身的特定含義，並將其與自由聯想（free association）進行對比，後者將問題現象引向個人的情結：

因此，我把夢當作我無法適當理解的文本來處理，比如拉丁文、希臘文或梵文文本，其中某些單詞我不認識，或該文本是殘缺不全的，我只是提供任何文獻學家在閱讀這樣一篇文章時都會採用的一般方法。我的想法是夢不隱藏；我們只是不懂它的語言。說夢要隱藏什麼僅僅是擬人化的假設想法。沒有一個文獻學家會認為一個困難的梵文或楔形文字碑文隱藏了什麼。〔所以〕我採用了文獻學家的方法，就是……簡單地找平行的對比。（Jung, 1935b, pp. 82-3）

放大的平行對比來自被分析者對夢境及其圖像的控制性聯想，以及更加嘗試性地，分析者從他或她自己的經驗和文化歷史知識中提供的那些類比。重要的一點是，一系列的夢為一個夢提供了自己的背景；這系列實際上是「艱澀」段落（夢）所置身於其中的文本。

如此看來，放大法似乎在本質上與胡塞爾的自由想像變異方法相似。兩者都使用想像變異，試圖為現象的本質意義設定粗略的外部界限，照亮現象顯露的脈絡，並螺旋式地愈來愈接近現象自身本質核心中永遠後退的意義中心。因此，像存在現象學家一樣（在此我們特別想到梅洛龐蒂和羅曼尼遜；參見 Romanyshyn, 1975, 1982），榮格認識到「每一種詮釋都必然是一種『宛若』」（Jung, 1940, p. 156），因為隱喻總是在揭示現象的同時也掩蓋了它。正如我們將在後面討論的，這種處於現象學詮釋核心的模糊性在理解原型和原型圖像之間的關係，以及偵測出榮格發展他的原型

理論時所遇到的認識論和存有論困難上,變得特別重要。

榮格也意識到語言做為一種經驗之構成力量的重要性。他明白,在表達一種現象時使用的語言會對現象本身的體驗和意義產生影響。一方面,

> 詮釋使用某些語言模組,這些模組本身是從根源的圖像中衍生的。無論我們從哪個方面探討〔意義〕這個問題,我們發現自己在任何地方都面臨著語言的歷史,有著直接引導回到原始奇幻世界的圖像和主題。(Jung, 1934/54, pp. 32-3)

這就是為什麼榮格使用一種從根源世界中表達出來的語言。前啟蒙時代之神話、煉金術、民間故事和夢想使用的語言與心理生活的根源結構是一致的;它不會將經驗撕裂為兩半。因此,使用「情結」而不是神來指稱,其準確性令人懷疑,這不是在實證的唯名論意義上來說,而是從經驗自其生命根源中撕裂的意義上來說。這種語言持續了我們的當代異化。榮格非常清楚語言的這種力量。因此,他嘗試讓自己在詮釋上精確也是一種治療努力(Jung, 1931b, pp. 344-5; Hillman, 1980b)。如果經驗被阻斷,與它自身的基礎斷絕聯繫,那麼經驗的現象學本質上就是一種心理治療。榮格在他自己的詮釋學中理解了這一重要性。因此,他可以說,例如:

> 一個人稱某件事為「躁狂」還是「神」並非無所謂。服務一位躁狂者是可憎和不尊嚴的,但為神服務顯然更有

意義和更有成效，因為這意味著服從更高的精神存在……在不承認神的地方，自我躁狂就會發展，而疾病就出自於這種躁狂。（Jung, 1929b, p. 38）

同樣地，榮格比較喜歡談論耶和華而不是「超我」（Jung, 1929c, p. 339）。或者再一次，以帶著挑釁味的才智說出：「對心靈來說，精神並不因為被命名為性而減損其為精神。」（Jung, 1929a, p. 52）

讓最後一個陳述很有趣的還有另一個原因。如果榮格在佛洛伊德覺知到性的地方覺知到精神，那麼精神就和性一樣，不是一個受限制的實體，而是一個貫穿人類心理生活的維度或品質（參見Merleau-Ponty, 1960b, pp. 227-8）。以視覺類比來尋找本質，往往像是一個向心的螺旋，就像一個低壓系統的氣象圖。儘管這樣的類比有它的用處，儘管他在反思原型結構的某些時候清楚地看到了它，但榮格確實認識到它的局限性。正如我們稍後將看到的，原型本質與其說是事物本身，不如說是關係母體中的基本維度。

最後是關於有效性（validity）的說明。榮格聲稱自己是一個實徵主義者（empiricist），並經常訴諸「事實」，這既誤導了他自己，也誤導了他的批評者，因為這暗示了一種非他所要意指的實證主義認識論（positivist epistemology）。在與貝內特（E. A. Bennet）的一系列富有啟發性的信件中，榮格（Jung, 1976a）首先為自己辯護，說自己是一個只關注「相關事實之觀察」的科學家（p. 562）。在下一封信中，他似乎對人們期待他的證明標準是「類似於化學或物理證明的東西」（p. 565）感到驚訝，他認為心理學的

標準是不同的，暗示它們更像法庭的標準。在第三封信中，他搖擺不定：儘管他贊同觀察、預測和實驗（在可能的情況下）的假設─演繹方法，但他最終將心理學置於歐洲而不是盎格魯─撒克遜的科學傳統中。「因此，」他補充說，「歷史和比較的方法是科學的。」（p. 567）如果說榮格對自己做為科學家的自我認識是太過簡單的，那麼他最後還是跌跌撞撞地走到了一個更穩固的人文科學、詮釋學歸宿。寫於 1960 年的給貝內特的信在某種意義上描述了他工作生活中發生的轉變，從世紀之交的聯想實驗，經過精神分析，再到四〇年代和五〇年代的文化和文本論述。然而，其結果是，他有時會用他早期的典範標準來為他後來的工作辯護。例如，他為「自然科學」辯護，反對「哲學」，但顯然他的意思是為一種更類似於現象學的方法辯護，反對構成自然科學的哲學假設（理性主義和物質主義）（參見 Jung, 1947/54, pp. 161-3）。這種偏離意味著用來判斷榮格所宣稱的標準，需要是一種明顯且一致的詮釋學。

經常對自己的知覺與詮釋缺乏確定性而感到為難的分析心理學家，可以記住呂格爾的以下幾句話：

> 人類行為和歷史事件的意義可以用幾種不同的方式**解釋**，這是所有人文科學專家都知道的。不太為人所知和理解的是，這種方法論上的困惑是建立在對象本身的性質上，此外，這並不是譴責科學家在教條主義和懷疑主義之間搖擺。正如文本詮釋的邏輯所表明的那樣，人類行動的意義有一種**特定的多義性**（specific plurivocity）。人類行

動也是一個包含有限建構可能性的領域。（Ricoeur, 1973, pp. 34-5）

接著則是：

根據已知的情況來顯示某一詮釋更有可能，與顯示一個結論為真是大不相同的兩件事。在這個意義上，驗證並不是核實（validation is not verification）。驗證是一門可與法律詮釋的司法程序相提並論的論證學科。它是一種不確定性和質性概率的邏輯。（ibid., pp. 32-3）

## 意向性

嚴格地說，意向性不是現象學方法本身的一個面向。但它卻是任何現象學分析中預設的意識特徵。意向性意味著意識總是且必然地指向一個不同於意識本身的對象。意識總是對某事某物的意識。

「某事某物的意識」這個表述可能會產生誤導。意向性不是意識和某物這兩個實體之間的「橋梁」或「連接紐帶」，而是存有論意義上之世界開放的「那裡」（the ontological 'there' of world-opening），它使某物「存在」以及意識被占有（appropriated）為「某人的」成為可能。儘管在我們偏狹的語言與斷裂的俗世經驗中，我們仍然把意向性說成是自我和世界的「之間關係」，彷彿自我和世界是既有的實體，但將某人和某物置於「這裡」和「那裡」是意識做為意向性的衍生結果，而不是其前提條件。簡而言之，意

識是一種不可還原的、非選擇的發生，世界在其中成其所是。它不可能是一個被封裝的實體，被封閉在自身之內，或者是一個在大腦中看著圖像的小人。做為在世存有，意識是讓世界聚集而成的開放虛空（open clearing）。它的構成力量是，這樣一個世界在歷史、文化和語言中被聚集在一起，也透過個人生活的特殊曲折被聚集在一起，而也正是從這種聚集的世界顯露（world-disclosure）中，我們理解了做為我們之所是的自己。

儘管做為意向性的意識是人類存在（existence）的決定性特徵（ex-sistere，站出來的意思），但不能用深度心理學的狹義術語來理解它。對意識的現象學分析很快就會導致這樣的認識：意識在大多數情況下不是自我反思的覺察。此外，它也不是真正個人層次的。換句話說，它不是某一特定個人（如約翰）的屬性或功能，而在很大程度上是一個操作的、前個人的隱在作用處（an operative yet pre-personal latency）。這隱在作用處做為世界關聯而有所置位，是占有與反思得以發生的所在，而這占有與反思發生之處後來才獲得名字，如約翰。意向性意味著意識先於並圍繞著個人認同的邊界（參見 Brooke, 1986; Scott, 1973）。

意向性也意味著人類的存在顯現為我們於其中生活的世界——也就是說，顯現為那些事物和圖像（參見本書原文第158-9頁），世界經由它們發聲，或者使用不同的隱喻，我們經由它們發現我們的反思。因此，存在現象學可以被定義為一種描述（describing）「與」詮釋（interpreting）在生活世界中顯露之生活經驗的方法。

榮格在意識意向性的認識上搖擺不定。在他的東非之行中，意識的存有論現實及意義明明白白地來到他面前，並產生了解放的效

果。不過,意向性破壞了西方思想的認識論基礎,後者將主體和客體設想為獨立的、自足的實體,只是偶然和非必要性地相互關聯。心理上來說,它質疑我們的現代西方認同,即我們認為自己先於存在就具有主體性,自身完足,在與物質事實世界的關係中充滿傲慢。我們很快地將會討論到榮格面對這種質疑的方式。在這裡,我們的目的是指出即使不是用這些語詞,榮格在多大程度上直接觸及了意向性現象。

榮格在他的自傳中回顧了他的《榮格論心理類型》(Jung, 1921)一書,該書花費心力處理個人對世界、對人群、對事物的關係。它討論了意識心智對世界可能採取的各種態度,這構成了一種可稱之為臨床角度來看待的意識心理學。(Jung, 1961, p. 233)

榮格認為他的方法是臨床的,但《榮格論心理類型》具有存有論和認識論的重要性。榮格說,被知覺的世界始終是一個(以特定類型)為某人的世界(world-for-someone)。另一方面,沒有不受(類型上)限制的世界意識。從存有論上講,沒有任何意識不是與世界相關的某種視角。意識和世界形成一個結構統一體(structural unity)。

普羅戈夫(Progoff, 1956, p. l07)認為,榮格的類型理論標誌著他開始遠離佛洛伊德的化約論,因為力比多(libido)一詞擺脫了佛洛伊德的準生理學、液態壓力模型,並被賦予了「方向」。正如普羅戈夫所說,這是否真的是一個開始,將是一個爭論點。但關鍵是力比多不再被認為是一種封裝的內在心理能量,而是衡量一個人與世界關係中不斷變化之價值和強度的尺度。

《榮格論心理類型》的大部分內容都是透過力比多的隱喻寫成

的，因此，無論普羅戈夫的觀點如何，這裡都有一個需要解決的問題。榮格聲稱，在他的力比多理論（Jung, 1928a）中，他「希望為心理學做的是達成某種邏輯的、徹底的觀點，就像物理科學中的能量學理論所提供的那樣」（Jung, 1961, p. 235）。這種觀點在「心靈過程和力量的法則」（Jacobi, 1942/68, pp. 52 ff.）的具體化闡述中持續存在，這些闡述在經典的榮格論著中仍然比比皆是。這是相當具誤導性的，榮格的說法要嘛是代表一種失敗，要嘛是一種自我誤解，因為榮格的心理類型理論已經將力比多的概念從任何與物理學的典範聯繫成為可能的參數中解放出來。榮格在使用「力比多」一詞時，只是以最寬鬆的比喻方式採用了物理學語彙。在較為深刻的意義上，榮格認為能量的物理概念和他的力比多概念都是從人類經驗的同一原始結構中產生的（Brooke, 1985, p. 166）。正如阿本海默指出的：

> 動力心理學的能量是動機性的力量或意志力，而不是自然科學意義上的能量。我們處理的是一個比科學更古老的能量概念，這個概念的基礎是內部的主觀經驗，而不是指可測量的客觀現實。（Abenheimer, 1968, p. 63）

第二個問題與內傾（introversion）的概念有關，它跟類型理論類似，都有著無視與世界的存有論聯繫的效果。榮格的定義的核心如下：

> 在主體對對象的反向關係意義上，內傾意味著力比

多的向內轉向。其興趣並不朝向對象,而是從對象撤退到主體。每一個內向性態度的人的思考、感受和行為方式都清楚地表明,主體是主要的動機因素,而對象是次要的。(Jung, 1921, p. 452)

這個定義除了缺乏經驗上的清晰度之外,它還可以被詮釋為內向者主要關注其「內在世界」中的對象,而忽略了「外部世界」中的對象。換句話說,與世界的關係變得只是偶然的;在世存有不再被理解為存有論的,從而成為外傾(extraversion)的一個作用。然而,就能量類比而言,榮格並不是將內傾描述為力比多內轉的**結果**,而是將注意力從被知覺者轉移到知覺者的**過程**(Shapiro, 1972, p. 64)——也就是說,對知覺意識之構成力量的主題化。換句話說,這並不是說內向者連繫到一個「內在世界」,而外向者連繫到一個「外在世界」,彷彿這些是不同的地方(以及彷彿如果沒有一定程度的向外力比多,內向型的人就會變得毫無感覺。)。正如對內傾做為一種生活經驗的詳細現象學分析所表明的,意識在存有論上的世界關聯性從來不是問題(Shapiro, 1972; Shapiro and Alexander, 1975)。

《榮格論心理類型》中描述的意識意向性意味著榮格大部分思想中的外部和內部世界的範疇類別區分(參見 Jung, 1929c, p. 337)於存在上和理論上都是站不住腳的。正如夏皮羅和亞歷山大(Shapiro and Alexander, 1975)所表明的,它在經驗上也是錯誤的。榮格也認識到這一點。榮格在一段相當有力的文字中描述了一個內向型的人試圖從世界中撤退,但這種撤退遠遠沒有成功,它只

是揭示了世界是不會退讓且更加根本的。這段話略為簡化如下：

> 儘管為確保自我的優越性做出了積極的努力，但對象還是施加了壓倒性的影響，這種影響更加不可戰勝，因為它在不經意間抓住了個人，並強行將自己置於他的意識中。自我愈是努力維護其獨立性、免於被迫的自由以及優越性，它就愈是被對象的印象所奴役。個人的心智自由被他在經濟上的依賴性之恥辱所束縛，他的行動自由在大眾意見面前顫抖，他的道德優越感在大量的低級關係中崩潰，他的主宰欲望在對被愛的可憐渴望中終結。現在是無意識在處理與對象的關係，而且是以一種精心設計的方式，將權力的幻覺和優越感的幻想徹底毀掉。儘管個人有意識地試圖貶低它，但對象仍然呈現出令人恐懼的程度。因此，自我想要脫離對象並將其置於控制之下的努力變得更加猛烈。最後，它用一個一般的防衛系統將自己包圍起來……目的是為了至少保持優越感的假象。這些努力不斷被來自對象的壓倒性印象所挫敗。它不斷地違背他的意願把自己強加給他，在他身上引起最令人不快和最難纏的情緒，並在每一步都迫害他。他對來自他人的強烈情感感到恐懼，而且幾乎從未擺脫過陷入敵意影響的擔憂。由於他與對象的關係在很大程度上被壓抑，這關係因而是透過古老且如嬰兒般的無意識進行，所以他與對象的關係也變得原始，而對象也就似乎被賦予了神奇的力量。（Jung, 1921, pp. 378-9）

不幸的是，正如勞哈拉（Rauhala, 1969, p. 96）指出的，榮格沒有將這種關係性所表明的哲學和理論議題置於更詳細和持續的批評之下。儘管榮格一再強調，知覺者和被知覺者都蘊含在每一個知覺或反思行為中，但他似乎確實偏離了這種洞察。正如榮格本人所說，無論我們多麼想將它們的參照點視為空間上的外部和內部，外傾和內傾是來自存在層次上人類生活中的廣度和深度（Jung, 1921, p.326）。他從來沒有意識到海德格和博斯在多大程度上可以成為他的智性伙伴。但是上面的段落表明，如果意識內向型的人是「無意識地外向」，那麼「無意識」就根本不是人體內在的一個地方，而是一種肉身存在的生活經驗，這種存在被棄用和退化，保持著未分化和古老的狀態。

還有一點是，如果一個人的心理態度和作用每時每刻都是與世界交織，那麼做為笛卡兒式「內在世界」的心靈意義就需要從根本上重新評估。這些問題將在後面討論。但要預見到：儘管並不總是明白顯示，發現這點我們不會驚訝：這些語彙，即心靈、意識和無意識，各自被榮格定位為世界和與世界相關的。事實上，如果以這種方式重新解釋這些語彙，就有一種存在上可接受的連續性出現在《榮格論心理類型》和他後來關於心靈的屬性、自我和原型圖像之間關係等方面的作品中。《榮格論心理類型》可以被視為為他後來的思想打下基礎，描繪了那些典型的在世存有模式，為心理生活，或者換句話說，為心靈設定了存在（存在者層次的）參數。若非如此，《榮格論心理類型》的本質，也就是它的存在論主旨，相對於他的其他作品來說就會是一個怪異的東西。

《榮格論心理類型》和後期作品之間的關聯是幻想

（fantasy），因為正是幻想將一個人的典型態度和作用與原型現實連結起來。榮格將幻想恰如其分地置於意向性之中，因為它是整合一個人的心理作用，以及將其心理生活之構成性力量和世界兩者帶入存有的媒介。用榮格的話說：

> 幻想如同感覺，如同思考；如同直覺，如同感受。
> 沒有一種心靈作用不透過幻想與其他心靈作用密不可分地聯繫在一起。有時它以原始的形式出現，有時它是我們所有官能結合的最終和最大膽的產物。因此，在我看來，幻想是心靈特定活動的最清晰表達。它是……內在和外在的世界連接在一起的生活統合之處，像所有心理學上的對立面一樣。幻想過去是，現在也是，在不可調和的主體與對象、內傾與外傾之間架起了橋梁。（Jung, 1921, p. 52）

換句話說，幻想，心靈的確定結構，是與世界相關的。然而，需要注意的是，在這個關於幻想的敘述中，有一個概念上的限制。榮格沒有克服「自然態度」的習慣性傾向，即在他的反思中，毫不置疑地提先天的、完整的兩極──主體和對象──然後將幻想視為它們之間交流的場所和中介。但是，在整個榮格思想的大背景下，特別是根據希爾曼（和其他人）對人們活出自己生活所透過的原型幻想的分析，就會更清楚地看到，分析心理學中的幻想是「兩者之間」的決定性品質，世界和人的自我感覺（自我）就是從這裡產生和衍生的。做為幻想的意向性具有存有論上的優先性，因為關

於自我和世界的任何說法最終都會顯題地指回向它（Jung, 1929a, p. 45）。[6]

總結一下：心理生活總是被活出一種「典型的」（類型學的〔typological〕）在世存有模式，無論一個人如何有意識地試圖從世界中撤離，他或她仍然被約束在世界中。這種意向性的心理豐富性和微妙性被榮格指認為幻想。正是幻想在有意識和無意識的情況下將一個人的態度和作用編織到做為一個人存在的模式化織造物中，而一個人的自我感和世界兩者都做為圖案（figure）從這個想像性的存在背景（ground）中出現。

如果對榮格思想的這種詮釋是可以接受的，那麼它表明人類對他們世界中事物和關係的意義有一種原初的理解，並且無論處理是否得當，這種理解都會被活出來。這當然是海德格（Heidegger, 1927, p. 182）的觀點，他在將理解（*verstehen*）描述為存在論（*existentiale*）特徵時，堅持認為這是此在做為在世存有的本質特徵。海德格想要強調的是，存在意向性的世界揭示性已經有——或者說**就是**——對存在和世界的理解。但這樣的理解大多是隱含的，或者說是「無意識的」，而且並不是我們通常認為的認知。榮格在這裡的貢獻是主張理解是由幻想結構起來的，而幻想是理解的主要模式。

在《全集》的索引中，人們發現有許多關於「理解」（understanding）的參照，但都不是指存在論意義上的理解。然而，理解做為意向性的一個維度，是榮格許多作品中的特色主題，需要被明確指出。例如，我們可以回顧一下，沒有任何心理作用不是自覺或不自覺地、成熟地或原始地與世界接合；沒有任何心

理作用不是以某種方式揭示世界。正如梅茲納等人（Metzner et al., 1981, pp. 36-7）強調的，即使是「非理性的」知覺作用，即直覺和感覺，也不會在沒有任何評估過程之下運作。沒有任何「感覺」不是被組織起來的，無論成不成功；沒有任何操作性作用不是一種理解的模式。此外，由於心理生活的大部分是在無意識中活出來的，「無意識」以其自身的原始作用，在一個人（自我）可能不喜歡或甚至不理解的情況下，活出其處境的原初理解。在某種意義上，個體化的目標就是，一個人的自我知識與這種生活理解相一致。這可能就是榮格在他的一封信中所暗示的，他寫道：「真正的理解似乎是一種不理解，但卻在生活和工作中。」（Jung, 1973, p. 32）當威廉‧巴雷特（William Barrett）這樣寫道，也就可以用來談榮格與海德格：

> 某種含混不清的理解，某種在我骨髓裡種下的真理感，使我知道我所聽到的〔是或〕不是真的。這種理解從何而來？它是我因扎根於存在而擁有的理解。當我們失去了一睜開眼睛看世界時就在那裡的這種理解的主要形式的把握，我們在智性上就會變得無根。（Barrett, 1967, p. 198）

稍後，在考慮心靈和此在（Dasein）時，我們將回到在榮格和海德格中的理解問題。

榮格承認的意向性的第四個特徵只需要簡單地提及：目的論，或者較不特定地說，「最終性」（finality）。儘管冒著不科學的危

險（Jung, 1916a, p. 295），但榮格堅持認為，除非根據其目的性意義，否則無法充分理解心理生活。榮格有時會繼續看起來像是支持因果的觀點，但只有以「最終」視角才能在心理事件中找到意義。事實上，榮格拒絕視亞里斯多德的「最終因」為自相矛盾，從而有效地拒絕了因果關係做為心理學中一個有意義的視角。當然，榮格對最終因的困難反映了他被鎖定在這個語彙之現代理解的程度。然而重點是，榮格的心理提問因此總是朝向正在展開並帶來一個可能未來的幻想和感受（參見 Jung, 1928a, pp. 4-5, 23-5）。

我們已經說得夠多了而可以得出這樣的結論，榮格認識到心理生活的基礎意向性。這個結論並不是要把這個主題留在這裡，反而是要將它引入接下來的討論。在接下來的章節中，就算焦點不在意向性本身，但它仍會是核心主題。

## 摘要

廣義上來講，榮格的方法基本上是詮釋學，試圖理解心理現象而不是解釋它們。但在將心理現象做為文本處理時，榮格成為詮釋現象學家。梅洛龐蒂對現象學的定義被用來做為架構，在現象學的理解上討論榮格的方法。我們論證的是，榮格和現象學家一樣，本質上是描述性的，他在描述性上的努力於深度心理學中開闢了一個本生於心理生活中的調查領域。

現象學的還原包括對自然態度的置入括弧（懸擱）和回到生活世界中存在性的源頭經驗。這兩種努力都是榮格工作的特點，但他和存在現象學家一樣，認識到完全的還原是不可能的。特別是，如

果要更充分地揭示榮格看到的世界，就需要繞開希爾曼指出的榮格思想中的一種不必要的焦慮和英雄主義的態度。

在現象學中，對本質的探尋經歷了幾個重大的認識論變化：從本質是不變的和直觀的，到本質是歷史的，顯化於生活世界的實在中，並透過語言構成。榮格對本質的探尋與胡塞爾的自由想像變異和文本的詮釋學分析兩者都很相似。榮格沒有走到將現象融入語言的地步，但他認識到所有的理解都是詮釋性的，而且他對語言做為詮釋學理解中的一種構成力量特別敏感。因此，榮格使用啟蒙運動前的語言，試圖在現象學上做到準確無誤，同時也進行一種治療性的詮釋學，將經驗重新連接到其真實的基礎上。像一些當代現象學家一樣，他意識到隱喻的認識論重要性，並且他利用隱喻的經驗／治療力量來闡述心理現象。呂格爾在這方面的導引相應了分析心理學家掌握詮釋理解之認識論結構的需求。

意向性被表述為存有論意義上的「之間」（the ontological 'between'），世界的個別特殊性和人的自我感都來自於此。榮格沒有談及意向性，但它在他的理解中卻有著不可忽視的地位。首先，他關於心理類型的作品揭示了自性和世界的結構性統合；甚至內傾類型也是在世存有的特定模式。其次，幻想經常被說成好像位於一個沒有身體的「內心世界」，然而榮格將幻想完全置於意向性之中，做為自性和世界所指向之心理意義上豐富的存有論母體。對意向性的第三個肯認出現在理解（海德格的 verstehen）的主題中：對榮格來說，意識是一種發展的成就，而且永遠只是關係性的，這意味著一個人的存在之活就是對世界的理解，無論這個人是否反思地占有它。把榮格和海德格結合起來：理解有一個想像的維度，而幻

想是理解的根源模式。第四,意向性在榮格對「最終性」的強調中得到了承認與說明。

## 對榮格做為現象學家的評價

對榮格做為現象學家的評價分布在這本書中。在此,我想提出一些結論,並從現象學的角度強調對榮格方法的幾個突出的批評意見。

首先,榮格似乎理解了現象學的核心目標是回到「事物自身」:克服形上學和科學的偏見,以便回到實際存在中,在那裡合於本質完整的現象可以被描述出來。我們也很想說,榮格希望他的工作能以這些面向來評價,但他與幾位傑出的自然科學家的關係以及他經常訴諸現代物理學來做為辯護,使人不得不謹慎。看來,雖然榮格工作的核心主旨是詮釋學和現象學,當他自覺地反思自己的工作時,通常會訴諸於康德(參見本書第五章)和物理學的奇特混合。因此,儘管榮格在提到現象學時對其目標有廣泛的理解,儘管他使用了其中的一些基本準則,現象學並不是他始終如一的方法論歸宿。

其次,由於他的開創性工作大多與二十世紀上半葉的現象學發展並行,而且他對現象學的熟悉程度無論如何都不高,所以他從未系統地、有紀律地利用過現象學的方法論準則。他表現如同現象學家的那一方面要歸功於他做為心理學家和詮釋者的技巧,但必要的哲學理解卻嚴重缺乏。現象學還原這個核心性的方法在沒有足夠嚴格或自我批判的情況下被使用。其結果是,榮格看透了理性主義

和物質主義的偏見,但沒有看透留在他思想中的笛卡兒存有論,即使他的視野不斷地超越它。特別是,儘管他認識到並闡述了存在的意向性,但他並沒有質疑他自己使用的核心語彙如心靈、外在和內在等的存有論前提。他似乎沒有認識到,他繼續使用精神分析的術語,如心靈、意識和無意識,掩蓋了他新出現的概念中的存有論差異。其實,榮格做到的超過挖一個更深的地下室。

第三,榮格對原型和西方文化史的興趣使他在尋找現代人心理生活中的意義根源時進入書本文獻之中。在這裡,他找到了一些結構,使他面對的一些在他自己和他的患者身上令人困惑的圖像有了意義。雖然榮格本人可能不總是避免掉這種方法論上的危險,但一些榮格主義者似乎是一頭栽進了這個陷阱裡。也就是說,透過在文本中的遊歷——也許在學術上是有趣的——迴避如此的艱鉅任務:留駐在現象上以合於其完整性與特定性來揭露其本質意義。這有時會使正受到探索的現象被文本的深奧重量所窒息。這也可能導致探究上的抄捷徑,甚至可能墮落為一種榮格流行心理學。正如一位在蘇黎世的受訓者經歷的那樣:

> 討論夢、圖片等意義時很少超出一些原先儲存之設定的機械式應用。所有的異性人物都是靈魂的代表,所有的同性人物都是陰影。每個孩子都是自性的象徵。出現在左側的任何東西都是無意識的態度,而在右側出現的是角色。智慧老人、偉大母親、搗蛋鬼和永恆少年的原型為許多事物提供了名稱和刻板印象。(Cohen, 1976, pp. 145-6)

無論這是否準確反映了蘇黎世學院的情況，重點是這說明了分析心理學的一個危險。但如果這已不再是現象學，那麼就會是對榮格方法的諷刺。

　　有趣的是，史匹格伯格在海德格身上發現了一個相似於榮格作品中向文本資源移動的危險。以榮格的情況來閱讀他對海德格的批判性評論，給了本章一個有用的結尾：

> 　　早期現象學的特點是勇敢地直接面對事物本身，而不顧先前的觀點和理論。在海德格身上，有一種愈來愈強烈的傾向，那就是透過經典文本和奠基於……一種充其量是二手的現象詮釋去尋找「事物」。可以肯定的是，如果現象學要完全剝除過去已經得到的洞察，那將是一個可悲的損失。但是，如果「走向源頭」再次被理解為走向文本，而不是走向現象，那將是同樣致命。（Spiegelberg, 1960, p. 352）

　　在下一章，我們將開始更直接地考察榮格看到的東西，而不是他的觀看方式。我們對這種觀看方式的批評應該有助於我們對他的方法論局限性保持敏感，並看穿這些局限性來更清楚地闡明那些指導他的視野和思想的現象。

# 註釋

1. 這些對佛洛伊德精神分析的批評可以從榮格整體作品的基調中推導出

來，但特別參見榮格的作品：Jung, 1913/55, 1914c, 1916a, 1929c, 1932b, 1939c, 1961 第 5 章。當然，考慮到有多種方式閱讀佛洛伊德（例如 Bettelheim, 1983），這些批評是否公允是可以討論的。這些討論可以被承認但不改變這裡提出的觀點。

2. 吉歐吉（Giorgi, 1987，個人通信）認為現象學的存在—詮釋原則過度強調了這個情況。他指出，胡塞爾非常清楚此一生活世界現象學的特性，但他不想將現象學限制於此。他堅持人們可以採取一種態度（稱為「超越的」），不受存在的立即性束縛；此外，並非所有的現象——例如，數學和幾何形式——都是歷史上可變的。而且，這種態度其實已經由海德格實現，因為他的**存在論特徵**是超越時間的結構，即使是在時間中落實。我傾向於遵循呂格爾（Ricoeur, 1981）的謹慎結論，即現象學和詮釋學互補並需要彼此。

3. 做為一種詮釋學張力，它在分析心理學本身中被發現，介於古典和發展學派之間。然而，這個問題並非清楚明瞭。就連榮格也說，原型圖像必須根據它被構成的實際情況來詮釋（例如 Jung, 1954, p. 344）。關於顯示出詮釋學複雜性的曼陀羅詮釋，參見雷德費恩（Redfearn, 1974, 1985）和史考特（Scott, 1949）。

4. 一些讀者可能會記得艾維斯·卓萊（Avis Dry）（Dry, 1961）的學術研究。她發現，榮格的理論概念，如集體無意識、原型和情結，缺乏必要的精確性和一致性定義，但如果它們要具有任何解釋價值或指導假設檢驗研究，這樣的定義是必要的——即使是如在精神分析中般的寬鬆定義。她認為，榮格的價值很大程度上在於他對直接經驗的具體描述和他的治療實踐。就科學而言，基本上他應被視為一位前科學的描述心理學家（p. 138 及各處）。在一定程度上，現象學家對卓萊的論文沒有異議。然而，可惜的是，她的「不偏不倚」立場傾向其實是傳統科學的，她並未探索榮格的方法或描述的詮釋學價值。

5. 榮格的詮釋學方法最普遍地被認為與榮格對基督教的工作有關。莫瑞·史丹（Murray Stein）（Stein, 1985, pp. 10-12）考察了其中一些討論，認為榮格是詮釋學家的主張僅在於榮格嘗試批評和轉化基督教思想的治療任務這一點上。雖然我們可以同意史丹的觀點，即榮格的詮釋學從一開始就有治療意圖——而且不僅僅是對基督教——但我們不認為這可以

拒認榮格做為一位詮釋學家。對於范丹伯與羅曼尼遜，現象學是一種詮釋現象學，是一種對文化和個人的心理治療（Van den Berg, 1980），這不僅是意圖，而且在其邏輯上也是如此。詮釋學總是在某種意義上從顯現（the manifest）移向隱在（latent）。

6. 這似乎是阿文斯（Avens, 1980）堅持「想像是現實」的意圖，但有時，我認為，他的危險在於可能沒有看到想像的世界顯露作用。在那樣的狀況下，想像先於世界顯露和知覺，並響應了那種我們正在努力克服的主觀主義。無論如何，在這裡使用這兩個語彙時，想像／幻想的存有論優先性需要被澄清。（幻想和想像經常是有所區分的，不過在這裡可以互換使用。然而，其意義應該是清楚的。）

| 第四章 |

# 對榮格之非洲經歷的批判性討論:心理生活的場所

在這一章中，我想描述與討論榮格遭逢了根本的世界開放性（world-openness），也就是遭逢了現象學家所指之意向性。這個討論會在榮格的方法和他的理論考量之間、在他的觀看方式和他的所見所思之間，形成一座橋梁。這個討論立基於描述，是對榮格經驗中顯現之心理生活的場所和意義的探究，因為我們在這裡的任務是發現一個經驗性和描述性的基礎，來說明榮格的思想。

榮格在非洲的經驗正提供了這樣一個基礎。相對來說它沒有受到理論和哲學思考的破壞，並且是榮格對個體化目標和抵達此一目標之意識經驗的唯一具體描述。這在他的自傳中描述得最為完整，因此成為現象學分析的絕佳「資料」。

我們將看到，榮格在非洲的經驗徹底挑戰了他的歐洲身分認同，它暴露了一種存在上的張力，無法合宜地以他的概念性思維來消弭，或許在臨近其生命的最後階段時才有可能。因此，對榮格的東非之行的探究也是展示，當面對人之存在、對人之狀態的體會、世界，以及它們之間的關係結構時，他思想中的根本張力。因此，對榮格非洲經驗的描述性說明，實際上是對其思想的某些基礎的批判性分析。

1925-1926 年夏天，榮格在東非待了幾個月，這對他的影響似乎比他的印度之行還要深（Van der Post, 1976, p. 51）。當他進入東非內陸時，他覺得自己好像回到了家鄉，但這種感覺是矛盾的，因為他既回到了自己的根源（origins），但又似乎完成了自己的命運（destiny），即他的生命目的。此外，他有一種不可思議的感覺，就是非洲一直在等著他，因此，他的命運與那個世界的命運緊密相連。在從蒙巴薩（Mombasa）向西行駛的火車上，榮格在黎明時分

醒來,看著外面。他回憶說:

> 在我們上方一塊嶙峋的岩石上,一個纖細的棕黑色身影一動不動地站著,靠著一根長矛,俯視著火車。在他身邊聳立著一個巨大的燭台仙人掌……我有一種感覺,我曾經歷過這個時刻,並且一直知道這個與我分開只有時間距離的世界。彷彿這一刻我回到了我年輕時的土地,彷彿我認識那個等待了我五千年的黑皮膚男人。我無法猜測在看到那個孤獨的黑暗獵人時,自己內心的哪根弦被撥動了。我只知道他的世界在無數個千年裡一直是我的。(Jung, 1961, p. 283)

這種既回到源頭也抵達目的地的感覺在整個旅程中一直伴隨著他。它因此有著這樣的效果,就是在具體實際的生活中展現個體化過程的一個基本主題:做為心理發展目標的自性實現也是回到形成個人生活之原始母體的自性。

因此,這個旅程很容易被視為個體化過程的「象徵」,而個體化在此是一個「**在心靈內部**」展開和分化的過程。分析心理學一般採取這種觀點,正如榮格本人所做的。例如,他反思道:

> **在現實上,與自然界的**夜晚**完全不同的**黑暗籠罩著這片土地。這就是**心靈**的原始黑夜,它在今天和無數的百萬年來都是一樣。(Jung 1961, pp. 298-9,黑體字為本書作者強調)。

從這個角度來看，光明和黑暗被「象徵性」地理解，發展的「真正」意義在於榮格（或其他任何人）的心靈內部。如果個體化意味著成為「一個獨立的、不可分割的統一體，或『整體』」（Jung, 1939a, p. 275），那麼它就要求撤回投射，「以便將它們恢復到個人身上，這個將它們投射到自身之外而不由自主地失去它們的個人」（Jung, 1938/54, p. 84）。

這種將個體化的意義與場所內部化的誘惑是大錯特錯的。如果要理解榮格在非洲之經驗的意義，那麼，分析心理學用來界定人之存在的核心語彙需要被恢復為與世界之關係的描述，因為世界是無可迴避之經驗場所和展開人類生活戲劇和意義的場景。換言之，這裡的任務是恢復榮格在非洲之經驗的基本結構和意義。一方面，它是自性實現的經驗，或許可說是分析心理學的核心主題；另一方面，它是一種存在性經驗，而其存在性意義在榮格回到歐洲後的反思中往往就被遺忘。歐洲和非洲是不同的「心靈狀態」，就像地理位置一樣，用歐洲的語彙來思考非洲的經驗是很困難的。如果要理解心理生活的本質是其與世界的關聯性，那麼，把世界與經驗場所分離開來的思想（即笛卡兒主義）是懷著技術思維的歐洲人需要克服的最大障礙。但是，如果要就榮格的非洲經驗本身來理解，如果要把分析心理學從其束縛在腦中的內部化傾向中解救出來，那麼這種基本的世界關聯性就需要在這裡恢復。

## 世界的恢復

榮格的感覺是，那個一動不動的獵人一直在等著他，隨著他的

西行之旅繼續，這個感覺變得更加清晰。這種耐心的等待強化為一種召喚，它來自非洲世界本身。榮格從肯亞的阿薩伊平原（Athai plains）的一座低矮山丘上，看著大片沉默的動物群。

> 獸群像緩慢的河流一樣向前移動，吃著草的頭上下晃動著。除了一隻猛禽憂鬱的叫聲，幾乎沒有任何聲音。這是永恆初始的寂靜，世界一直是這樣的，處於非存在狀態；因為直到那時，沒有人在場獲知它是這般的世界。（Jung, 1961, p. 284）

榮格在其他地方寫到同一場景時繼續說道：

> 當時我覺得彷彿自己是第一個知道這一切的人，第一個知道這一切的生物。我周圍的整個世界仍然處於原始狀態；它不知道自己之所是。而在我認識的那一刻，世界開始出現；如果沒有那一刻，它就永遠不會出現。所有自然都在尋求這個目標，並在人身上找到它的實現，但只有在發展狀態最高和意識狀態完整的人身上。在這條意識的實現之路上的每一個進步，哪怕是最小的進步，都對世界增色如是。（Jung, 1938/54, pp. 95-6）[1]

因此，榮格回應的召喚是意識之光的召喚，他認為這是人類生活的目標。因此，它與個體化過程和自性的實現密切相關（Brooke, 1985）。

在進一步討論之前，重要的是要掌握意識的呼喚和世界的呼喚之間不可分割的聯繫。榮格不是把「內在需要」投射到「外部現實」。畢竟，投射意味著缺乏洞察力，而這一時刻是意識和自我覺察的高度清明狀態。對意識的渴望是世界本身的渴望：「所有自然都在尋求這個目標」（op. cit.）。因此，意識的發展並不是指世界之外的一個過程，而是指世界本身在人的照亮下，在那個被稱為意識的光亮下進入存在（come into being）的過程。

榮格對世界的存在和人類的存在之間的這種存有論聯繫的認識是一種深刻的解放，並且一直伴隨著他。他的心靈生活不再需要像笛卡兒的「我思」（res cogitans）那樣，是他歐洲腦袋裡的一個內在封閉世界。正如榮格（Jung, 1961）所說：「我解放了的心靈力量幸福地湧向了原始的廣闊天地。」換句話說，隨著世界出現在意識之光中，榮格的心理生活回到了它在世界中的原始場所。因此，他體驗到一種「神聖的平和」，以及與萬物的親緣關係與和諧感。

如果說榮格的心理生活回家了，那麼，家在這個過程中也轉化了。它以一個完全不同於現代歐洲人想像的世界出現。[2] 後者的那個世界被理所當然地認為是真實的、不可改變的、不可避免的，但卻其實是取決於它自己獨特的歷史（見 Romanyshyn, 1982, 1984; Roszak, 1972）。它在存有論上與人類的存在脫節，因此是異質的。它是技術專家設置與駕馭的世界，是浮士德的世界，他不能容忍留在海底的土地無用，從而在他面前，眾神逃逸，無家可歸（Giegerich, 1984）。這是一個不再令人著迷而失去目標的世界，在那裡，根據自然法則的粗暴必然性，連生命都被融解在能量和物質的無意義運動中。榮格認為這個世界反映了現代生活的病態，而

他把自己一生的工作都放在對抗這個世界上。正如榮格在我們正在細思的段落中所說的，「在這樣一個毫無生氣的時鐘機械幻想中，沒有人、世界和上帝的戲劇……只有計算過程的沉悶。」（Jung, 1961, p. 284）而正是這個世界被徹底地、永久地改變了。它變成了一座神殿。

在細究榮格於這種存有論轉化之後所描述之經驗的特定形貌前，有必要停頓一下。上述思考可能會讓人問，榮格是不是在描述一種退行（regression）的形式。這樣說似乎是有些證據。例如，他把這次旅行描述為回到他年輕時的土地。更重要的是，正如我們所看到的，他後來對重新陷入「原始」存在之**神祕參與**（*participation mystique*）的可能性感到害怕，他認為在這種情況下，自己和世界的界限將會崩潰。更進一步說，如果心理發展涉及到「投射的撤回」，即主體和對象的分離，使主體成為意義的來源和載體，而對象就不受主體心理生活的「污染」，那麼這裡似乎就會有問題。但有幾個方向來看待這個問題。

首先，可以指出的是，這對榮格來說是一個持續存在的概念性問題。貫穿在他的作品中，有多處關於從世界中撤回投射之重要性的評論，以及這樣做之根本意涵的討論。例如，在《榮格論心理學與宗教》中，他寫道：

> 心理上，無形的神或惡魔的假設將是〔無意識〕的更恰當表述，儘管它將是一個擬人化的投射。但是，由於意識的發展要求我們撤回所有我們能掌握的投射，所以不可能維持任何關於神靈的非心理學學說。如果世界的去精神

化的歷史進程一如既往地繼續下去，那麼在我們之外的神性或魔性的一切都必須回到心靈，回到默默無聞之人的內部，它的顯然起源之處。（Jung, 1938/40, p. 85）

這是在一個長篇的討論中很有力的一段話，其中意識的發展與世界的去精神化是相關聯的。正如詹姆斯・希爾曼（Hillman, 1973）以他獨特的方式所說的，這相當於「用主體的靈魂性把人塞滿，把一堆殘渣留給世界，所有的投射、人格化和心靈都被抽走」（p. 123）。然而，不僅世界被遺棄為一個無人居住和無神的殘渣堆，而且「撤回所有我們能掌握的投射」就相當於一種英雄式的膨脹。在上面提到的同一篇章中，榮格寫道：

為什麼古代的諸神失去了他們的威望和對人類靈魂的影響？因為奧林匹亞諸神已經完成了他們的使命，一個新的奧祕開始了：上帝變成了人。（Jung, 1938/40, p. 81）

榮格反覆提到的兩個代表性人物是浮士德和尼采。尼采宣布了上帝的死亡和超人的誕生。尼采甚至說，如果上帝沒有死，那麼做為超人的人應該殺死他，以便成為自己的主人（Nietzsche, 1883, pp. 109-10）。但尼采在其哲學的壓力下崩潰了，並陷入精神錯亂。因此，無論如何都難以相信能把這些人物視為個體化之人的例子。事實上，榮格對尼采的主要興趣似乎是當作一個案例研究（Moreno, 1970）。在任何情況下，這種被原型主題吞噬，在此案例是英雄式地膨脹，恰恰是失去了界定個體化意識的那種差異性。英雄式的

「撤回投射」有一種導致盲目而不是洞察的躁狂邊緣。

因此，榮格對意識發展的訴求有時反映了他做為靈魂醫生所反對的那種英雄主義心態，因此他最終與自己產生了矛盾。他堅持認為撤回投射的重要性，但他卻把那些像尼采一樣的人描述為「西方人的聰明標本，他們生活在昨天或前天……頭骨厚重、心靈冰冷的自命不凡者」（Jung, 1917/43, p. 71）。

另一方面，在「撤回投射」的概念中顯然有一個重要的洞察需要被保留。我認為這一點很關鍵，就是找到方式來理解我們如何以象徵的方式活潑地參與在生活世界之中而不走空間化的路子，來將心靈拉出世界之外。正如榮格（Jung, 1931a, p. 65）自己指出的，問題在於隱喻是否被具體理解，但是也正如我們可以堅持的，這裡沒有任何事是有關內在空間的。那麼，這個轉變不是從「外面那裡」到「裡面這裡」，而是從無所見之盲目的字面意思到隱喻。在這種情況下，我們沒有理由相信榮格把世界恢復為心理生活的家園必然意味著退行。

面對榮格的非洲經驗是退行的觀點的第二種方式，是回顧他在許多場合下表現出對心理生活的理解非常不同於上述人類中心主義的語彙。例如，他寫道，心靈不在我們身內，而是我們在心靈之中（例如 Jung, 1957, p. 271），或者心靈最初不是「投射」，而是透過內攝動作（acts of introjection）形成的（Jung, 1934/54, p. 25）。當榮格這樣寫的時候，他設法避免了一個他在他的批評者身上注意到的，但他自己有時也會陷入的錯誤：將心靈及自我，或說經驗發生的場所，與個別個人之邊界混淆了（Jung, 1947/54, p. 226）。這些困難的議題是對榮格思想進行現象學批判與詮釋的核心。在進一

步描述了榮格在非洲的經驗之後,我們將用一定的篇幅來討論這些問題(在第五章中會再次討論)。

最後,如果榮格的經驗是退行,或者說,如果他的心理生活回歸到世界中的原始家園的意義是放棄他的個人邊界感,那麼他就不可能體會到我們在森然羅列的事物中有獨特地位,也不會在他與世界的連結感上了解到人類的獨特不同之處。[3] 對榮格來說,非洲世界的啟示等同於自我認同的**誕生**,而不是消解(Jung, 1955-6, p. 107)。因此,他看到,正是人類

> 給了世界它的對象存在(objective existence)——如果沒有這種對象存在,在數億年的時間裡,不被聽到,不被看到,默默進食、分娩、死亡、點頭,這將在非存在的最深邃黑夜繼續下去,直到它的未知結局。人類的意識創造了對象存在和意義,人類在偉大的存在過程中找到了自己不可或缺的位置。(Jung, 1961, p. 285)

## 世界做為神殿

在這種存有論的視野中,榮格繼續向西行進。他乘坐火車、卡車,最後步行到埃爾貢山(Mt. Elgon),他和他的隊伍爬上了1800多公尺的山坡。當他到達那裡時,世界不僅被恢復為一個世界;如此的照見揭示了世界是一座神殿。這是一座異教的神廟,而不是基督教的教堂(至少不是榮格所知道的教堂),因為神性並沒有退到天空,退到星辰之外,讓世界遭到遺棄;相反地,神性是在

世界本身現象的直接孕育中給出。正如榮格所言,「我們在事物中發現一種如曙光乍現的意涵」(Jung, 1931a, p. 62)。

顯然,榮格可以選擇許多地方或事件做為他冥想的基礎,但為了與這樣的主題保持一致,即意識做為光亮地帶,世界的存在得以在其中閃耀,他發現自己最受黎明時分吸引也就不足為奇了。儘管榮格在大約 35 年後才寫下這段時光,但生動的印象仍然閃耀著。他說:

> 這些緯度地區的陽光是一種現象,每天都讓我目不暇接。它的戲劇性不在於太陽從地平線上升起時的輝煌,而在於之後發生的事情。我養成了一個習慣,在黎明前拿著我的營地凳子,坐在一棵傘形槐樹下。在我面前,在小山谷的底部,是一片黑暗的、幾乎是黑綠色的叢林地帶,與山谷相對的高原稜線高高聳立。起初,光線和黑暗之間的對比極為鮮明。然後,物體會呈現出輪廓,出現在光線中,這似乎讓山谷充滿了緊實的亮度。上面的地平線變得光芒四射地白。漸漸地,擴散的光線似乎穿透了物體的結構,這些物體從內部被照亮,直到最後,它們像彩色玻璃碎片一樣發出半透明的光芒。一切都變成了燃燒的水晶。鳴鳥的叫聲在地平線上響起。在這樣的時刻,我覺得自己彷彿置身於一座神殿之中。那是一天中最神聖的時刻。我以貪得無厭的喜悅,或者說,在一種永恆的狂喜中沉醉於這種榮耀。(Jung, 1961, pp. 297-8)

在這些時刻，榮格面對著「偉大的神靈，祂透過從黑暗中升起，成為天堂的一道光芒，從而救贖了世界」，並因此見證了給予人類意識意義的最原始隱喻。因此，就這個原始隱喻現實而言，歐洲人榮格發現了他自己的個人神話（ibid., pp. 284-303），同時也參與了一個比歷史甚至可能比人類更古老的過程。埃爾貢尼人（Elgonyi）每天早上離開他們的小屋，在簡短的個人儀式中，他們向自己的手吐口水，並把它們舉向太陽（ibid., pp. 295-6）。但榮格進一步回憶說，在黎明的那一刻，狒狒也會一動不動地坐著，面朝東方，就像埃及神殿裡的雕刻狒狒般表現出「崇拜的姿態」，這與牠們在一天中其他時間裡的喧鬧形成了鮮明的對比（ibid., p. 298）。

換句話說，世界揭示其自身為神殿，是比人類的意識還要古老，而古埃及太陽神荷魯斯（Horus）的戲劇每天都在其中上演。對榮格來說，人類的意識既不是人類的發明，也不是憑空而來的禮物；相反地，意識的發展是透過曙光乍現時刻所給予之無休止的重複性戲劇的見證。榮格堅持認為（Jung, 1938/40, p. 84; 1957, p. 271; 1976a, p. 410），心靈是現在稱為人類之現象的前身和前提。因此，做為神殿的世界是原初現實，沒有它就不會有反思意識。因此，它做為人類生活的外形和意義的隱喻意涵是後來的發展，但隱喻依據的那個地方的存在密度仍然持續。黎明仍然是一個「貪得無厭的喜悅」的光榮神聖時刻（op. cit）。

正如我們已經論證過的那樣，忘記這種原初現實的一種方式是將隱喻空間化，也就是將之定位為一個人頭腦中的經驗。一方面，這讓世界滑向黑暗，正如榮格和海德格都同意的那樣，當科學

之光在我們的時代照耀著世界時，那個本質上是神殿的世界在自然法則的褻瀆性黑暗下消失了。另一方面，心理生活在笛卡兒式的內部化下失去了隱喻的一個基本品質，即它強化現實的能力。正如菲利普‧惠爾萊特（Philip Wheelwright）在他關於隱喻的經典研究中表達的那樣：「在隱喻中真正重要的是心靈深度，在這個深度中，世界上的事物，無論是現實的還是幻想的，都被想像的清涼熱力轉化。」（Wheelwright, 1962, p. 71）

因此，一個隱喻打開了世界，同時也將想像置於其中。重要的是要理解，這看起來像兩個過程的，實際上是一個過程。所謂的意向性，**就是**幻想。因此，世界的開啟，例如做為一座神殿，是想像的；而把世界想像成一座神殿，就是把世界如神殿般的存在性質打開。換句話說，世界和人類意識之間的結構性整體顯現為隱喻現實。隱喻不是從現實中抽象出來的，其中兩個不同的實體，世界和神殿，被認知地聯繫在一起。相反地，隱喻是根基性的工具，於其中我們羞澀而模糊的世界就在人類意識的想像之光中進入存在。象徵也可以這麼說，因為它們有相同的基本結構。

現在，這些反思的重點是，當榮格提到「象徵性生活」或「象徵性態度」做為衡量心理成熟度的標準時，他不打算將隱喻蒸發成一種智性上的抽象物。他反而試圖鼓勵現代人恢復他或她的存在遺產，並找到意義，因為它是透過世界於其中發言的隱喻而被賦予的。榮格在埃爾貢山山坡上對黎明無法抵擋的體驗需要從這些方面來理解。

## 榮格的撤退

榮格一生都在關注自性的問題。這是維繫他生活和工作的一種深刻且個人的核心問題（Papadopoulos, 1984），而且似乎榮格比大多數人更受自性解體與喪失之恐懼的威脅（Winnicott, 1964）。如果是這樣的話——帕巴多博洛斯和溫尼考特（以及其他人）的論點是敏銳而令人信服的——那麼，也許人們可以理解榮格湧現的恐懼，以及他向北轉向歐洲時的放鬆。我們的目的不是要對榮格進行一次小型的分析。然而，榮格害怕地從非洲撤退的問題需要處理，因為這似乎與他在這裡所理解的非洲經驗之意義相矛盾，而上述關於榮格與自性關係的評論為解決這一問題提供了線索。格哈德・阿德勒（Gerhard Adler）指出，個體化的道路是「從無意識的無名狀態到有意識的無名狀態」（Adler, 1949/69, p. 152），而建立個人身分認同是中間的一個階段。雖然有些誇張，但無名狀態因此是根源和目標、退行和進展的共同主題（Jung, 1930/31, p. 403）。

這個問題可以這樣說：如果榮格在非洲的經驗觸及了個體化的目標，因而反映了發達而完整的意識，那麼，榮格怎麼會擔心失去他認為他已經達到的意識發展程度？

榮格返回歐洲時向北走到尼羅河，然後順流而下到開羅和地中海。儘管他和他的同伴們「懷著沉重的心情」離開了埃爾貢山，但當他們向北旅行時，榮格意識到他的非洲之行具有強烈的個人性質，「觸及了〔他〕自己心理學的每一個可能的痛點」（Jung, 1961, p. 303）。他意識到，他一直在努力逃避他的夢，這些夢一直在提醒他對自己歐洲認同的耿耿於懷。在一個夢中，榮格的美國非

裔理髮師用燒紅的捲髮器給他燙爆炸頭，榮格被嚇醒了。他回憶說：

> 我把這個夢當作來自無意識的警告；它在說，原始人對我來說是個危險……我唯一能得出的結論是，在任何情況下，我的歐洲人格都必須完整地保存下來。（ibid., p. 302）

看來，受到如此威脅的「歐洲人格」與其認同的特定歐洲構成有關。榮格覺得他的夢在建議他「不要把非洲之旅視為真實的東西，而是視為一種症狀性或象徵性行動」（ibid., pp. 301-2）。鑑於歐洲人的笛卡兒傳統，這只能意味著收回所有那些「解放了的〔而已經〕幸福地湧向原始廣闊天地的心靈力量」，並將心靈、個體化和他的自性封閉在他體內。曾向榮格揭示個體化目標的存在性的解放，即精神性地實現世界做為一個神殿，現在則透過精神科醫師的防衛性眼睛來看待。

在非洲，榮格已經意識到自性是一種非實體的開放性，在這種開放性中，世界得以進入存在，首先是做為一個世界，然後是做為一個神殿。但是，將自性做為一種非實體的開放性來實現，就是發現自性不是一個實體，而是一種透過世界之揭示而浮現的能容性（capacity）。舉例來說，自性的精神性是一種透過世界示現為神殿而浮現的能容性；實際上被發現的不是一個人的精神性，而是一座神殿。因此，自性被恢復為一個世界，一個人的生命意義在其中被賦予。這意味著歐洲人對自性的理解，及其笛卡兒和人文主義的

根基,被徹底質疑了。對於歐洲人來說,或者更準確地說,對於像榮格這樣繼承了笛卡兒式的主體與世界分離的人來說,自性被囿限成一個人內部的私密場所,一個意識的場所,以及個人身分認同奠基於其上的內在領域(Heidegger, 1927, pp. 366-8)。因此,當榮格發現了自我和世界之間的存有論整體性時,就會對他自我理解的基礎和他人生中心問題的方向產生質疑。

當榮格感到失去身分認同的威脅時,他以他做為歐洲人所知道的唯一方式來重新證明自己:把心靈從世界中分離出來。榮格覺得有必要堅持他的自我(人格認同),但他是透過封裝心靈,「撤回投射」,並將世界的力量蒸發成一個象徵性的「內在」現實。在為他脆弱的自我邊界服務過程中,心靈和世界被截斷了,在這一點上,他對經驗(或心靈)的物質性場所的洞察在很大程度上被破壞了。

在這一點上,可能會有人反對說,榮格的自我和自性之間的區別在這裡被混淆了。對榮格來說,自我是身分認同和個人意識的所在地,而自性是心靈以及經驗場所(所有經驗都是心靈現實)的整體。在某種意義上,從整體性來看,自性和心靈是同義詞(Jung, 1921, p. 460n.),於其中自我是與個人界限有關的那一部分。但是,在歐洲的笛卡兒遺緒中,這些東西的**位置**幾乎是無法區分的。而且重要的是,在榮格從非洲回來之後,這些語彙才在他的著作中得到明確的區分(Jung, 1928b)。(到了 1921 年,自我和自性之間的區別在某種程度上已經出現,但自性是在很久以後才做為一個單獨的條目加入《榮格論心理類型》的「定義」中。)路易・齊金(Louis Zinkin)(Zinkin, 1985)曾提出這樣的觀點:從佛洛伊

德到榮格的轉變是一個把心理生活焦點從身體移到自性的轉變，因此，內在—外在的區分並不指向皮膚，除非自性與身體同一。但情況似乎是，榮格的恐懼反映了他的笛卡兒遺緒和脆弱的自我界限，而他還沒有洞察或力量來進行這些區分。

榮格似乎確實在一個地方解決了這些問題，那就是《心理學與煉金術》（*Psychology and Alchemy*）（1944/52）中寫得很好的後記。在這裡，榮格區分了「撤回投射」和「使心理內容個人化」。他說，後者恰恰導致了前面描述的浮士德式的膨脹，而榮格（實際上是跟隨歌德）將這種態度與費萊蒙（Philemon）和鮑西絲（Baucis）的態度進行了對比。這兩個卑微的窮人對他們的世界所揭示的一切給予了款待，並在這種敬畏的行為中允許世界揭示其神性（pp. 4 79-81；參見 Giegerich, 1984）。這兩個人物的態度立場似乎比那些將心理生活從其繫泊處解開的語彙更充分地描述了榮格在非洲的經驗。此外，從英雄式的征服轉變為崇敬的款待，做為對個體化意識的隱喻，顯然更適合榮格的整體治療敏感性。心理生活的核心是一種生態敏感性，榮格不希望這種敏感性被英雄式的自我（其表現之一是自然科學和技術的反神聖事物崇拜）破壞。

有趣的是，在他自傳的最後幾頁，榮格再次捕捉到他在非洲的存有論視野。他寫道：

> 當我變得愈老，對自己的理解或洞察就愈少……我存在於我不知道的基礎上。儘管所有的不確定性，但我感到所有的存在都有一個堅實的基礎，我的存在方式有一個連續性。我對自己的感覺愈是不確定，就愈是有一種與萬物

相通的感覺在我心中成長。（Jung, 1961, pp. 391-2）

自我的不確定性不再是一種威脅，因為其作用的完整性已被認定，它依賴於更廣大之自性的實現，儘管這也不是一個實體，而是與事物的基本連結。

在離開榮格非洲經驗的描述之前，也許應該重申，它只是被用作我們存有論問題的一個入手點。然而，正如榮格指出的，透過蘇黎世的穆勒先生於復活節時「在花園裡跑來跑去，藏起彩色的蛋，擺出奇特的兔子偶像」（Jung, 1931a, p. 72），同樣可以進入古老的存在，因為我們都是活在心理生活的古老層面上。榮格對「古人」的研究主要不是在探究「現代人」在「很久以前」是怎樣，而是試圖揭示那些奠定當下心理生活的原始結構（Giegerich, 1975）。

## 結論

儘管我們可能有某一種精神官能症式的「歐洲」焦慮，做為心理學家，我們的任務似乎是在藉由鑑定榮格在非洲的經驗來持續我們的思考。榮格在非洲的經驗對分析心理學的意義超越了其所依賴之基礎存有論和認識論假設。可以補充的是，就我們對榮格的個人回應而言，它邀請我們肉身化我們的心理生活，並且恢復做為意義性存在之基礎的生命生態敏感性。

# 註釋

1. 當我寫這本書的原版時，我意識到榮格的殖民主義和歐洲人的偏見，顯見在他明確地假設沒有一個非洲黑人有過他描述的意識體驗。我不想偏離本章重點所在的存有論議題。我的進一步思考（Brooke, 2008）使我意識到，我低估了榮格的殖民主義不僅影響了他在非洲的經驗和他對非洲黑人的看法，也影響了他對心靈的理解。在他對心靈、意識和無意識層面以及個體化的描述中，有一條殖民主義者的線索，我現在認為，如果他的工作要進一步發展，就需要做為我們懸擱的一部分把它們看穿。另見亞當斯（Adams, 1996）。

2. 「現代歐洲人」面向的是一個後文藝復興和後啟蒙時代的世界。認識者與被認識者根本分離，儘管我們的感官提出抗議，但仍不斷試圖將世界確立為一個由自然法則以及以內部與主觀語彙所描述之心理生活與意義所組成的宇宙。這種被稱為現代主義之心態的存有論和認識論根源在笛卡兒身上獲得最清晰的表達；現代主義最清晰的倫理學和神學表達是人文主義。二十世紀，特別是在兩次世界大戰的影響下，現代主義受到了侵蝕，「現代歐洲心態」的表述可能被誤解。本章中使用的現代一詞並不意味著「當代」，因為現代主義的侵蝕引入了後現代時期。因此，「現代」一詞強調了榮格帶到他自己非洲經驗上的文化和文化歷史。

3. 齊金（Zinkin, 1987）在反思他自己的一次類似經驗，他在海灘上觀看風帆衝浪時，提出了同樣的觀點。他發現，整體性不意味著融合，但它包括一種做為一個更包容的整體的一部分的感覺。

榮格與現象學 ── | 第五章 |
*Jung and Phenomenology*

# 心靈和經驗的結構

在描述和討論榮格之非洲經驗的根本意義時,在沒有以堅實的形式論證下,已經預示了本章的一些主題。進一步來說,那些論點都是圍繞著他的經驗而不是他的理論著作而展開的。正如先前聲明的那樣,榮格的理論著作或多或少成功地解釋了這個和其他類似的經驗。無論如何,關於自性、個體化和意識等語彙,雖然先前已經稍稍在存在現象學詮釋學中開啟,將被暫擱到稍後才進行更詳細的討論。這裡的任務是利用前面的討論來重新考慮心靈(psyche)這個語彙的意義。因為我們的討論將抵達遠超過我們以為的可能結論,所以這裡的分析將會是仔細與系統性的。[1]

## 心靈的自主性

心靈一詞似乎是榮格用來思考的最有力概念,但其概念精確性卻難以捉摸,無法掌握。榮格(Jung, 1973, p. 57)在他的一封信中說:「我不知道『心靈』本身是什麼。」他在其他一些地方也表達了類似的觀點(例如 Jung, 1931b; 1934d, p. 409)。

然而,榮格的困難主要不在於他是一個新領域的先驅,而在於心靈之外沒有一個可立足的阿基米德點可以進行「客觀」觀察。他認為,只有心靈才能提出關於心靈的問題,而心靈所顯示的自己,在某種意義上總是對提出問題的心靈的反映。正是這一觀點幫助榮格理解了佛洛伊德、阿德勒和他自己之間的差異,並試圖在他的開創性著作《榮格論心理類型》(Jung, 1921)中加以說明。那本書的論點是,世界的現象,包括人類的心靈,透過觀察者的心理視角來顯示自己。他把這些視角稱為內傾、外傾、思考、感官等等,但

這些並不是我們這裡的重點。對我們來說重要的是其中的認識論主張，即沒有任何非心理學的途徑讓一個人去接觸他生活的或他研究的世界。

現象學對榮格的立場同意與否，端看如何理解非心理學一詞。然而，榮格在認識論上做了一個微妙但致命的轉變。他的結論是，因為所有關於世界的經驗或思考都是心理學的，我們因此無法直接接觸到「真實世界」，而只能接觸到心靈圖像，這些圖像可能是也可能不是這個世界的準確表徵。用他的話說：

> 事實上，我們被心靈圖像包裹，以至於我們根本無法洞悉外部事物的本質。我們所有的知識都是由心靈的東西組成的，因為只有它是直接的，所以它是超然的真實。（Jung, 1931b, p. 353）

類似的表述遍及在他的著作中。他在其他地方說：「只有心靈世界才有直接的現實。」（Jung, 1933b, p. 384）非心靈的世界是完全不可觸及的。我們只能接觸到圖像。他繼續說：「這遠不是一個物質世界」，「這是一個心靈世界」（ibid.）。或者再次說：「只有心靈的存在是可以立即驗證的。只要世界沒有形成一個心靈的圖像，它就可說是不存在。」（Jung, 1939/54, pp. 480-1）再如：「沒有心靈就沒有世界，更沒有人類世界。」（Jung, 1957, p. 291）

這種自我封閉立場對榮格的直接影響是，心靈缺乏一個非同語反覆的定義。在《榮格論心理類型》（Jung, 1921）的大量定義中，「心靈」項下沒有任何條目，而且它的定義只是在與「靈魂」

的對比中順帶一提。在這裡，他把心靈定義為「所有心靈過程的總和，有意識的和無意識的」（p. 463）。這個定義，如果可以說是定義的話，在三十年後的 1951 年寫的一封信中仍被重複（Jung, 1976a, p. 6）。

令人相當訝異的也許是，幾乎沒有任何榮格學派的人解決了他們最基本之指導性概念的同語反覆式定義問題。甚至最近的榮格術語詞典，在「心靈」下有一個廣泛的條目，也沒有試圖找出處理此一同義反覆的方法，而只是提到它的問題與「主體的和對象的興趣重疊」有關（Samuels et al., 1986, p. 115）。（這本詞典還提到，心靈可以被理解為對現象的一種視角，但這反映了榮格學派思想最近的一個轉變，這將在後面討論。）然而，鑑於榮格立場的內部一致性，任何試圖跳出心靈並「客觀」地看待它的做法都注定要自相矛盾和失敗。例如，埃絲特·哈丁（Esther Harding）斷言，「心靈的現實」是

> 我們整個學科最基本的信條，我們所有的工作都取決於它……我們對心靈的理解最接近的是把它看作一個能量系統，透過它的表現形式為我們所知，就像原子物理學家告訴我們宇宙本身是能量的表現形式一樣。當然，心靈是一個能量系統只是一個假設，有一天，它也可能被認為是一種迷信，一種投射。（Harding, 1968, pp. 1-3）

在只有心靈才能理解心靈的立場下，試圖跳出自我理解的迴圈是不可能的，所以被理解的**東西**總是在理解的行為中被預先假

定。正如海德格（1927）所說：「當一個存有者（an entity）對其而言……它的存有（its Being）本身是一個議題，它就有存有論上的一個循環的結構。」（p. 195；亦參見 p. 27）不過，他也說：

> 但是，如果我們把這個迴圈看作一個惡性循環，並尋找避免它的方法，即使我們只是「感覺」到它是一個不可避免的不完美，那麼理解的行為就從根本上被誤解了。（ibid., p. 194）

在這段落中，海德格談到了此在對存有之探問的循環結構。雖然榮格的心靈概念與海德格對此在的理解之間的關係還有待揭示，但海德格的評論表明，比起像哈丁那樣以及榮格偶爾也會做的，試圖跳出它的嘗試，榮格的自我封閉立場和他對心靈的同語反覆定義反而可能更清楚地透露了它的性質。

重要的是，即使榮格確實走出了他的理解迴圈，他還是自我批判地回到了這個迴圈，而他開闢了一個在當時可以說是精神分析世界中獨一無二的探索領域。不過，這個回歸是有問題的。例如，在他的〈精神與生命〉（*Spirit and Life*）一文中，他說心靈「由大腦中簡單過程的反映圖像組成」（Jung, 1926, p. 323），他還討論了中樞神經系統、反射弧等等。這些段落似乎讓人想起佛洛伊德早期的《科學心理學計畫》（*Project for a Scientific Psychology*）（Freud, 1895）。然而，榮格接著批評了這種觀點，他認為這種觀點是「實在論的」。即使他一直在描述一種將心靈圖像視為大腦過程之附帶現象的觀點，也矛盾地提出了「觀念」對應於「外部」物質事件的

觀點，榮格還是對笛卡兒、洛克以及許多——也許是大多數——科學家的「二元實在論」提出異議（Edwards, 1967, p. 80）。然而，不幸的是，榮格對實在論的無系統性和混亂的批評並沒有暴露出矛盾——那就是，如果只有「感覺資料」，那麼就不可能知道有任何它們自己之外的「世界」來做為這些資料的指向。他自己就直接陷入了笛卡兒的唯我論：

> 正是我的大腦，及其儲存的圖像，賦予了世界色彩和聲音；而我稱之為「經驗」的那種極其真實和理性的確定性，在其最簡單的形式中，是一種極其複雜的心理圖像結構。因此，在某種意義上，除了大腦本身，沒有任何東西是可以直接體驗的。（Jung, 1926, p. 327）

不僅心理生活被鎖在一個封閉的心靈或思想中，「外部世界」也失去意義與做為人類居所，而成為笛卡兒的「廣延物」（res extensa），對它的說明只能以自然科學為之。榮格是贊同這種觀點的，他寫道：「我們身上的這層霧是如此厚重和具有欺騙性，以至於我們不得不發明精確的科學，以便至少能驚鴻一瞥地捕捉到所謂的事物之『真實』本質。」（ibid.）因此，用羅曼尼遜的話來說，榮格和佛洛伊德一樣成為「深層的笛卡兒」。

現象學對心理學中笛卡兒思想的兩個基本批評在這種情況下是合適的。首先，榮格犯了將心理生活封閉在一個唯我論的內心世界中的錯誤，從這個世界是不可能有具一致性的論述來談及與其他存在者之間的任何真正關係。換句話說，榮格是犯了心理主義的毛

病。其次，在清空世界中除自然科學規定之外的任何內在意義時，榮格認可了後來被稱為實證主義的認識論觀點（參見 Boss, 1957, pp. 95-9）。[2] 在這方面，我們還可以回顧榮格對「投射的撤回」引發的「世界的非精神化」的評論，他似乎把這理解為意識發展的一個必然結果。

以上闡述的是榮格對心靈的看法，那是一種笛卡兒式與實證主義的解釋，在後面討論自性、無意識和原型等概念的各章中，需要再次回顧那部分，同時也會回顧博斯對榮格的批判，因為他是圍繞這一觀點展開對榮格的批判。

然而，上面幾段的討論是起始於如此的主張，即榮格對實在論者試圖將心理學奠基於不是心理學本生的基礎的做法提出批評。需要指出的是，其實他自己也不知不覺地落入了這個陷阱。不過對榮格這樣的批判往往是鎖定他說的文字，而不是從他意圖中的精神來理解他。例如，回顧榮格在非洲的經驗，將榮格認定為實證主義者的看法很明顯地是不充分的，甚至是荒謬的。

《精神與生命》（Jung, 1926）一書最明白顯示出榮格落入了實證主義，或者更廣泛地說，實在論的陷阱，但他卻也在書中反對實在論者試圖在物質基礎上，特別是神經生理學上，建立心理學。這是遍及在他的著作中想方設法重複的論點，事實上，這也是他批評佛洛伊德的核心。榮格非常明確地指出：「大腦的結構和生理學沒有提供對心靈過程的解釋。」（Jung, 1957, p. 270）甚至像心靈能量或力比多這樣似乎最明顯可以按照實在論路線進行化約主義解釋的語彙，也清楚地不是被理解為生物性的衍生物，而是只具有心理學意義的語彙（Jung, 1921, p. 456; 1928a）。

在《精神與生命》中,榮格試圖說服他的自然科學同僚,「精神」(spirit)是一種心理經驗,因此,需要由心理學來研究。然而,只有當心理學根據自身的條件將精神做為一種心理經驗進行研究,而不試圖將其簡化為生理學,同時又不成為基督教神學的辯解,心理學才能充分地做到這一點。雖然這是這篇文章的要旨,但也明確是他的普遍主張。榮格說,只有心靈才能理解心靈,任何試圖站在心靈之外來研究它的行為,就像自然科學家那樣,都是不誠實的,也是不可能的。在心靈圖像的相互關係之外,沒有**先驗的**認識論基礎(參見 Jung, 1938/54, p. 77)。榮格說(Jung, 1931b, p. 341),即使科學家採用化約論的唯物主義,他們也不是連繫到物質,而是連繫到給予唯物主義意義和力量的心理圖像(參見 Berry, 1973)。正是這種一貫的心靈內部認識論最清楚地將榮格與他早期的精神分析同事區分開來,實際上也與今天的許多精神分析學家區分開來。如果佛洛伊德對人的看法是如賓斯旺格(Binswanger, 1963)所說的「自然人」(*homo naturalis*),那麼分析心理學的主體就是「心靈人」(*homo psychicus*)(Hostie, 1957, p. 213)。因此,榮格的自主心靈概念本質上是一種關於心靈生活和知識之自足自主性的認識論斷。對榮格的化約論和實證主義指控是不成立的。

然而,對榮格的心理主義指控是一個更嚴重但也是更棘手的問題,因為榮格的心靈概念並不是做為位於頭部而以某種方式與大腦相連之「心智」(mind)的同義詞而出現的。

榮格經常談及身體如何影響心靈以及心靈如何影響身體的奧祕。他對器質性疾病的經驗足以證明身體會對心靈有所影響;他對心身疾病和歇斯底里症的經驗足以證明心靈對身體有所影響。然

而，從一開始，榮格就不滿足於對這種關係的線性因果解釋，即使這種因果關係被接受為可能是相互的。

他對共時性（synchronicity）的興趣，即試圖描述一個心靈圖像和一個物質處境之間有意義但非因果的聯繫（Jung, 1952c），誘使他以同樣的方式思考心靈與身體的關係（ibid., p. 500n.）。卡爾·阿爾弗雷德·梅爾（Carl Alfred Meier），榮格最親近的伙伴之一，繼承了這一想法，嘗試發展一個身心學的模型（Meier, 1963）。羅伯特·史丹（Robert Stein）（R. Stein, 1976）也是如此。[3] 然而，榮格似乎從未對這種高度推測性的方法感到滿意，它也沒有在榮格思想中流行起來。在我看來，說心靈和身體平行運行的概念是被一種叫做共時性的連結維繫在一起，是荒謬的魔幻思維。更重要的是，這方面的共時性概念往往會侵蝕掉他的經驗所指向的身心統一性。正如佛登（Fordham, 1974）指出的，共時性的概念繼續把身體視為外於心靈（p. 172）。原型心理學也因為同樣的原因拒絕了二元的共時性假設（Boer and Kugler, 1977, p. 141）。心靈仍然是一個內部位置，其外是身體和世界。這些看法雖然擺脫了因果關係，但其中的笛卡兒存有論本質仍然沒有改變。

因此，共時性的概念在克服笛卡兒二元論方面顯然是不成功的。不過，這個概念對於榮格的模型來說似乎並不重要。他的理論反思不斷試圖導向的是，用他自己的話說，「心靈和身體不是分離的實體，而是同一個生命」（Jung, 1917/43, p. 115）。換句話說，心靈和身體形成了一個超越理解界限的統一體，但與此同時，為了調查和啟發的目的，它們被當作好像是分開的（Jung, 1936, p. 547）。那麼，對心靈的自主性的任何分析似乎都不應該指向內在

的精神領域,而是將身體含納做為心理生活的一個維度。

## 心靈的身體

有趣的是,榮格在五〇年代初期闡述他的共時性概念之前,1935 年的「塔維斯托克講座」中他的一些評論更明確地把這個概念引向他後來的思想失去的存在統一性。在這些演講中,他說身體和心智這兩個詞反映了我們概念性思維的「最可悲的」局限性。這兩個語彙表明我們的**思考**方式,但卻「可能」是指「同一件事」(Jung, 1935b, p. 33)。「身體和心智,」榮格繼續說,「是生命體的兩個方面,這就是我們所知道的一切。」(ibid., p. 34) 共時性是試圖說明這種「在一起」的語彙 (ibid.)。榮格在這裡的意思是,這是概念性的問題而不是事實性的問題,因此共時性的概念是試圖處理此一概念上的問題。

遺憾的是,榮格沒有跟進他的直覺,即心靈和身體並非實體,而是對現象學所知之生活身體(lived body)或身體主體(body-subject)之統一體[4]的視角。

其他的分析心理學家也沒有遵循這一思路,但需要提到一個相當有影響力的例外。利奧波德・史丹(Leopold Stein)(L. Stein, 1957)試圖將原型、自性和解體過程連結到細胞內和細胞間活動。麥可・佛登(Fordham, 1974)對史丹的論文方向做出了正面評論,他稱這是對自性的身心學理論發展的唯一激進嘗試。然而,這篇論文不可彌補的缺陷是,它透過心理生理學的實證主義化約論來克服身心二元論。某些原型經驗和生理反應之間確實存在鬆散的類

比，例如，對有可能破壞相對均衡的東西的拒絕，但將一個置於另一個之中，是混淆了兩個根本不同的話語領域。正如皮爾（Peele, 1981）表明的，化約論總是意味著某種神奇的思維，而這種思維卻奇怪地沒有被認出來。

回到榮格關於活出心理之身體的直覺：這種直覺似乎缺乏明確表達的工具，榮格在大多數情況下持續使用「心靈和身體」的啟發式語言。然而，雖然其表達有局限性，但這種語言沒有完全忽視榮格理解中至關重要的生活統一體。也許需要指出的是，把榮格的這種統一體理解稱為「奠基的」並不是不當假設。如果心靈「和」身體被二元化地考慮，那麼只是偶爾提到這種統一體就完全沒有意義。另一方面，認識到這個統一體並不妨礙人們對「身體」和「心理」問題進行實際區分。我們只需要記住，沒有任何身體機能是本身沒有任何人類意義的，也沒有任何心理現象的發生是完全沒有一丁點身體性的。事實上，梅洛龐蒂作品的主題之一是，生命和人類之秩序的存在模糊性並不否定生理學和精神分析研究的必要性（參見 Giorgi, 1974; Hoeller, 1982-3）。

正如我們稍後在考慮情結時看到的，榮格的字詞關聯研究特別清楚地揭示了這種存在的模糊性：身體對（「刺激」）字語的反應是即時的、直接的和有意義的，身體性是心理情結所固有的。

迄今為止的討論導致了這樣一個初步結論：對榮格來說，心靈既不是大腦過程的附帶現象，也不是一個與身體平行運作的獨特領域。也就是說，無論是傳統的二元論觀點、附屬現象論還是心理物理的平行論，都不是榮格的觀點。當他談到「心靈的自主性」時，他指的是探查和作用的一個維度，這個維度與生活身體的存在模糊

第五章　心靈和經驗的結構　　163

性密不可分,而生活身體卻也總是置身於脈絡中。在他交替使用精神和心靈這兩個詞的一段話中,他說心理學和西方文化一樣,已經走向「神祕的真理,即精神是從內部所見之身體的生命,而身體是精神的外在表現——這兩者實際上是一體的」(Jung, 1928/31b, p. 94)。

因此,對心靈深度的工作是為了重新獲得那些在生活身體揭示的意義。如果心靈被想像為在頭部,這只反映了西方歷史的特異過程,在這個過程中,一個人的存在中心被感覺在頭部(Romanyshyn, 1984)。榮格斷言,心靈不在頭部,不僅因為它涉及到的超過思考,而且因為思考也不一定是用頭部完成的:

> 我們一般的理論認為頭部是意識的所在地,但普埃布洛印第安人(the Pueblo Indians)告訴我,美國人瘋了,因為他們認為他們的思想在頭部。然而任何明智的人都知道,他用他的心思考。某些非洲部落指認他們精神作用的部位既不在頭部也不在心臟,而是在腹部。(Jung, 1931b, p. 347)

這個觀點似乎被闡述過度了,然而人們卻很容易忽視它。例如,一位知名的英國分析心理學家最近發表了以下具有洞見的評論:

> 後文藝復興的醫學為以頭為主導的心靈觀點提供了虛假的壓倒性支持。這完全是虛假的,因為它把有著頭部

和大腦的解剖學身體以及主觀感受的身體圖式混為一談，例如，我們說的思考是在頭部感受到的，而各種感覺和情緒是在主觀經驗身體的其他部位感受到的。（Redfearn, 1985, p. 72）

他正確地指出，「動力」心理學恢復了主觀的身體。令人難以置信的是，這位學者隨後失去了這種認識，陷入了他剛剛澄清的混亂。他說，「我」的位置在身體上轉移，它的位置可以被從其他區域而來的感覺「攻擊」，例如從生殖器到頭部。然後他為他的表述聽起來像擬人化而道歉，從而暗示我們不應該把人的性質歸於人的心靈，他認為「它必須反映神經生理學層面上的一些相應活動」（p. 85）。「我的假設是，」他繼續說，

無意識情結或其他次人格的位置與某個皮質下區域的過度興奮狀態相對應，該區域具有某種地形學上的身體表徵。（p. 87）

另一方面，榮格對心靈的觀點從根本上質疑這種化約論主張。不過，這種質疑並沒有在分析心理學中扎根（希爾曼的工作可能除外）。首先，它沒有得到明確的闡述或持續。或許另一個原因是探究心靈的身體性會把分析心理學引向精神分析的詮釋，而這是榮格極力反對的。然而，在拒絕這些詮釋的過程中，榮格有時似乎忽略了具身（embodied）之心理學的存在性密度。緊隨其後的榮格學者的原型放大（archetypal amplifications）也就似乎成為無身體性的抽

象化和理智化,並且在與患者的關係上,心理治療陷入疲憊的停頓(Boss, 1963, pp. 273-83; Herman, 1984)。正如羅伯特・霍布森(Robert Hobson)曾經說過的,

> 我們很少被〔某些榮格學者〕允許讓陰莖或乳房保持為一個具體的生活象徵。它很快就不是真正的肉體,而是一個符號,把我們引向一個空中領域,在那裡我們在幽靈般的心靈影像和神祕的曼陀羅之間漂浮,徒勞無功地尋找一張堅實的床以完成**神聖婚禮**(*hieros gamos*)。(Hobson, 1958, p. 69)

在這種情況下,發展學派榮格學者正確地堅持分析心理學應再次立足於身體主體的經驗。然而,這種堅持也是有問題的,因為正如在榮格學派專業領域經常感覺到的那樣,它又一次傾向於心理生理學的化約論。例如,人們讀到「象徵從根本上說都是以身體為基礎的,並與身體區域相關。」(Moore, 1983, p. 133)

這些緊張關係似乎意味著:對心理詮釋學和身體之間的關係缺乏清晰的說明,是榮格學派專業領域中最重要的辯論和斷裂的根源。如果這種斷裂現在正在彌合,那麼它更多地是因容忍和尊重臨床現實的專業優先性,而不是對理論的理解或協議有關。對榮格已經抵達但沒有貫徹的那個立場進行現象學的說明,應該有助於澄清那些被錯誤詮釋的問題。這裡最好的引導人是梅洛龐蒂(特別是Merleau-Ponty, 1942, 1945),他將存在闡釋為人類特定的存有樣態(mode of being),在每一個人類時刻都是身體和心靈的一體整合

（Merleau-Ponty, 1945, p. 88）。

簡而言之，把心靈理解為生活身體的經驗，並不是把心理生活限制在精神分析暢談的那些少數原始結構中。那樣做是把身體的時間性限制在嬰兒期和兒童期占主導地位的那些關係模式上；它忘記了隨著心理發展，生活身體本身向更廣泛和更微妙的可能關係開放。心理發展並不涉及心靈與身體的**分離**，而是身體的心理經驗的轉化。正如梅洛龐蒂（Merleau-Ponty, 1942）說的那樣：

> 人不是理性的動物。理性和心智的出現並不是沒有影響到人身上自我封閉的本能領域。但是，如果所謂的人類本能並非分離地存在於心理的辯證動態之外，那麼，這種辯證動態也就無法在其具體顯現的處境之外被理解。一個人不會只用心智來行動。要嘛心智是空洞的，要嘛它構成了人的真實而非觀念上的轉變。因為它不是一種新的存在，而是一種新的統一形式，所以它不能獨立存在。（Merleau-Ponty, 1942, p. 181）

因此，人性秩序（human order）的出現，或說勝利，並不涉及心靈以及身體的生命秩序（vital order）之間的分離，而是生命秩序本身的轉化。做為人，並不是有一個（人的）思想坐在動物的身體之上，用人的意圖來指揮它，把它的本能轉化為人所接受的形式。身體本身在其結構和直立的姿勢中構成人性秩序（Straus, 1966）。從自然（物理化學）秩序到生命秩序，或從自然到人性的變化也是如此。結構上的模糊性仍然內生於存在本身之中。這種轉化使人比

動物有更廣泛的可能性（Merleau-Ponty, 1942, p. 174）。在這種情況下，人性秩序和生命秩序確實可以相互衝突，人可以逃離他或她的自然生活中相對惰性的條件。但這並不能證明一個「心智」抵抗一個特定的「身體」。這樣的表述蒸發了心理生活，同時也掏空了身體的生命意義，因為它也被抽象化為醫學和精神病學的解剖學身體。人性秩序和生命秩序之間的緊張關係源自生活身體本身結構中的模糊性（或矛盾性）。這種緊張的構成來自不同時間性的衝突，而不是不同的實體（Brooke, 1986）。生命秩序，即鬆散而誤導性地稱為「身體」的東西，為心理生活提供了密度和限制；人性秩序，鬆散而誤導性地稱為「心靈」或「心智」的東西，提供了對動物生存的限制性特殊條件的反思和超越（自由）。我們所稱的心靈和身體之間的辯證，是在質地模糊的身體性但卻也是心理性的結構中，也就是我們稱之為「存在」中的可理解性和組織性秩序之間的辯證。

　　梅洛龐蒂的這一表述以一種榮格無法做到的方式揭示並說明了榮格自己在這一點上的理解，它糾正了分析心理學中的一些傾向，而現在這些傾向就可以被視為不相干的。在這種觀點中，正如榮格主張的，心靈確實是自主的，但這種自主是指心理作用的完整性和性質，而不是指與身體不同的一個領域或地帶。雖然榮格似乎是這樣看的，但自主的心靈不需要被詮釋為一個範圍，與明顯具有優先性的人類互動相分離（Goodheart, 1984a, 1984b）。相應地，心靈確實是與身具現的，正如發展學派榮格學者論證的那樣，但這種與身具現不同於心理生理學的化約論，也不同於將心理的多樣性和微妙性視為那些體現在嬰兒期和兒童期之原始現象的詮釋學化約論。

時間上的在先**並非**屬於人存在的根本性。

榮格對這一點理解得很清楚,然而似乎有需要把它重新提出來。路易・齊金(Zinkin, 1979)以其理論上的深思熟慮而聞名,他指出,「心靈」一詞往往在概念上將一個人與另一個人分開,不能處理兩個人的交流問題。在他的討論中贊同了布伯(Martin Buber),但他隨後以科學心理學的名義,把布伯的「主張」「翻譯」成「可檢證的假設」。因此,布伯的「一開始就是關係」,一個存有論的聲明,被「翻譯」成關於母子互動的假設。存有論向個別現象的可能性投降,人類時間性(human temporality)向線性時間(linear time)投降,而當下狀態向重複狀態投降。如此一來就沒有一丁點的布伯思想留下來了(參見 Samuels, 1985b, pp. 81-2)。

## 榮格的「心理主義」

現在就可以來討論布伯對榮格的批判和心理主義的問題了。儘管布伯本人不是存在現象學運動的核心人物(萊彭〔Luijpen, 1969〕和史匹格伯格〔Spiegelberg, 1960〕在他們的經典性綜論中從未提過他),但他對榮格的批判很好地掌握了現象學批判的基本特徵。在這裡提到他的另一個好處是,布伯得到了榮格的回應,因此他為分析心理學家所熟知。

前面已經表明,榮格未能貫徹對生活身體之一致性的心理學分析。換句話說,儘管榮格似乎比佛洛伊德更了解做為**心理**身體的身體,但他並沒有把這種心理身體設想為人類存在的身體顯化。他

對心靈本質上是生活身體之經驗領域的洞見仍然傾向於將之做為一種被置於與「外部」世界對立位置上的內部性。當然，那些將心靈描述為身體內部一個獨特位置的表述加深了這種內部性。存在現象學表明，身體將人類的存在定位為與世界相關的存在（Zaner, 1964, p. 241），沒有一個人的身體不是按照它在世界中的任務被形塑出來的（Van den Berg, 1972, p. 58）。正如艾爾文・史特勞斯（Erwin Straus）曾經說過的：「我們被圍限（beset）這件事是決定性的；如何和什麼是次要的。被捲入和被抓住的狀態（engaged and seized）是先於做為什麼的狀態。」（Straus, 1966, p. 259）

然而，對榮格來說，心靈似乎被認為是一個內在世界，與一個肉身化的生活世界完全分開。此外，榮格傾向於按照笛卡兒的思路將外部和內部世界分開（Jung, 1929c, p. 337），結果是事件的意義與事件本身分開（Jung, 1952c, p. 492）。

不足為奇的是，對這一立場最激烈的批評者是神學家，布伯就是其中之一，因為在這種心理主義中，上帝的他者性消失，因為有神論被認為只是與一個心靈圖像有關。然而，這裡的問題不僅是神學問題，而且是任何我們與之有關係之存在者的他者性問題。

布伯對榮格的批評於 1952 年二月發表在《信使》（*Merkur*）*期刊上，並於同年出版於《神之蝕》（*Eclipse of God*）**。五月的《信使》期刊載有榮格（Jung, 1952b）的答覆和布伯的進一步回應（也收錄在《神之蝕》上）。這個對話也為其他人所延續。莫里

---

\* 譯註：創刊於 1947 年，為德語地區著名的期刊，專注於與文化及趨勢相關的廣泛議題，並以「讀者會自己做出判斷」的非指導性立場為其宗旨。

\*\* 譯註：布伯於 1952 年出版的書籍，收錄九篇探討關於齊克果、榮格、海德格等當代思想家其神學與哲學概念的評論文章。

斯·弗里德曼（Friedman, 1967, 1984, 1985）一直在繼續布伯的批評。正如他自己承認的，他早期的批評特別嚴厲，未能公正地對待榮格的敏感性，但最近他的閱讀變得較為寬容。在辯論的另一方，一些分析心理學家試圖或多或少地解決布伯的問題（例如，Gordon, 1968b; Hobson, 1985; Sborowitz, [in Friedman, 1985]; Trüb [in Friedman, 1964, 1985]; Whitmont, 1973; Zinkin, 1979）。儘管榮格學者做出了一些讓步（Samuels, 1985b; Whitmont, 1982），並且明顯尊重布伯，但結果往往是一種折衷主義，並沒有質疑榮格的心理模型的存有論前提。[5]

布伯批評的核心在於：對榮格來說，並沒有一位存有論意涵上的獨立他者（Other），是人在存在上對其有所虧欠的。這樣做的結果是，他者只有在他／她／它促進一個人內在心理發展時才有意義，因為人與自性的關係才是衡量個體化的標準。沒有任何有效的現實不是源於心靈本身的。榮格覺得根本上最有所虧欠的他者是在內部的他者，他後來稱之為自性（Self）（Papadopoulos, 1984）。就算它們是真實的，與真實存在者的關係最終似乎是權宜之計，因為心靈是唯一的直接參照處與唯一的意義場所。正如弗里德曼（Friedman, 1985）指出的，即使在榮格認識到人際關係對個人完整性（wholeness）的必要性時，他也傾向於再次退縮。榮格寫道：「沒有關係的人缺乏完整性，完整性只有透過靈魂才能實現，而靈魂如果沒有它的另一面就不能存在，而這一面總是在『你』中找到的。」（Jung, 1946, p. 244）然後他把他的意思闡述如下：

當然，我不是指兩個人的合成或同一，而是指自我與

一切投射到「你」身上的意識整合。因此，完整性是心理內部過程的結果……（ibid., p. 245n.）。

這種觀點隱含的存有論上的衝突遍及於整個分析心理學的著作中。例如，卡洛特努托（Carotenuto, 1981）說，與女性有關之心理成熟度的浮現「代表了與內在現實之阿尼瑪的關係，它與現實生活中的人只有一種投射性的聯繫」（p. 52）。在不詳細論證這一論斷的情況下，山繆斯對榮格的心理主義的衡評似乎是今天分析心理學的普遍真實情況：「人際關係維度，」他說，

　　沒有被榮格的對立面理論排除，但自我可能與之發生衝突的表面上真實人物，通常被他視為內在過程的外部表現：例如，與**阿尼瑪**而不是與**妻子**的衝突。（Samuels, 1985b, p. 115）

山繆斯的觀點是針對人際關係層面，但對於與他者和世界的更普遍的關係來說，這也是真實的。一位榮格學派分析師認為（Satinover, 1985），榮格的心靈模型是他自己在面對「無對象」世界時之孤僻性撤退（schizoid retreat）的一種表現。雖然很少有研究榮格的讀者願意走那麼遠，但榮格的心理模型似乎確實建立在一種存有論上，這種存有論餵養了自戀者從破裂和貧困之存在中——也許是從一種亂倫式的威脅中——的自大退縮（Goodheart, 1984a）。

榮格（1952b）對布伯的回應，實際上是更強烈地堅持他原本

的主張。他為自己辯護，說自己是一個關注「事實」的經驗主義者，並否認對於被誤解負有責任。他認為強調心靈是「客觀的心靈」沒有幫助。

在這場辯論中，許多榮格學者可能會同感於惠特蒙（Whitmont）的心情：他對布伯對榮格的「一貫誤解」感到惱火，但同樣也對榮格無法明確提出自己的立場而感到沮喪。在依次介紹和討論了布伯的批評之後，他提出，語彙的模糊性和榮格的內傾偏見掩蓋了榮格的意圖。然後，他以存在主義的布伯可能會更容易接受的方式重新表述這些意圖。惠特蒙承認，有一個失敗是在於

> 沒有明確區分做為經驗載體的心靈以及「外面」的非心靈者對象，儘管這是個被賦予了性質、意向性和自己的精神的對象。其結果是混淆了被觀察的對象和觀察的手段。（Whitmont, 1973, p. 193）

雖然惠特蒙沒有說，但他指出了榮格對康德的特殊使用或誤用──事實上，布伯已經發現了這一點（Buber, 1952, p. 80）。[6]

榮格採用了康德（Kant, 1781）用來描述人與世界之間關係結構的兩個語彙，然後將它們混淆。首先，榮格（例如 Jung, 1938/54）提到了康德的「理解的範疇」，以證明他的斷言，即所有的感知和知識都是受個人結構的，也就是說，心靈不是一張白紙。像「範疇」一樣，原型是那些在動物和人類生活中出現的結構化傾向。事實上，榮格認為康德的「範疇」是原型的一種理性化的、「退化的」直覺（Jung, 1919, p. 136）。第二，榮格利用了康

德對「物自身」（noumenon）和「現象」（phenomenon）的區分。對康德來說，「物自身」指的是事物本身，而「現象」指的是事物在主體看來的樣子。康德認為，鑑於感知和知識是由人類的範疇構建的，這種區分是必要的，以說明人類感知和理解的局限性。這種區分並不是要把現象界從世界中分離出來，使之成為主體的創造。但這正是榮格所做的。在說明他的困惑的一段話中，他說：「就像眼睛對應太陽一樣，靈魂也對應於上帝。」（Jung, 1944/52, p. 10）他在闡述這一論斷時說

> 靈魂本身必須包含與上帝產生關聯性的內在能力，也就是一種對應，否則就不可能產生一種聯繫。**用心理學語彙來說，這種對應就是上帝圖像的原型**。（ibid., p. 11，黑體字為原書強調）

問題是，一種關係恰恰**不**是一種對應。在康德的語彙中，最初以粗略的方式說的「範疇」，一種關係的內在能力，被榮格擴大到包括**現象**（phenomenon），即主體與之關聯的事物。「上帝圖象」既是關係的官能，又是人與之相關聯的對象。原型既是「範疇」，也是物自身（noumenata，不可知的事物本身）；如果原型圖像是現象的，它們就不再立足於既予世界，而是立足於心靈。人與世界，或「範疇」與現象之間的結構性關係，被意識（也許是原型結構）與原型圖像之間的心靈內部關係取而代之。即使是假定的物自身也不再是「在那裡」，而是同樣不可知的、原型圖像的心靈內部來源。他者消失，關係坍塌為同一性。就像宗教徒透過「投射」

「相應的」心理上帝圖象與上帝「連結」一樣,孩子透過投射內部圖象的母親與母親連結,父親透過投射內部圖象的孩子與孩子連結,女人透過投射她的阿尼姆斯與愛人連結,教友透過投射內部圖象的神父與神父連結。這種理論上的混雜具有崩潰個人界限的實際效果,使關係變得自戀,並使我們的同情心變得遲鈍。其概念性核心是榮格對康德的誤用。

當惠特蒙重新表述榮格的立場時,他實際上是在糾正榮格對康德的使用。他建議,榮格對「心靈實在」的強調應該被理解為,我們與世界連結時的視角以及隱喻性或象徵性意涵的理解。因此,人類連結超個人者時的擬人化傾向不應該被稱為「投射」,而是「象徵性感知」。對「超個人對象」的經驗應被視為自成一類(sui generis)的經驗,從而避免了笛卡兒式的心物分離。「客觀心靈」這個詞可以乾脆地放棄,「心靈」這個詞應該只指主觀經驗的界域。同樣,「投射」一詞應該只限於其臨床用途。惠特蒙說,這種類型的表述更清楚地表達了榮格派的「真正含義」。

惠特蒙在克服心理主義的指控方面走了很長一段路,他確實將人類經驗打開到共享世界中的現象。遺憾的是,他的討論很簡短。即便如此,它似乎還包含了一些缺陷。在將心靈限制在主觀領域時,他傾向於放棄榮格對「客觀心靈」本質的深刻洞察力——無論這個語彙多麼有問題。此外,就算他有上述的意圖,他傾向於在存有論上,即在空間性和實質性上,將「超個人對象」的實在與感知它們的心靈分開。霍布森(Hobson, 1958)在回應耶穌會神學家雷蒙德·霍斯蒂(Raymond Hostie)(Hostie, 1957)所做的同樣的分離時,也曾指出這個問題是更加微妙的。做為觀察手段的心靈和被

觀察的世界不可能有那麼明顯的區別，因為它們形成了一個結構上的整體；這個整體形成於這個或那個物體分化出來之前。[7] 因此，除了在現象學上站不住腳之外，惠特蒙的觀點也無能於心靈空間性的存在論理解。揭示這種空間性並在存有論上找到它的基礎是這些思考的下一個任務。如果成功的話，它將表明，榮格對心理現實的直覺更恰當地屬於海德格稱為「此在」的根本世界關聯性。

## 從封裝的心靈到做為生活世界的心靈

對榮格的心理主義的批評有充分的理由，然而似乎更多的是基於他的思維和表達方式的混亂，而不是他的意圖。博斯雖然受惠於榮格但很少承認，他如下的評論就特別有意義：

> 榮格，不像他之前的任何一位心理學家，清楚地認識到將人的實在分離為心靈主體和孤立的外部對象是一種人為性。他從中看到了一種惡性疾病，這種疾病襲擊了以前所有的心理學。（Boss, 1957, p. 52）

到目前為止，我們的討論一直集中在心靈——**在人內部**之人類作用的自主領域，但博斯的這些話實際上是對這種討論的充分性提出質疑。博斯的意思是，榮格對心理生活的直覺理解遠遠超過了他的大多數理論表述。然而，要知道榮格看到的及理解的是什麼，不需要我們幻想式地（在兩種意義上）進入他的腦袋中，因為遍及於他的著作裡，他的陳述簡單地繞過他的概念性缺失而揭示了這種理

解。這裡要論證的是，這些陳述應該被賦予比單純旁白更重要的地位。

榮格（Jung, 1931b, p. 346）引介「客觀心靈」這一語彙，以強調心靈幾乎不受意志的支配，相反地，它活在自己的命運中，影響每個個人，無論人們喜歡與否，就像「客觀現實」一樣。因此，「客觀心靈」本質上等同於無意識（Jung, 1944/52, p.44）。另一方面，榮格說，「主觀心靈」是意識的同義詞（Jung, 1973, p. 497），但據推測，對榮格來說相對無趣和不重要的個人無意識也可以包括在這裡。因此，個人認同及其時間和空間上的置身所在（situatedness），大致上只相當於主觀心靈。榮格的語彙，即主觀心靈和客觀心靈，並沒有流行起來。其部分原因似乎是「主觀心靈」基本上指的是自我情結（the ego complex），而「客觀心靈」指的不過是榮格一直以來所說的心靈。換句話說，「客觀」一詞的引入並沒有揭示一個新的實體；相反地，它是一個形容詞，「只是」強調心靈不能與個人的界限相混淆或局限於個人的界限，而個別**個人的**心理是圍繞著自我組織起來的。榮格說，因此嚴格來說，不是他或她的心靈，而**就是**心靈（Jung, 1973, p. 556），在這個心靈中，他和她都有各自的觀點，並扮演著各自的角色。榮格堅持認為（例如 Jung, 1938/40, p. 84; 1957, p. 271; 1973, p. 410），心靈圍繞著人類，並且是先於他或她而存在的。它不在我們體內，就像大海不在魚體內一樣（Jung, 1929b, p. 51）。因此，與精神分析相反，對榮格來說，**心靈不在我們每個人身上，我們在心靈中。**

這一點很關鍵，但常常被遺忘。人們忘記了心靈是包括人的工作、人際關係和各種活動的世界（參見 Cahen, 1983）。如此的

「遺忘」也許有很多原因，也許特別是笛卡兒思想以及分析心理學與精神分析之關聯所形成的歷史阻力。在這關聯中，爭論似乎完全集中在心靈的「內容」或其「深度」上，然而兩者的區別實則更為根本。問題還在於榮格本人，他似乎沒有充分意識到他的作品所指向之存有論與笛卡兒和佛洛伊德之笛卡兒主義的差異。因此，例如，他說：

> 我們現在感覺到我們心靈存在組成部分的無限量的東西，在原始人那裡以歡快地散布自己的方式將自身投射在遠處和近處。
>
> 「投射」這個詞其實不恰當，因為沒有任何東西被從心靈中拋出來；相反地，心靈透過一系列的內攝行為達到了現在的複雜性。它的複雜性與世界的去精神化成正比。
> （Jung, 1934/54, p. 25）

這段話反映了榮格著作中經常出現的一種思路，馮・法蘭茲（Von Franz, 1978）詳細闡述了其論點。需要注意的是以下幾點。

- 它表明，「遠古時候的人」沒有心靈；
- 擁有心靈是一個相對較新的現象，是一個發展的成就；
- 心靈是一個複雜的組織，它將主體性定位為一個在世界之上而與之對立的地方與內部性；
- 心靈發展意味著除魅和疏離。

在考慮榮格在非洲的經驗時，我們清楚地看到，這種思路與

榮格個人的心靈發展經驗完全相悖。現在還可以補充說，這也與他所理解的相矛盾，即心靈先於人類出現，是人類出現的條件；也矛盾於他所主張的，即心靈**圍繞**著人類，而不是在人類的「內部」。如果把榮格的自我概念鬆動一些，使其指的是主體性而不是僅指意識——這與它在分析心理學中的意義相合，就算不是它在《榮格論心理類型》（Jung, 1921）中的定義——那麼很明顯，榮格在上述引用的段落中混淆了心靈和自我。於是，心理生活的位置就被以個人感覺到的界限來說明了。

榮格似乎沒有注意到這種在自己著作中的概念混亂，因此在被批評者誤解時對自己負有的責任程度不敏感，面對布伯的批評時就是一個例子。但在回答這些批評者時，他強調，自性（做為整體，是心靈的同義詞）和自我在存有論上的空間維度上是不同的：

> 自性包含的內容比單純的自我要多得多。它是一個人的自性，以及所有其他人的自性，以及自我。個體化〔成為自性〕沒有把人與世界隔絕開來，而是把世界聚集到自己身邊。（Jung, 1947/54, p. 226）

指出心靈的存在空間性，就顯示心靈現實是具世界關聯性的。因此，當榮格（Jung, 1933b）說，我們不是生活在一個物質世界，而是生活在一個心靈世界（p. 384），他不是在贊同一種唯我的觀念論。克莉絲汀・唐寧（Christine Downing）（Downing, 1977）在為榮格進行的一次出色的辯護中曾說過：

> 我不擁有心靈,但我以各種方式存在於世界中,醒著、夢著、幻想著,但總是以一種人類特有的,即心靈的方式。
>
> 以心靈方式存在於世界中……使我們很自然地談到心靈空間,以及心靈本身做為空間。海德格也把人說成是虛空(clearing)。(pp. 92, 95)

因此,榮格說的心靈,現象學將其定位為生活世界(胡塞爾的 *Lebenswelt*)。將心靈定位為生活世界並不涉及從一種存有論到另一種存有論的詮釋學飛躍,不涉及從笛卡兒的「心智」或佛洛伊德的「心靈」到存在。相反地,這讓榮格對心靈的理解得到了語彙上的清晰,從而可以更恰當地把握他思想的存在意義。

分析心理學家可能會質疑這種對心靈的詮釋是否能滿足榮格說的(無意識的)深度,因為它似乎將心靈實在溶入了日常常識的平庸之中。對此有兩個回應。首先,加深對生活世界的理解,正是榮格對現象學的貢獻。第二,自從胡塞爾為「日常世界」辯護並反對實證主義實在的科學視野以來,生活世界的現象學已經走了很長的一段路,取得了豐富的成果(Strasser, 1963)。

榮格並沒有始終如一地給生活世界以存有論上的優先。從所有那些他對實在之科學定義的贊同中就可看得出來,儘管他對於這些贊同疏遠了人類生活且褻瀆了世界,有不舒服的感受。這種緊張和不一致導致他反覆申論,經驗是真實的,但「只是心靈的」。在這一點上,現象學對分析心理學的貢獻是對生活世界的存有論優先性提供堅實的合法性,也就是世界是透過人類的存在而獲得形構與顯

露。科學的觀點歸根結柢總是從這個世界衍生出來並依賴於這個世界。（因此，嚴格地說，在存在現象學中，「生活世界」的表述並不必要包括「生活」一詞）。

用生活世界來表達心靈讓榮格心理學的一些特徵獲得奠基，否則它們就缺乏理論上的一致性。然而，這些特徵表明，如果要理解榮格的意圖，對心靈的存在性詮釋是必要的。當然，本書整體就是此一主張的辯護，但這裡可以提出其中幾個特徵：榮格個人對個體化目標的理解；類心靈原型（the psychoid archetype）和與大地（the earth）的連結；以及心理治療的實踐。

榮格個人對個體化目標的理解已經在他的非洲經驗中討論過了。但榮格對心靈的存在性及其存有論上的優先性的認識，在他著作的許多其他地方也很明顯。其中最令人難忘的是以下內容：

> 很有可能，印度是真實的世界，而白人則生活在抽象的瘋人院中。出生、死亡、生病、貪婪、骯髒、幼稚、可笑的虛榮、悲慘、飢餓、惡毒；明顯地陷入文盲的無意識中，懸浮在善惡之神的狹窄宇宙中……這也許是真正的生活，是本該有的生活，是大地的生活。印度的生活還沒有撤回到頭部的封囊中。它仍然是整個身體地活著。難怪歐洲人覺得像做夢一樣：印度的全部生活只是他夢到的。當你用赤腳行走時，你怎麼能忘記大地呢？〔但〕我在印度沒有看到一個真正生活在那裡的歐洲人。他們都生活在歐洲，也就是說，生活在一種充滿歐洲空氣的瓶子裡。
> （Jung, 1939b, p. 518）

榮格在這裡沒有理由不將愛情、性、笑聲和舞蹈等現象包括進來，因此有些遺憾。榮格認為現代西方人夢想著他們無法再於其中生活的現實，這一點也出現在他其他的作品中（Jung, 1964, p. 85）。不過如果把夢想視為心靈的，而把印度人的實在視為非心靈的，那就錯了。即使是西方人的清消世界，榮格也認為是一種「滿足願望的虛構」（ibid., p. 86），因此是一種心靈實在。

因此，**當榮格說我們不是生活在一個物質世界，而是生活在一個心靈世界時，他並不是說心靈本身是一個封裝的「世界」，而是說我們活在其中的世界是心理的。**

如此一來，分析心理學的目標並不是指透過「撤回的投射」構成的內部化心靈的發展。它們只能是指在心靈實在本身——即在生活世界的活力中——發展適當的關係和界限。因此，在《分析心理學與世界觀》（*Analytical Psychology and a 'Weltanschauung'*）中，榮格寫道：

> 分析心理學是對意識之誇張理性化的反應，這種意識尋求控制自然，將自己與自然隔離開來，從而使人失去了自己的自然歷史。我們被理性主義的圍牆包圍著，與自然的永恆隔絕。分析心理學試圖衝破這些圍牆。（Jung, 1928/31a, pp. 380, 381）

或者說，隨著意識的擴展超越了

> 狹小的、過度敏感的、個人世界的自我，〔它〕自

由地參與到各式各樣對象興趣的更廣大世界中。這種擴大的意識……是與對象世界的一種關係作用，使個人與整個世界進入絕對的、有約束力的、不可分割的交流之中。（Jung, 1928b, p. 178）

如果從個人界限的角度來設想心靈，這些評論就毫無意義。

榮格意圖克服笛卡兒主義對心靈之詮釋的思想，其第二個特徵是他的類心靈原型概念及其與大地的連結。原型的整個問題將在後面討論。此時我們只需要指出，榮格（Jung, 1947/54）引入了類心靈原型的概念，以定義一個既非單純的生命力也非特定心理的「準心靈」（quasi-psychic）作用區域。榮格對「類心靈」一詞的使用是試圖在身體的物質性中找到心理生活，在世界的物質性中找到身體。這種方式不是化約主義的，而是把身體的物質性和自然生命力在根本上看作是心理的，無論多麼粗略：用梅洛龐蒂（Merleau-Ponty, 1960b）的話說，是「心智的本來面目」（p. 229）。

一些評論家（Samuels *et al.*, 1986）沒有進一步探究這個語彙，但有其他人這樣做了。例如，亞菲（Jaffe, 1971）認為，隨著類心靈原型這一語彙的引入，「心靈和世界的嚴格分離被取消了」（p. 23）。她說，這個語詞旨在命名支撐人類性質與世界之間結構性統一的秩序原則，如同數學的發現一樣。數學是「人類的發明」，但也描述了自然世界的模式（ibid., pp. 32-3）。亞菲的觀點是，榮格對心理身體的分析深化為對**世界本身**之心理物質性的洞察。在他的著作中，到處都可以看到對這種洞察的指向。例如，在一個著名的段落中，他寫道：

當它們愈來愈退入黑暗中，心靈的更深「層」失去了它們各自的獨特性。「往下」，也就是說，當它們接近自主作用系統時，它們變得愈來愈集體化，直到它們被普遍化與在身體的物質性中熄滅，即化學物質中。身體的碳單純就是碳。因此，「歸根結柢」心靈就是「世界」。在這個意義上，我認為克倫伊（Kerenyi）是完全正確的，他說，在符號中，**世界本身**在說話。（Jung, 1940, p. 173）

比較遺憾的是，榮格對世界之心理現實的洞見是跟他對超心理學的興趣同時出現，因為他通常（例如 Jung, 1934d, p. 409; 1958a, p. 411）透過論證後者的有效性來宣稱前者的觀點。這往往會混淆不同類型的經驗，並且讓意義性世界的顯現變得超乎尋常，但這世界其實總是可以被直接描述。這也與他習慣持有之先驗主體性的形上學意義有所衝突，因為對這主體性來說世界的意義性是很難說明的（Scott, 1975）。然而，對「類心靈」的詮釋的共同主題是暗示人類的心靈在存有論上並不與世界分離；在一個深刻的意義上，它是那個開放的地方，大地世界可以在其中實現自己。對榮格來說，人類的意識是自然對其自身的意識（Nature conscious of itself）。這是榮格一貫試圖將心理生活視為自然的表達的最深層含義。這也是他透過人類的身體性來思考非笛卡兒式、非二元論的存有論的方式。

榮格在這裡的舉動類似於後期梅洛龐蒂（Merleau-Ponty, 1968）自我批判地發現了自己早期作品中的主客體二元論的殘餘，並試圖克服之——也就是探索做為「肉身」（flesh）的身體所揭示

的「前意向性」統一。被見證的世界「肉身」也是進行見證之身體的肉身。正如討論梅洛龐蒂思想的這個階段的寬特（Kwant）所說：

> 身體的自我實現將人的個體性和人格帶入存在。人的人格之所以進入存在，是因為在人身上，存有（Being）意識到了自己。由於存有在人身上意識到了自己，所以人的人格與整體存有是同樣遼闊的。（Kwant, 1968, p. 133）

因此，榮格對身體的物質性做為心靈深度的分析與梅洛龐蒂對身體做為肉身的分析遵循著不同的路徑，但兩者都嘗試對身體性的心理生活建立視野，這不亞於大地世界在那個被稱為人類存在——或對榮格來說是心靈——的開放場所對自身的認識。

榮格作品的第三個特徵是通過將心靈詮釋為生活世界來達到清晰度，這體現在分析和心理治療中。有趣的是，莫里斯・弗里德曼（Friedman, 1984, p. 52）承認榮格的類心靈原型概念是他超越心理主義的嘗試。然而，弗里德曼（Friedman, 1985, p. 21）認為，特別是在榮格關於治療的著作中，他成功地修改了他對人的封裝性看法。有人指出（Zinkin, 1979），傳統對心靈的看法傾向於在概念上將一個人與另一個人分開，最終無法處理兩個人交流的現實。然而，正是治療關係中的這種現實對榮格來說是最根本的。這就是為什麼榮格認識到，各種治療的目標、過程和「發現」是不同的：例如，佛洛伊德、阿德勒和他自己。不管把椅子放在精神分析躺椅後面有什麼治療上的好處，做為一種研究策略，它是一種試

圖在人與人的接觸之外找到一個阿基米德點的虛假嘗試，以為從這點就可以讓一個人的思考（理論觀點等等）簡單地直接對應到患者心靈的「真實」本質。貫穿榮格關於心理治療的文章的主題是，在治療中出現的東西是由在場的兩個人的互動產生的。榮格認為「反移情」，就是治療者的整體參與到治療過程中，是一個不可避免的事實，也是治療過程的關鍵（參見 Jung, 1929d, 1946）。甚至夢境也不是發生在一個人或另一個人身上，而是發生在治療的人際空間中（Jung, 1977, p. 91）。因此，榮格（Jung, 1916/57, p. 74）認為，「移情」是根基性的模式，意識和無意識之間的關係（所謂的「超越功能／作用」）在移情中浮現；還有，分析者活出的在場（lived presence）是做為一種**圖像**，有其自身的心靈目的（Jung, 1917/43, p. 92）。

應該提到的是，已經有幾位分析心理學家發展這個主題。例如，普勞特（Plaut, 1956）跟隨榮格，討論分析師在多大程度上需要「化身」為原型圖像來為患者服務，普勞特的開創性論文極大地開闢了人際關係的研究領域。戴維森（Davidson, 1966）認為，移情是積極想像的主要形式，其隱含的推論是，積極想像的結構主要不是發生在個人內部，而是發生在治療師和患者之間的心靈空間。個人邊界──將積極想像限制為在私人內部幻想的能力──是衍生的，是從那個共享的心靈空間中浮現而來的。佛登（Fordham, 1976）和高登（Gordon, 1985b）透過將積極想像置於溫尼考特（Winnicott, 1951）所說的「過渡空間」中來發展這一想法。雷德費恩（Redfearn, 1978, p. 215）提出了一個重要的治療觀點，即如果不能將患者的幻想置於他們的行為或發生在他們身上的事情中，就

會被他們的心理病理吞沒,實際上也就是拋棄他們。換句話說,雷德費恩是說,「心靈」,即幻想之所在,是具身化與處境化之世界關係,而拋棄患者的一種方式是忘記這一點,並被吞沒在一堆被一個個切開的幻想中。古德哈特(Goodheart, 1984b)指出,榮格反覆強調的心理治療中的辯證互動立即性(the dialectical immediacy of psychotherapy),往往會被他封裝式的「自主心靈」概念破壞。古德哈特堅持認為,被分析者顯現出來的心理生活是在根本性的治療互動中共同構成。

山繆斯(Samuels, 1985a, 1985b)推進此一思路,他以特有的整合能力將上述對治療關係的臨床洞察與柯賓(Corbin)和希爾曼主張之圖像(也可加上夢)的首要地位(the primacy of the imaginal)聯繫起來。圖像領域,**或想像世界**(*mundus imaginalis*)(Corbin, 1972),並不是由患者或分析師投射到關係中的「內心世界」;它是籠罩著在場兩個人的心靈現實,並構建了他們的共同現身。因此,內在心靈和人際關係的徹底分離被認為是一個概念上的錯誤,它實際上是有局限性的(Samuels, 1985b, p. 264)。山繆斯沒有明說,但清楚地暗示,這個概念上的錯誤涉及到心靈的定義,它應該被理解為兩個人在其中扮演自我和其他角色的共享想像世界。共享一詞不應被誤解:它並不否認個人(自我)界限的經驗現實或必要性,也不否認誤解,或人際衝突、「移情」等等。例如,即使是治療師方面精神官能症的或防禦性的反應——如用佛登(Fordham, 1957a, 1960)的表述,「虛幻的反移情」(illusory counter-transference)——也揭示了一些關於更深層的、共享的和相互理解的心靈現實。

關於心理治療，還有一點可以簡單提一下。榮格比佛洛伊德更清楚地認識到，當人們來接受治療時，他們呈現的不是他們的精神官能症，而是他們自己，因為精神官能症並非來自於

> 一些來自無意識的模糊湧現……它來自一個人的全部生活，來自多年和幾十年來積累的所有經驗，最後，不僅僅是來自他做為個人的生活，而是來自他在家庭甚至社會群體中的心靈經驗。（Jung, 1934e, p. 159）

當然，榮格拐彎抹角且論戰式地提及佛洛伊德其實並不公平。然而，重點在於，「一個人的全部生活」並沒有超過他的心靈，因為正如前面所討論的，沒有任何真實的、有效的經驗不是心靈的。這意味著患者的心靈，即經驗發生的地方，正是他或她所處的歷史和社會世界——而現在，這個世界的一個存在性表現就是治療師面前的這個人。

現在是時候摘要與總結這個漫長而詳細的討論了。

## 摘要與暫時的定義

榮格堅持認為，沒有任何經驗不是發生於心靈，因為心靈是唯一的直接現實，是一個包含在自身中的自主領域。它既不能從物質上也不能從詮釋學上還原為身體，也就是說，榮格拒絕心理生理學和精神分析的化約論。心靈也不是做為一個與身體平行的「內在領域」而存在和發揮作用，也就是說，榮格反對心理生理學的平行

論。心靈在存有論上不與身體分離,而是身體的經驗;相應地,身體不能被理解為「解剖學的身體」,而是心理生活的身體物質性。儘管榮格清楚地把身體理解為心理的身體,但他沒有把人的身體理解為人類存在的身體顯化。因此,榮格傾向於保留笛卡兒式的心靈與世界的分離。把經驗及他者世界分離開來是其受到強力批評的來源。然而,這種笛卡兒式的傾向似乎反映了笛卡兒思想的歷史拖累以及榮格與精神分析的對話,但卻與他自己對心靈做為生活世界的理解不一致。在後者這個意義上,心靈的自主性是指生活世界的存有論和認識論的自主性。為了確立這種理解就有必要辨認出榮格自己偶爾對心靈與自我的混淆,也就是心理生活所在地與個人認同的混淆。在概念上將心靈定位為生活世界的三個好處是:它與榮格的**世界觀**(Weltanschauung)一致;它包含了他在理論上用類心靈原型一詞來處理的「心與物」相互影響的非二元論的存有論觀點;它使他對心理治療的過程和場所之理解變得一致。

在整個討論中,我們提到了榮格以外的分析心理學家。有時,他們似乎仍陷於榮格本人克服的化約論思維。在其他時候,例如對治療結構的理解,他們對他的思想做了有貢獻的延伸。

在此,對心靈的一個簡單的定義可以表述如下:心靈是經驗的場所,而這個場所就是我們生活的世界。

## 心靈做為此在

心靈為一個開放領域,在這個領域中,世界進入存有並將人納入其中生活。現在我們可以肯定,心靈既是生活世界,也是世界

的開放,或者說世界的顯化。兩者是存有論地共存。沒有哪個「開放」不打開一個世界的,也沒有任何世界不在某種開放之光中,即心靈的光中被揭示。生活世界即是它在人類經驗的身化之光中的開放。對榮格來說,「這兩種」現象都描述了心靈;而對海德格(Heidegger, 1927)來說,「它們」描述了此在,他說:「從存有論上說,『世界』不是描述那些此在本質上不是的實體;相反地,它是此在本身的一種特徵。」(p. 92)

這個難以把握的要點並不意味著此在有「兩種意義」,即它既指照亮的過程,也指現出的世界。對海德格來說,在任何有意義的或可溝通的意義上,根本不存在一個於其知覺性開啟之前就以某種方式「在那裡」的自存世界。同樣地,沒有一個知覺的開啟不開放出一個世界,沒有意識不是關於某些東西的意識。做為此在之人不是一個主體,甚至不是主體和對象之間的「關係」,而是使關係成為可能的「之間」的存在。正如海德格所說:

> 人從來都不是首先在世界的這一邊做為一個「主體」,無論這被視為「我」還是「我們」。他也從來不是一個同時與對象相關的單純的主體,使得他的本質在於主體—對象關係中。相反地,在這一切之前,人在他的本質中是綻放(ek-sistent)進入存有的開放性,進入照亮「之間」的開放區域,在這個區域中,主體與對象的「關係」可以「在」。(Heidegger, 1947, p. 229)

對於「心靈」一詞,其同樣的結構統一性也需要受到理解。如

果心靈是生活世界,這並不意味著心理生活的密度和想像力會消融到環境屬性之中。心理學並沒有消融成社會學或普遍性系統理論。相反地,生活世界是心靈的證明;生活世界是心靈的規模和多重性被具體化和揭示的地方。這一點在回顧榮格對世界的看法時應該變得很清楚,比如說,榮格把世界看成一座神殿。當世界的神殿般存在被顯露出來,這種顯露,對榮格來說,讓心靈想像力得以落身與滿足。因此,心靈,像此在一樣,「既是」構成的力量,「也是」被構成的世界。

這裡並不是說榮格在任何持續或明確的意義上看到這種共同構成。但榮格確實把心靈視為一種構成的力量,也視為一種現象世界。就他把現象世界看作生活世界而言,那麼,海德格對此在之結構性構成的分析似乎確實澄清了榮格關於這種「力量—世界」關係的直覺。最重要的是,它還從存有論上確立了心靈的意義。最後,這也使希爾曼(Hillman, 1975, p. x)將心靈視為視角的定義有了存有論上的意義,即使他的工作嘗試正確地在事物和事件中看到心靈(參見 Hillman, 1982, 1983b;亦參見 Moore, 1987)。

接著浮現的一個問題是,榮格的心靈概念在多大程度上是他試圖說出海德格稱之為此在的那個結構的前概念性直覺。發現是這一點無誤應該不會令人太過驚訝,因為榮格關注的是人類經驗和意義的基礎,而我們都生活在海德格所說的,與存有「及」此在的關係中,而這個關係是前概念的,同時在個人的日常關注中被理解和「遺忘」。當然,在形式意義上,這個問題無法被回答,但它確實邀請我們澄清並從存在上定位心靈的一些特徵,否則這些特徵就會無由確定。然而,反過來說,在心靈和此在之間可以找到的連結也

為榮格思想的存在現象學詮釋提供了進一步的分量。這些連結點涉及以下方面：

1. 空間性
2. 被遺忘的現前
3. 自我理解的詮釋學循環
4. 對世界的前反思式理解
5. 前個人結構
6. 「屬己的」但不是個人的
7. 身體性
8. 有限性
9. 想像
10. 透過圖像／事物給予的非物性（no-thingness）
11. 真理
12. 本真的態度。

我們將簡要地討論其中的每一項。

首先，心靈和此在都是空間性的，然而這種空間性在任何情況下都不能被限制在歐幾里德的定義中。距離和接近、高和低、內和外都是被活出的現實，而幾何空間則是對這種原初之生活現實的有限抽象化。榮格在探索共時性現象時特別強調對原初生活空間性的這種理解，但如前所述，它不應該局限於這些現象。對海德格來說，空間性是一個存在論的**結構**（existentiale），即若沒有這種可能性，人類的存在或其任何揭露的現象都是不可想像的；而此在（那裡─存在，there-being）一詞是海德格試圖思考的那種存有

層次的開放性,於其中我們的特定(存在者層次,ontic)空間關係得以活出。心理生活的生活空間不是同質的;它區分了價值、被愛者、被恨者、被恐懼者、被羨慕者、內部和外部、我的和非我的、神聖的和世俗的(參見 Bollnow, 1967; Eliade, 1957)。

第二,心靈和此在都是天生固有,但又是奇怪地難以描述。對榮格來說,我們沉浸在圍繞著我們的心靈之中,但他卻一再表示,他不知道心靈是什麼,其定義讓他摸不著頭腦。同樣地,儘管此在是人類存在本身的結構,因此是所有現象中最切近的,但借助於海德格的才華才把我們對它令人玩味的不上心帶到眼前。

心靈和此在的這種包圍著所有但又無法言說的顯現,反映了它們所是的自主界域。在兩者之外沒有阿基米德點可供對其的審視。第三點因此是,心靈和此在都必然於自我理解的詮釋循環內現身。對榮格來說,每一個關於心靈的陳述都具有「主觀告解」的性質——也就是說,每一個答案都是由提出關於其本質之探問的同一個心靈給出的,同時在某種程度上是問題本身的圖像(Jung, 1921, p. 52)。海德格對存有(Being)的存有論分析始於存有對其是個議題的那個存有者——即此在——的分析。做為這樣的存有者,此在對存有有一種前概念性的理解,而這在整個探究的啟動過程中必然已被包含在內。心靈和此在都已鑲嵌於探問者之探問基礎的循環性自我理解中。

第四,對榮格和海德格來說,人們生活在對自己與他人、工作、上帝等關係的理解中,這種理解既不是理性的,甚至在反思的意義上也不是充分意識的。對榮格來說,心靈在根本上是一個母體,一個人的愛、希望、恐懼、祈禱和心理治療關係都嵌入其

中,但這個母體基本上是無意識的。對海德格來說,此在是一可同頻共感的、明亮的領域(an attuned, illuminating realm),做為一種非主題化的、作用性的意向性(a non-thematised, functional intentionality)而被活出來,可以被描述為「無意識」(Richardson, 1965, p. 273)。在大部分時間裡,在很大程度上,而且總是在某種範圍上,心靈和此在對意識的自我反思來說是不透明的。

第五,以上所隱含的是,無論是心靈還是此在都不應該與看起來是身處特定地點之個人的自我邊界相混淆。心靈和此在都描述了前個人的存在,那是個人認同形成之前的根本母體,也是個人認同形成的條件。對榮格和海德格來說,個人認同的建立是一個人把發現到的已活出的結果占為「自己的」之過程,不管是那是分離的或原始的。此外,榮格和海德格都認為這種分化的過程對人類的完整——對榮格來說是個體化,對海德格來說是本真性——至關重要。

第六,一個類似的觀點是,心靈和此在於某種程度上都是「屬己的」(ownnmost [eigenst]),但它們不是個別個人的。如果心靈和此在是「我的」(mine),這並不意味著我是它們的起源。它們是我的,就像我的國家、性別、語言和口音是我的一樣。心靈或此在是我的,是指我屬於它,是一種繼承,然後透過占有的行動為我納用。它們在大多數情況下是集體的。對榮格來說,心靈的大部分是「集體無意識」,甚至個人的意識也常常與無名群眾的集體意識無法區分。這就是說,我們在日常生活的活動和儀式中發現了集體無意識的存在。對海德格來說,此在就是共在(*Mitsein*);它在大多數情況下,在其日常性中,無法區分於匿名「他們」(*das*

Man）中的沉淪（verfallen）此在。因為這種「沉淪」是存有論的，意味著它不是個人的失敗，也不是一種可選擇的條件，因此，所謂的個人的不是任何意義上不與他人共享的一系列可能性。確切地說，所謂的個人的是那一系列被占有或肯定為自己的可能關係。本真性意謂著個人的沉淪被占有為自己的；它並沒有被神奇地驅逐出去。同樣，對榮格來說，個體化是指個人對原型——即集體共享的——關係之個別性的分化與整合。個體化不是「個人主義」（Jung, 1921, p. 449; 1928b, p. 173）。

第七，心靈和此在都是具身的（embodied），意思是身體徹底地將自己提供給它參與的那些有意義的現象。因此，在榮格看來，身體必須從心靈的角度來理解，即做為一個「微妙的身體」。對海德格來說，身體是人類存在的身體化，只有在這些存在關係方面，它才能被充分理解。對榮格和海德格來說，身體都不能被理解為解剖學的無意義身體。相反地，身體是心理生活的肉身化。

第八，心靈和此在的核心是死亡，或者更廣泛地說，是有限性。儘管死亡是人類生活本身的一個內含的、不可避免的維度，但卻是要有著特定之深化的心理成熟度或本真性才得以將死亡主題化並占有為自己的。事實上，對榮格和海德格來說，面對自己的死亡有助於促進人類生活的深化（參見 Gordon, 1978; Hillman, 1964; Singer, 1972, ch. 14）。對海德格來說，時間性意謂著此在是一個朝死而生的存有，而究極來說，這種朝死而生是於時時刻刻之存有者的存有中給出的。榮格傾向於將死亡定位為「生命的後半段」的一個維度，但他的立場相當微妙。當榮格說，不想活與不想死是同一件事，而其之間的消長構成了一條曲線（Jung, 1934d, p. 407），他

指的不僅僅甚至主要是從青年到老年的弧線，而且更是指在每個時刻或圖像本身中給出的「曲線」。應該指出的是，詹姆斯・希爾曼的大部分工作都是圍繞這一點展開的：將心靈、死亡和圖像交織為單一的事件發生。這種對有限性的理解契合於海德格的理解。

第九，當我們意識到，想像是心靈和此在的一個基本結構時，這種聯繫就變得更加清晰了。艾德華・莫瑞（Edward Murray）（Murray, 1986, p. 62）指出，儘管《存有與時間》（*Being and Time*）中沒有討論想像，但它隱含在海德格的所有作品中，因為它與時間性在本質上是同一的。這意味著想像不是種種智性中的一種能力，也不是一種離散的、自我封閉的可能性，而是此在之感知性世界開啟力的特徵，於此在對世界的原初理解中展現。想像在根本上不是一種個人能力。換句話說，我們正在進入一個非人類中心的、以存有為中心的想像存有論。沒有任何感知不是一種想像性的理解，因為每一種感知都位於構建其意義的時間界域之中。同樣地，對榮格來說，想像是心靈的決定性標誌，所有對世界的通道，甚至是科學的通道，都是以想像為結構的（Jung, 1921, p. 52）。我們將會討論到，意向性是幻想。正如在榮格的非洲經驗中對世界的感知清楚看到的那樣，心靈在揭示世界神性的想像性感知中得到了真正的實現。對海德格來說，想像也是我們感知性世界開啟力的隱性品質，它揭示了事物中的神性。對榮格和海德格來說，想像是詩性的構成性力量。[8]

第十點是，心靈和此在本身都不是物質性實體，然後再與世界產生關聯，而是透過圖像（榮格）或事物（海德格）被給予。對榮格來說，「心靈與它的顯現是不可區分的」（Jung, 1938/40, p.

49），這些顯現本質上是圖像。因此，「圖像**就是**心靈」（Jung, 1929b, p. 50）。對海德格來說，此在於存在者層次上與它做為事物的外觀是不可區分的。這就是為什麼范丹伯說，「如果我們想理解人的存在，我們必須傾聽事物的語言」（Van den Berg, 1972, p. 40），還有，羅曼尼遜認為心理學目前的基本歷史任務是恢復世界做為心理生活的真實家園。事物和圖像之間的聯繫並不是立即就能看出來的，因為它被分析心理學認識論裡瀰漫的主體主義掩蓋了。甚至希爾曼也寫道：「一開始就是圖像；先是想像，然後是知覺；先是幻想，然後是現實」（Hillman, 1975, p. 23），直到最近（Hillman, 1983b），他才看到圖像的神是做為事物而具體且直接地現身。如果心靈是生活的世界，而想像「是一種存在於世界並將靈魂還給世界的方式」（Hillman, 1973, p. 123），那麼**圖像**這個語彙就可以從隱含的主體主義存有論中被拯救出來。圖像的確是事物，不論是實際的或幻想的，它們在被稱為心靈的想像之光中被揭示。圖像一詞中揮之不去的主體主義是遺憾，然而榮格似乎並不打算將圖像與「事物」現實分開。相反地，這個語彙似乎是榮格試圖從自然科學之有限和字面意義下的想像中，拯救出把事物於知覺之中揭示出來所依憑之想像的自主性。然而，對於海德格觀點的現象學家來說，在事物的多重意義中看到它們並不需辯護。事物的圖像深度就是它們的實在（參見 Heidegger, 1935/36; Sardello, 1984）。因此，從海德格的觀點來看，榮格談論圖像並非「錯誤」，只是沒有必要。換句話說，必須注意到事物和圖像在存有論上是同一的。並不是說事物是實際的，而圖像是幻想的。無論是實際的還是幻想的，人們都直接現身於事物／圖像之前，只是現身的樣態不同。

第十一，鑑於前面的思考，我們不難發現，榮格和海德格對真理問題有類似的處理方式（Avens, 1984, p.24）。對榮格來說，從來沒有任何值得討論的「真理」不是**心理的**真實，即對心靈來說是真實的。對榮格和海德格來說，真理都不是命題與「真實狀態」之間的一致（實在論），也不是觀念之間的對應（觀念論）。對榮格來說，它是心靈與其圖像之間關係的一種品質；要成為真實的東西必須是有效用的；要成為有效用的東西必須是內存的（immanent）。榮格對夢的處理方法和他對積極想像的使用進一步表明，一種尊重的接受態度對於圖像更豐富地顯露自身是必要的，因此，心靈真理會在這種態度下最合宜地給出。對海德格來說，真理是無遮蔽性（*aletheia*），或者更準確地說，是在「順其自然」的態度中最清楚顯現出來的那個無遮蔽的時刻。我們還可以注意到，對榮格和海德格來說，真理是徹底的歷史性的及處境的。也就是說，沒有任何真理不是在心靈或此在的時間性展開中給予。

對真理的討論導致了第十二個也是最後一個心靈與此在的連結，它涉及到悅納他者（hospitality）的意義。榮格強調，對心靈現象的尊重接受態度不應做為一種「技術」來使用，如用於處理夢境等。心靈不會在一種英雄式主人的自我態度之前展開和實現自己，而只能透過對朝向自性之更加悅納他者和謙遜的關係來顯現。對榮格和海德格來說，尼采站在自我（榮格）或人類中心（海德格）生活的頂峰，因此是虛無主義的體現。因此，榮格生活和工作的指導性隱喻，也是心靈現實中的真實立場，不是浮士德（或尼采），而是費萊蒙，這位謙遜的隱士在我們這個不虔誠的時代給眾神以款待（Giegerich, 1984）。對海德格來說，此在根本的開放性照亮意謂

著「人不是存有者的主人。人是存有的牧羊人」（Heidegger, 1947, p. 221）。

## 大地的意義

可以回想一下，榮格試圖透過對身體的物質性的分析，將心靈與大地連結起來，這在某些方面與梅洛龐蒂相似。其結論也很相似：人類的意識是「大地—世界」認識自己的場所。榮格的工作（以及梅洛龐蒂的工作）在這方面有深刻的吸引力，但它有兩個問題。現象學充分解決了第一個問題；海德格對「大地」的提及為解決第二個問題指明了方向。

第一個問題是，榮格提供的「心智—身體—世界」整合視野，就像煉金術士的**同一世界**（*unus mundus*）一樣，缺乏差異性和脈絡的具體性（Samuels et at., 1986, p. 185）。榮格提供了一個宏大的視野試圖說明日常生活中直接顯現而且更容易描述的關係非二元性。如前所述，由於榮格沒有貫徹地分析心理身體對世界的顯現或發現性的開放，他未能對這一點進行描述。范丹伯描述了心理生活的具身維度與世界之間的存有論統一性，強調而不是掩蓋其特定的差異性。他寫道：

> 在身體和世界的關係中，兩者都不是第二位的。身體根據其任務所在的世界而形成自己。它具有一種形式，一個形象：一個工作的形象，一個戰鬥的形象，一個愛的形象。但我們同樣有理由說，世界因身體於其中的活動而改

變。對象呈現出不同的形狀,工作的形狀、戰鬥的形狀、愛的形狀。難道對戰士和對和平的人來說,對象看起來不是不同的嗎?對象對他們來說**是不同的**。因此,前反思的身體和前反思的世界在交互中整合在一起。(Van den Berg, 1972, p. 58)

這種將身體主體做為「朝向世界顯現」的分析擁有的臨床優勢在於它能讓人理解在諮商室裡觀察到的病理體現(pathological embodiments)(ibid., pp. 58-60)。用榮格的語彙,這種分析提供了脈絡結構和身體給於疾病中發現的神。事實上,如果沒有前者,後者的意義仍然是半掩半藏的。

在這一點上出現的一個問題可以表達如下:是什麼讓「世界」為人類的在世存有提供了密度和基礎,防止人類世界融化為無盡的流動性?范丹伯(Kruger, 1984)認為,隨著時間的推移,人類已經發生了根本性的變化,人類、世界和歷史在根本上呈現出不連續性。然而,儘管這些不連續性可能是根本的,但它們並不是絕對的。榮格對歷史的心理變化有深刻的感受,但他也注意到歷史的連續性。在理論上,榮格將這些歷史連續性連結到他的原型概念。

現象學家大多沒有討論這個問題——范丹伯對變化的強調有時似乎暗示了這樣一種程度的流動性,以至於這個問題的前提,即歷史存在著必要的連續性,甚至可能被他視為錯誤。然而,在接受這個前提是真實的情況下,現象學可能會強調生活身體的連續性及其結構化的力量。這種方式有從錯誤的步伐出發的危險,因為儘管身體被「感覺」到是原初的,但它是一個存在整體的衍生表達,因此

在現象學上是次要的（Boss, 1975, p. 105）。因此，如果我們要為存在的流變找到一個穩定的基礎，我們就不能指望身體。或者說，我們需要進一步尋找：透過身體找到它自己的基礎，也就是大地。

這是大衛・萊文（David Levin）採取的方法，他透過考察「身體對存有的回憶」，試圖「解構」我們文化中在後結構主義思想中得到體現的虛無主義。這種虛無主義是意義和真理的無休止散布和相對化，因為每個意義都會融入另一個符號中。萊文主要從海德格、梅洛龐蒂、榮格和埃里希・諾伊曼（Erich Neumann）那裡汲取思想，他認為身體有一種「總是可以獲得什麼是基本的善、基本的真和基本的美等的體會（felt sense），無論多麼不成熟和未經訓練。」（Levin, 1985, p. 171）。這種體會不是自戀式朝向身體內部的，因為身體回憶的不亞於存有本身，而做為存有的體現，它是立足於大地的。

榮格也感覺到，心靈世界是以大地上的肉身化為基礎的。心靈（我們已論述其為世界）與大地的相互滲透是一種持續的、有時是明確的直觀（例如 Jung, 1927/31b, 1930）。[9] 這無疑引導了他在伯林根（Bollingen）的生活，而且似乎也引導了他的治療實踐。在1935 年的一封信中，他承認他對心靈的情入「感覺」（empathic 'feel'）都是扎根於特定土壤的（Jung, 1973, p. 207）。然而，榮格對大地實體性的意義的理解，儘管在心理學上很有見地，卻缺乏嚴格的存有論闡述。那麼，這就是榮格對意識做為大地認識自身之分析中的第二個問題。如果說現象學對生活身體做為顯現的分析為榮格對具身心靈的理解提供了存在上的清晰性以及提供了對脈絡的特殊性和差異性的通道，榮格對大地的直觀則為在世存有的時間性提

供了限制和基礎。

如果榮格關於大地的直觀需要詮釋學上的澄清，那麼在世存有中的「接地」（grounding）也需要澄清（參見 Levin, 1985; Vycinas, 1972）。海德格對大地的提及指向了一個滿足這兩種需求的方向。因此：

> 大地湧現並提供庇護。大地，在其根本的自發性上，是毫不費力與永不倦息的。於大地之上，在其之中，歷史的人把他的住所建立在世界上……世界和大地在本質上是不同的，但卻從未分開。世界以大地為基礎，而大地則透過世界而突出。但是，世界和大地之間的關係並不是了無生氣，以致成為一個不關切彼此之對立面的空洞統一體。世界在依靠大地的同時，也在努力超越它。做為自我開放，它不能忍受任何封閉。然而，大地做為庇護和隱藏，總是傾向於把世界吸引到自己身上，並把它留在那裡。
> （Heidegger, 1935/36, pp. 171-2）

大地是世界的「堅定的基礎」（ibid., p. 173），是心理生活的一個無盡支持與包容的地基。矛盾之處在於，沒有一個可被談論的大地──沒有任何有意義的大地──不是在做為世界之此在中被揭示。因此，做為大地解蔽時刻的世界，也正是大地做為大地，即做為退縮的、支持性的地基的否定時刻。這個悖論的重要性在於，在將大地做為世界的基礎進行主題化時，我們並沒有引入一個會與榮格對心靈自主性之堅持相矛盾的新範疇，更沒有破壞此

在的存有論完整性。對榮格和海德格來說,大地是心靈自己的或此在自己的本生基礎,「與人和動物的相同」(Heidegger, 1936, p. 100);它是我們的穩定性、支持和物質性,促發我們「世界」幻想中之持守的一致性和密度;它是本真棲居、工作,甚至思想的家園(Heidegger, 1951)。

## 歸結想法

這一章的大部分內容已經摘要過了,在此重複是多餘的。然而,我們可以回想一下,該摘要導致的結論是,榮格對心靈的理解不是笛卡兒式的「內在領域」,而是生活世界。這個結論是用海德格對此在的分析來闡述的。我們發現,心靈和此在於結構上的十二個明確特徵是相似的。這種趨同強烈地表明,榮格的心靈概念是一種直覺的與未成形的嘗試,去表述海德格稱之為此在的世界揭示開放性(world-disclosive openness)。

在存有論和心理學之間的這個邊界,給心靈下定義也許是輕率的。然而,這個詞的一些特徵是可以確定的,以下所述對我們的目的來說是足夠的:心靈是一個開放的領域,世界在其中被構成為一個人類世界。做為一種想像性構成力量的開放領域與如此揭示的世界,兩者在沒有對方的情況下都是不可思議的,所以被揭示的世界不是心靈偶然與之相關的,而是心靈本身的一個構成維度。

海德格和榮格都對大地的滋養和穩定支持,以及它物質化人類生活的無盡能力有所理解。這種理解在存有論上的明確性是透過嘗試闡明大地不是做為此在的關係項,而是像「世界」一樣,做為

此在本身的一個組成部分。這意味著,大地,將自己提供給人類世界,本質上總是心靈本身的意義性顯露,沒有任何心靈不受到如此召喚,將已經屬於它自己的物質性納入它的光照之中。

這個結論對心靈的描述似乎足以滿足榮格在非洲的經驗、他在伯林根生活的完整性以及他的文化治療努力。理論上特別重要的是,這種對心靈的描述出現在榮格自己的思想本身。在目前的成果中回顧,我們可以注意到它與榮格對心理世界和做為意向性之幻想的描述是一致的。前瞻地說,它為接下來對心靈的「內容」和「動力」的分析搭建了存在論的舞台。例如,發現個體化喚醒了生態感、無意識是一種肉身化的意向性,以及原型是人類聚集世界的典型方式等等,這些都不會令人驚訝。

## 註釋

1. 我在這裡的分析方法是仔細閱讀榮格的著作。關於心靈及其與世界關係的更直接描述性討論可以在我 2009 年的著作(Brooke, 2009)中找到。
2. 史特拉瑟(Strasser, 1963)和范肯(Van Kaam, 1966)對心理學中的實證主義進行了出色的討論。
3. 史丹的分析比梅爾的更微妙。梅爾在古典希臘的「微妙身體」概念中發現了一個「第三項」,負責精神和身體的展現。史丹沒有那麼別出心裁,而是在宗教態度中找到了「第三項」,然而當他發現這種態度的來源是「〔人〕自己靈魂中的那種更高的力量和指導性的智性」(p. 71)時,他似乎也迷失在具體化的線性思維中。
4. 分析心理學家,特別是在英國,使用「身心」(psychosomatic)一詞來描述這種統合性的作用。這裡面有兩個困難。首先,這個詞預設了兩個類別,即心理和軀體,而這個詞正是要削弱這兩個類別。第二,這個詞

不是用來描述當下的整體性，或存在的整體性，而是描述自身內部的一個封裝的整體性。有時（例如 Fordham, 1969, p. 111）有一種傾向，認為「身心合一」是一種假設的狀態，一旦人類機體開始與世界發生關係（即「解體」），甚至還是子宮內的生命時，這種狀態就會被打破。在哲學上，這種存在的整體性透過梅洛龐蒂（Merleau-Ponty, 1968）的語彙「肉身」（flesh）實現了分類上的清晰，但透過身體主體或生活身體等語彙來接近。存在這一語彙意指的僅僅就是這種整體性。

5. 一個重要的例外是羅伯特·霍布森（Hobson, 1985），他從人類相互照面的領域提取出而建立了一個人類圖像。另一個是艾德華·惠特蒙（Edward Whitmont）（Whitmont, 1973）。
6. 有幾位作者討論了榮格─康德的這種關係（Bar, 1976; De Voogt, 1977, 1984; Eckman, 1986），但他們的一些觀點與當前的焦點無關。
7. 霍斯蒂（Hostie）的學術性和探索性著作受到了博斯的重大影響，因此當他竟然花費心力將心靈和他者如此徹底地分開，是令人驚訝的。
8. 西比歐拉（Sipiora, 1999）在希爾曼和海德格的事物四重結構（the Fourfold structure of things）的概念之間發展了這種聯繫。事物，或對希爾曼來說的圖像，聚集了大地、天空、神和會死者的四重結構做為其存有。西比歐拉用海德格的分析從存有論上保證了希爾曼的圖像概念，但在我看來，他的存有論分析也為希爾曼的分析增加了相當的心理學深度。
9. 直觀也可能是相當花稍，並退化為字面意思，比如當榮格斷言「在美國，所有歐洲種族的頭骨和骨盆的測量值在移民第二代中開始印第安化」（Jung, 1918, p. 13）。但是，撇開榮格的字面意思，我們不應該對他的直覺視而不見。

# 自性和個體化

## 做為心靈整體的自性

1960 年，榮格在他的《榮格論心理類型》（Jung, 1921）中的「定義」中加入以下的「自性」定義：「自性指人的全部心靈現象。它表達了人格做為一個整體的統一性」（p. 460）。《全集》的編輯指出，這個自性的定義與心靈的定義幾乎相同，即「所有心靈過程的總和，意識的和無意識的」（ibid., p. 463），並補充說：

> 這個推論似乎是，由於擁有或做為一個心靈，每個人潛在地得以成為自性。問題只是在於「實現」。但這種實現，如果有一天達成了，也是一生的工作。（ibid., p. 460n.）

對榮格來說，自性做為整體，是為潛在可能性（potentiality），無論它是否被實現。在這個最廣泛的意義上，它似乎是心靈的同義詞。鑑於我們已經順著榮格的思路將心靈詮釋為此在，那麼問題來了，對榮格來說，自性和此在之間的關係是什麼？如果心靈是此在，而自性在某種程度上是心靈，那麼自性是否也可以被解釋為此在？在什麼意義上？如果這種詮釋是合理的，它可能會提供一種存有論的理解，從而使分析心理學中自性的不同含義和作用能夠在存在的意義上連結起來。

榮格著作中的「自性」一詞有多種含義和用法。也許雷德費恩（Redfearn, 1977, 1983）做出了最詳細的區分，他的調查得出了這個詞在榮格著作中的以下含義：

1. 一個主要的宇宙統一體（cosmic unity），類似於東方人對自己和所有生物及事物的統一體的概念
2. 個人整體
3. 經驗或親近到這種整體性，一種「完整性」的經驗
4. 在意識的「我」之外的一個主要的組織作用力量或能動者
5. 無意識，或無意識的組織作用中心
6. 自性浮現的部分。（Redfearn, 1983, pp. 97-8）

這些區分需要仔細思考。儘管存在某些問題，特別是第 5 點的第二個表達（「無意識的組織作用中心」），這些不一定是不相容的定義或矛盾。即使是第 6 點，這個詞指的是自性的浮現部分，也與做為整體的自性的定義相一致（第 2 點）。這種用法的例子是，榮格可能把孩子、樹或陽具做為自性的象徵。就像神的多種表現不應該與上帝的不可知性相混淆一樣，不同的表現和出現的部分也可以是自性的真實表達，即使它們沒有揭示自性的整體性；儘管做為整體的自性沒有陰影，但這並不排除自性表現為陰影（Jung, 1955-6, p. 108n.）。

重要的一點是，做為完整性「經驗」的自性（第 3 點）與做為個人概念性整體的自性（第 2 點）是不同的。有時，我們不清楚榮格想要表達哪種含義。其中的差別在概念上和治療上都很重要。當代分析心理學家特別敏感於這樣一個事實，即經驗到整體，即使它確實反映了更大的心理範圍和整全性，但仍然只是心靈整體一部分的經驗。正如艾丁傑（Edinger, 1972, pp. 179-93）指出的，每一個

心理綜合（psychological synthesis）實際上都構成新的對立論題。當完整性的經驗被理想化，那麼這一點就尤其正確，因為理想化的自性總是構成陰影（Gordon, 1985a, p.268）。榮格以在他自己的精神動盪中出現的曼陀羅圖像為中介，得到自性之整合力量的經驗，如果這經驗讓他看不到他的完整性經驗（experience of wholeness）和心靈整體性（psychic wholeness）之間的差異，這也只是人之常情。儘管如此，在榮格的著作中也能找到他當時有的敏感性。例如，在他的一封晚期信件中，他批評印度教認為自性的整體性可以被體驗到，並補充說：「當你認識到自己時，儘管自性給了你光，你不一定認識到了自性，也許只是自性的一個無限小的部分。」（Jung, 1976a, p.195）

當榮格用自性這個詞來指在意識的「我」之外的主要組織作用力量或能動者時（第4點），他既是指某種類型的經驗，也是指理論上的——或者更好地說是存有論上的——人類存在的非自我中心結構。當然，這意味著人類存在的存有論真理可以被體驗到（如果個體化要取得進展，就應該被體驗到）。然而，重要的是需要注意到，自性以這種方式發揮作用的特殊性不一定意味著自性是一個特定的原型，好似一個軍官在指揮他的部隊，而其中之一員就是自我。換句話說，體驗自性的強勢「他者性」，不應該導致自性的實際化，以及將其化約為低於心理整體性的東西。相反地，自性是一個整體的**完型**（*Gestalt*），它組織了許多「部分」，即原型和經驗。

當考慮到榮格提到自性是無意識，或者更具體地說，是無意識的組織作用中心時，這一點尤其重要（第5點）。佛登（Fordham,

1963）認為，榮格對自性做為組織作用中心和做為整體的定義是相互排斥的，而且這種矛盾不能隱藏在悖論（paradox）的觀念之下。因此，佛登更傾向於將自性這個詞指稱心靈整體，在出生時就做為前存在的原初整合（pre-existential primary integrate）而出現，他使用佩里（J. W. Perry）的用詞「中心原型」（central archetype）來描述秩序的原型以及由此促發的中心感的體驗。

佛登把榮格的表述當作一種科學模型，一種心靈的地理學，其中原型就像內部空間中的星星一樣散開。就榮格試圖建立一個心智模型而言，佛登的批評特別有道理。然而，我們有充分的理由相信，榮格沒有這樣做。因此，他確實以大膽的悖論寫道：「自性不僅是中心，而且是包含意識和無意識的整個圓周。」（Jung, 1944/52, p. 41）換句話說，這些都不是實徵性的空間安排。榮格多次讚同地引用聖文德（St. Bonaventure）的一句話：「上帝〔自性〕是一個圓，其中心無處不在，圓周無所在處（God [the self] is a circle whose centre is everywhere and circumference nowhere）。」（d. 1921, p.461）塞拉諾（Serrano）引用榮格的話說：

> 到目前為止，我在無意識中沒有發現穩定或明確的中心，我不相信這樣的中心存在。我相信，我稱之為「自性」的東西是一個理想的中心……（一個）整體性的夢。（Serrano, 1968, p. 50）

因此，似乎很清楚的是，做為中心的自性，無論是從存在上經驗到的，還是僅僅做為（理論上的）可能性而被直覺到的，都不

是指心靈中的一個實際實體（無論如何定義），而是指**自性做為圍繞一個中心來構造心靈生活之能力的一個整體**。只有當心靈秩序和中心環繞的能力被實際化時，才有必要像佛登那樣論證，自性不可能是一個原型以及心靈整體。用一個原型來解釋心靈秩序和中心環繞，就會忘記所有的原型都以某種方式對心靈生活進行秩序化和中心化，忘記原型最終是相互牽連的安排，以及忘記是在做為一個整體的「那個」心靈／自性的完型中才給出秩序的。

很多時候，甚至在榮格的文本中，這個中心被以人本主義意涵（humanistic sense）將自性理解為在個人之內，但這樣做是在混淆自我和自性，並最終將人神化。相反地，自性中心是我與之關係最深的地方，是在道德質疑、危機和沉默的時候，我試圖回歸之處。這是一個我最親近的中心，但它不「在我身上」，除非我想像它在那裡。但這個中心也可能是個人的家，一個神聖的避難所或一棵最喜歡的樹（參見 Kruger, 1979/88, pp. 53-5）。

自性這個詞還有一個雷德費恩沒有提到的用法，在此需要加以考慮。自性有時被描述為在意識和無意識，或自我和原型的對話中出現的心靈新中心（例如，Jung, 1929b, p. 45）。這個新中心的實現是個體化的目標。自性同時做為來源和目標的問題將在下文中討論。在此，我們可以單純指出，這樣的描述確實存在，而上述關於此中心是一個存在性中心（existential centre）而不是一個心理位置的評論也適用於此。這裡先指出：在這個意義上，自性是對生活和認識、無意識和有意識之存在模糊性的實現。

從迄今為止的討論中可以看出，在榮格的著作中，自性一詞的各種含義，無論它們看起來多麼具有限制性，都與榮格對自性做為

心靈整體的定義相一致。因此，它是一個包括自我但又高於自我的整體，而且無論一個人的自我意圖如何，自性都有組織心靈生活的力量。稱心靈為「自性」的好處是，心靈可以做為「我的」、做為自性而被占有，即使它仍然與自我的「我」（egoic 'me'）相區別。就其定義的範圍而言，心靈和自性似乎在存在性意義上是相同的。

自性最簡單和全面的定義為心靈的整體。然而，我們不能用前一章的論點，即心靈是此在，來斷定榮格在提到自性時也是「意謂著」此在。在多大的程度上我們可以這樣說，需要藉由探索在榮格和海德格中關於自性的結構與空間性來確定。

## 自性做為此在

雷德費恩在對自性研究作結論時，贊同榮格的觀點：

> 榮格自性的界限或邊界是無法界定的。它們遠遠超出了……物質的身體。當然，在一個非常真實的意義上，我們都是彼此的一部分，都是過去和未來歷史的一部分，而在這個更廣泛的意義上，我們不知道我們的物質自我和我們的自性之間的關係。（Redfearn, 1985, p. 31）

如果自性是個人整體（雷德費恩的第 2 點），那麼個人就沒有局限於其個人認同感的邊界。這可能會造成一些概念上的混亂。個人最好被認為是等同於「人」（person）或自我。因此，亞菲（Jaffe, 1971, p. 90）甚至用自我和自性來區分「人」和自性。

因此，自性，像此在一樣，是最親近我的，然而它並不（僅僅）是「在我裡面」。海德格和榮格都想把自性與人本主義心理學家描述的個人「內在自我」（the personal 'inner self'）區分開來。自性如在個人認同中一樣，「在」世界和自己的文化歷史中。正如榮格（Jung, 1947/54, p. 226）指出的那樣，忘記這一點就是把自性與自我混淆，把個體化與孤僻性孤立（schizoid isolation）混為一談。

做為一個人之基礎的自性不是自己創造的，也不是個體發育的產物，因為「自性不僅在我身上，而且在萬物中，像神我（Ātman），像道（Tao）」（Jung, 1959, p. 463）。如果回想一下榮格對身體的碳分析，即「單純就是碳」，榮格有時似乎有可能把自性當作一種實體，或者透過空間連結到物質連續性。然而，比自性做為「某物」更重要的是對自性做為「無物」的理解。因此，當榮格在他的晚年對自己和萬物之間的連續性有一種感覺時，他是把自性化身為一個肥沃的、好客的虛空，世界上的事物可以在其中閃現，而正是透過這些事物，他感受到的自己才得以建立。同樣地，在東非，自性的實現如一個湧現而生的世界，而榮格感受到的自己是忠實於存有本身最深的呼喚。

這種呼喚是個體化過程的核心。榮格認為一個人最深層的罪疚感來源是沒有回應自性的呼喚，即對良心之呼喚的聆聽（Brooke, 1985）。然而，將其理解為「實現自己潛能」的呼喚，很容易被錯誤地以人類中心主義的方式詮釋。然後「我」可以做這個或那個。雖然這樣可能有一些臨床上的優點，但對這種呼喚結構的仔細檢查顯示了不同於「笛卡兒—人本主義」詮釋的存有論，因為呼喚的自性是我的，但同樣「不是我」（Harding, 1965）。

在分析心理學中經常給人這樣的印象：自性只是指「更深」層次的主體性，也許在英國尤其如此，在那裡，發展分析心理學學者受到了溫尼考特等精神分析學家的重大影響。此外，他們在邊緣型和精神病患者的工作方面有相當多的臨床經驗，對這些患者來說，在脆弱的「緊急自我」的位置上出現連續且具身的自我感是成功治療的一個主題。很可能在榮格身上也出現了這種感覺，所以他有時也會用這些個人性質的語彙來思考自性。因此，普勞特（Plaut, 1985）記錄了他自己在兩種情況下使用自性這個語彙：當他認知到他曾經有所貢獻之事件中的個人重複性虛構時，以及當他覺察到「〔他的〕身體的自主過程和〔他自己〕與他人之間建立的『化學反應』，而心智對此一無所知」（p. 249）。然而，普勞特的這種用法似乎是羅絲瑪麗·高登（Rosemary Gordon）（Gordon, 1985a, p. 265）指出之傾向的一個很好的例子，即把自我作用（ego function）歸入自性這個語彙之下。畢竟，自我並不局限於狹義觀點的意識。這樣一來，分析心理學中之自性意義的獨特標誌就被放棄了。

## 離題一下：自我

在本書中，「自我」（ego）一詞被用作「人」（person）的同義詞；「自我的邊界」指涉的是個人身分／認同／同一性（personal identity）。有人認為，自性一詞有時會以一種與自我混為一談的方式被使用，這也要求我們對自我的定義進行思考。這裡的目的不是要說明自我的發展，或討論它的許多作用，而是要定義

它。

　　榮格寬鬆地用「自我」（*Ich*）這個詞來描述一個人認定為自己的「我」。因此，它是「我的意識領域的中心，似乎擁有高度的連續性和同一性」（Jung, 1921, p. 425）。這個定義不過是普通語言含義之主觀「我」的形式化。這個用法出現在榮格最早的著作中（Jung, 1902），我們不妨回顧一下，這比佛洛伊德（Freud, 1923）以地形學的後設心理學發展自我概念以及主體性概念要早二十年。佛洛伊德心理發展的核心意義在於將無意識的生活，包括防衛、焦慮等等，納入主體性——換句話說，將主體性從表面上的「已知」深化到生活身體的黑暗實在（正如梅洛龐蒂可能會說的）。然而，榮格並沒有跟進這一發生在他和佛洛伊德決裂十年之後的進路，儘管事實上在他原創的博士論文中，他對自我情結（ego-complex）的描述是透過一種無意識統一體的說明，而此一統一體是意識分裂的基礎（Jung, 1902, p. 76），而且還聲稱比起自我他更喜歡用「自我情結」這個詞，因為它說明了自我的複合結構和波動性構成（Jung, 1926, pp. 323-4）。因此，一般來說，榮格傾向於保留普通的、素樸的等式：自我等於主體性意識的自由、意志力和責任。

　　這種觀點支持了理性人（Rational Man）的經驗，但它並不是對理性人之「人本─笛卡兒主義」存有論和認識論的認可。榮格將這種經驗定位如一個小島，置身於更廣泛和更深層的自性現實中，或「客觀心靈」整體中。事實上，他如此限制自我的範圍和力量，以至於他有理由聲稱與「原始人」說同樣的語言（Jung, 1977, p. 207）。「神的領域從意識離去的地方開始，」榮格說（Jung, 1942/48, p. 156），「因為在那一刻，人已經處於自然秩序的擺布

之下，無論他是繁盛還是滅亡。」

與佛洛伊德不同，榮格選擇忠實於心理學上的主體性素樸經驗。即使當他反思到自我是一種從自性中產生的構成時，榮格也沒有進行那種精神分析的**理論**轉變，讓自我在很大程度上處於無意識狀態。但是主體性的神祕性並沒有讓榮格對他的自我意識等式之簡單性感到自滿。因此，他寫道：

> 自我，表面上是我們最了解的東西，實際上是一個高度複雜的事情，充滿了深不可測的隱祕。的確，人們甚至可以把它定義為無意識本身的一個相對穩定的人格化。
> （Jung, 1955-6, p. 107）

因此，自我似乎不是一個理論性的語彙，至少不是需要以相當特定的後設心理學來理解的意義。因此，在提到個人同一性及其相關問題時，它可以被相當寬鬆地使用。

這種鬆散，以及上述引文中顯示的榮格的困惑，為後來的分析心理學家深化榮格的概念打開了大門。普勞特（Plaut, 1959）邁出了一步，但在這個方向上最令人印象深刻的是阿本海默（Abenheimer, 1968），幸運的是他有敏銳的現象學意識。當阿本海默深化了榮格的主體性概念時，他避免了走佛洛伊德的準生理學方向。這篇論文之後，還有其他人（例如 Fordham, 1969; Lambert, 1981a, 1981b）。結果是，分析心理學對主體性的各個層面（例如，現實測試、相對的自主和選擇、組織能力、記憶作用、防衛、象徵性理解、容忍挫折、痛苦和矛盾的能力，以及讓位於自發浮現

之自性的能力），以及促進（或損害）其發展的個體發育條件，有了更多的了解。儘管如此，佛洛伊德之自我的地形學後設心理學誘惑力仍未被明確克服（例如 Redfearn, 1970），而史丹（L. Stein, 1962）的早期警告仍有價值。雖然史丹認為談論「一個名為自我的實體」在科學上是有用的，但他承認這樣做「我們仍然停留在魔法的層面上，相信有小精靈、精神之類的東西，他們以祕密的方式為我們工作」（p. 52）。

因此，似乎可以像惠特蒙（Whitmont, 1982）那樣得出結論，分析心理學者通常比榮格對自我有更充分的認識，但代價是失去了自性的一些獨特特徵。自我意識的深化意味著，例如，一個人與自己的「無意識內容」的關係不能過於匆忙地被確定為與自性的關係，因為自我也是「無意識地」生活，就像人們知道的那樣。自我和自性之間的區別不能做為一個明確的邊界，當然也不能在反思性意識的邊緣畫定。自我從反思性的已知中退縮到生活的不透明中，當自性包括生活，它也就包含了更多。最後，我們可能會注意到，主體性和自我並不像希爾曼似乎認為的那樣與英雄式的人文主義的幻想綁在一起。但確實需要的是以存在論的語彙來澄清自我和自性。

## 自性做為此在（續）

對實現自性潛能的呼喚是對揭露世界各種可能性的呼喚。正如在其他地方表達的那樣：

罪疚於未能發展構成自性整體的原型潛能，就是──**不是類比的而是直接地**──罪疚於未能讓世界以個人的、不可替代的方式，即個人的命運的方式，出現。（Brooke, 1985, p. 170）。

在這裡，自性和世界之間的存有論的統一性絕不能被理解為一種「意圖性關係」，也就是自性做為一個實體關聯到做為另一個實體的世界，因為自性的展開就是世界的顯露。世界的顯露也不應該被理解為便利於「內在」發展的手段（例如 Jung, 1946, pp. 244-5; 1951b, p. 351）。也許沒有人比查爾斯・史考特（Charles Scott）更清楚地描述了這個問題，他寫道：

> 鑑於我們的傳統，我們發現想把我們自己看作活生生的、非實體的、具體相關的，以及本質上總是覺察與轉變的種種可能性，是非常困難的。我們比較容易把自己想成一個同一性結構，這個結構……依據人類和個人的視角來塑造世界。這樣我們就傾向於把世界描述成好像是一個意圖的綜合體。（Scott, 1975, p. 186）

但是，正如史考特繼續所說：

> 只要自性和主體性根本地被個人的詮釋掌握，那麼回歸包括其固有的開放性，與萬物的授與親密關係，活生生的可交流性等的人類存在性質的努力就無法完成其自身任

務⋯⋯以自性或主體性為中心的〔心理學〕失去了人先於意願的開放性（the prevoluntary openness）。它失去了先於意圖之在世存有的給定（ibid., p. 191）。

榮格的自性概念可以用海德格稱之為此在的必然樣態來詮釋。經驗到自性的「整體性」就是讓自己臣服於存有之顯露帶來的強烈「認肯」。但是，舉例來說，雖然榮格在非洲的經驗凸顯了這種非二元性經驗的神祕維度，但重要的是，不要偏誤地用「神祕」的語彙來思考非二元性，因為自性和世界的統一性是在人類存在的存有結構中被給予的，即便他們是普通的、不成熟的或病態的。榮格理解這一點：儘管他寫道「自性的經驗總是自我的失敗」（Jung, 1955-6, p. 546），他也認識到自性是在一個人的生活的直接性中被給予的，所以自性的實現必然關涉於深入個人已然所是（例如 Jung, 1940; 1954, p. 258; Samuels, 1985b, p. 103）。麥可・佛登對嬰兒和兒童的仔細觀察有助於闡述這一點。

佛登（Fordham, 1969）發展了榮格（Jung, 1947/54）的論點，即自性是原始的母體，自我從中發展出來；意識的碎片慢慢地凝聚在一起，形成榮格稱之為自我的連續性和差異性。根據佛登，「原初自性」，或「原初整合」，在重要的過渡性脈絡下反覆「解體」（deintegrate）。典型的例子是，在母親的乳房顯現時，嬰兒從母親的乳頭進食，並以某些方式（「好」和「壞」）體驗乳房的原型性潛能就具有拆封（解體）的作用。這就有了（希望是）足夠好的匹配於兩者之間，一邊是原型性的需求和期望，另一邊則是現實。這種匹配重複了很多次，或多或少成功，並逐漸個人化與整合，

以致得以在發展中的自我結構中形成一個「原型對象」（Lambert, 1981a, p.95）。

在對這些早期對象關係的詳細研究中，佛登特別關注說明嬰兒和母親之間的辯證關係，並確立嬰兒在這種關係中的能動性（agency）。他想糾正由榮格持有並由埃里希・諾伊曼推廣的神話般的、明顯不準確的母嬰無分別觀點（Neumann, 1949, 1973；參考 Fordham, 1981）。然而，在堅持母親和孩子明顯的分離時，佛登創造了一種存有論的二元性，從而傾向將自性實際化為一個實際的實體，預先存在並封閉於自身之中。這是不幸的，但也似乎沒有必要，因為佛登對嬰兒和兒童的觀察其實可以導向不同的存有論詮釋。

例如，他指出，在子宮內，胎兒在身體感的反應中，發現自己處於一個「嘈雜的、週期性不舒服」（ibid., p. 112）的世界。即使是幸福的睡眠（「整合」）也是一種幸福世界的身體感。換句話說，胎兒在所有可指認的時刻都是與「對象相關」的（object-related）（參見 Kay, 1984）。此外，佛登（Fordham, 1976）認識到自閉症兒童在存有論上不是自我封閉的，雖然他們與世界的關係的斷裂可能是前所未見地深刻。他們生活在最狹窄的時間界域中，而且是一個不穩定、可怕地侵入或是毫無意義的世界，但他們對這個世界中的變化非常敏感。若說他們是自我封閉，那只能是指他們的整個世界幾乎是固化到不可穿透。最後，佛登的發展模式是，只有在滿足自性的原型性潛能，也就是滿足那些構建嬰兒經驗之需求與期望的先天模式時，嬰兒的世界——也就是，做為一個嬰兒可以與之發生聯繫並從中學會區分自己（做為自我）的世界才會出現。因

| 第六章　自性和個體化

此,「如果孩子的母親沒有與嬰兒的需求緊密結合,她或任何她沒有提供的部分就會被嬰兒視為不存在」(ibid., p. 89)。正如佛登指出的,這種不存在不是全能(omnipotence)的作用。相反地,自性的「解體」是一種階段性占有之容量(capacity)的展開,從而浮現為成為一個可居住的世界。因此,世界是使嬰兒的自性變得可見和真實的地方。[1]

換句話說,自性的本質性世界顯露作用及如此顯露的世界是做為一存有論基礎存在於整個人類生活中:在胎兒的解體與整合過程中,在精神病理學中(例如自閉症),以及在成熟的意識覺醒中(例如在非洲的榮格)。這就是為什麼當榮格經驗到「存有」時,與其說是對新事物的經驗,不如說是對他一直生活著卻從未在意識的完全光亮中認識到之當下的經驗性轉化。進而言之,如果自性是「無意識的」,或者只是一個「潛在性」而不是一個實在性,那麼世界也是如此,不管只是母親的許多「部分」或是如此的世界(Brooke, 1985, p. 169)。

奇妙與必然的是,自性對個體化的呼喚是模糊的。它是一種經常被認為來自「內部」的呼喚,然而它同樣是來自「世界」的呼喚。即使它被經驗為對世界中的某個實體做出回應的召喚,它也不是來自一個外於自性之類別的召喚。如果一個母親不回應她嬰兒的呼喚,她也就背叛了她的自性;做為一個母親,她嬰兒的呼喚也是她自己做為一個母親的呼喚。這種自性的存在結構在「移情」的種種樣態中尤其明顯,於其中,治療師的「單純」在場不斷地召喚患者去居住和結交更開放、更有反應的世界。舉例來說,經過一年多的治療,即便患者抗拒,但正是這個正在展開的自性,召喚患

者把治療師看作一個人,而不僅僅是一個無性別的專業人員或母親(Brooke, 1986)。移情關係的增厚是自性的增厚「以及」世界的增厚。

這種對自性的解釋一直受到海德格對己性(selfhood)的存有論分析的導引,以至於這兩種觀點幾乎沒有分別。海德格透過使用此在一詞,比榮格更清楚地避免了對自性的人本主義空間化詮釋,此在做為在世存有,是存有的照亮發生。對此在的分析是一種人類學,它不是以人類為中心,而是以存有為中心。[2] 這並沒有消解己性,而是以存有論的清晰性闡明其模糊性(Heidegger, 1927, pp. 152-153)。

像榮格一樣(Jung, 1958b),海德格區分了群眾的指責拉力、「他們」(das Man)的匿名聲音,以及良知的聲音;後者是來自自性的呼喚,要求本真地生活。此外,海德格認識到,自性的呼喚是異乎尋常的(uncanny),因為它不是來自我所知道的「我」的呼喚,它的呼喚「違背了我們的期望,甚至違背了我們的意願,呼喚**來自於我**,卻又**超越我**」(Heidegger, 1927, p. 320)。也就是說,自性在它的異乎尋常的無家可歸狀態中召喚妄真的我(inauthentic self)成為本真的我(authentic self)(Gelven, 1972, pp. 72-3)。海德格說,這樣的呼喚「有其存有論可能性,因為在其存有的基礎上此在就是牽掛／照顧(care)」(Heidegger, 1927, pp. 322-3)。一個人被自性召喚,接受困擾他之存在的不可避免局限性和偶然性,並在這種接受中發揮他的潛能,照顧他的世界中的種種事物。如此發出呼喚的自性是在牽掛／照顧之光中揭示種種事物之存有(the Being of beings)的根本可能性。在這裡,海德格

指的不是一個富有同情心的護士的關懷（care），而是做為存有論層次的醒覺和臨在的牽掛（care）。正是做為牽掛的自性的呼喚喚醒了一個人對種種事物之多層面及孕含顯化（pregnant presencing）（Be-ing）的認識。這種對己性的描述不正是榮格在東非之自性經驗的基礎嗎？

有趣的是，海德格和榮格一樣，覺得有必要提出這樣的問題：自性的呼喚是否應該神學地被解釋為來自上帝的召喚。海德格說不是（ibid., pp. 320-3）。他堅持認為，（1）神學解釋「湮沒」了實際經驗到的無家可歸感（uncanniness）現象，（2）通常聽到的「來自上帝」的命令與「他們」的聲音沒有區別，（3）那是以個人性的語彙誤解了此在的存有結構和深度。乍一看，海德格的這一承諾似乎與榮格的不同，因為榮格一直試圖避免對「形上學」問題作出回應。但仔細觀察就會發現，榮格的思考指向了同一個方向。榮格堅持經驗的首要地位，斷言對那個被稱為上帝的力量的經驗是難以與自性的經驗區分出差異（例如 Jung, 1955-6, p. 546），而且榮格堅定地拒絕「越出」由此揭示的經驗範圍（例如 Jung, 1944/52, pp. 14-15）。第二，榮格甚至比海德格更敏感於在一個人的心理構成中存在著許多「聲音」，他不會讓人（做為自我）推卸對這些聲音的區分和回應的責任（Jung, 1958b）。第三，正如已經論證過的，榮格反對對自性的主體主義解釋。只有在以自我的語彙來誤解自性的情況下，將上帝的聲音詮釋為自性的呼喚才是心理學化（Jung, 1951a, p. 25）。因此，像海德格一樣，榮格建立了一種自性的存有論，它具有包含宗教經驗的超個人的結構和深度。海德格提供的是一個更清晰的存有論和認識論，用於自性的結構和宗教

內容，而這正是榮格思想的意圖。榮格提供的是對自性表現的意義以及人與這些表現的關係之無可比擬的豐富分析。

如果進一步討論宗教經驗的結構和意義，會把我們帶到太遠的地方，但有幾個建議可以提出。首先，榮格和海德格都有深刻的宗教性。海德格的父親是當地聖馬丁天主教堂（St. Martin's）的司事，他自己也在耶穌會神學院學習過一段時間，準備當神職人員。雖然他的精神信仰不是通俗正統派，但他到死都保留著天主教的歸屬。像榮格一樣，他是一個「現代人」。第二，海德格的存有概念當然包括神性（the Divine）（Macquarrie, 1968, pp. 57-60），榮格的自性概念也是如此。第三，有一次，榮格支持一個論點，即自性的出現與一神論相關，它續接於多神論（阿尼瑪—阿尼姆斯）階段（Jung, 1951a, p. 268）。不過，榮格的自性做為矛盾和對立之整體的意涵，他關注對人心理生活起結構作用之圖像多重性的區分與放大，他對神話的聚焦，以及他與自然的聯繫，都表明了一個徹底的多神論視角。[3] 當然，這是由希爾曼等人發展的（參見 Miller, 1981）。這也是一個明確出現在海德格後來的著作中的觀點。對海德格和榮格（以及希爾曼）來說，這種多神論在存有論上被賦予了一種隱喻性的現實（參見 Avens, 1982, 1984），並做為詩性工作的一個神聖維度。第四，榮格在認識論上的謹慎，以康德為依據（無論他對康德的解讀多麼奇特），產生了破壞自然神學之傳統的有神論—無神論論辯的效果。然而，這種謹慎就保留在海德格的存有論堅持中。榮格謹慎地迴避了形上學的問題，但只是間接地使它們變得毫無意義，而海德格的堅持則克服了這些問題。

迄今為止的論證一直試圖從此在的角度來解釋榮格的自性概

念,而這樣的詮釋似乎與榮格自己對自性的理解不衝突。像此在一樣,自性是「我的」,但不是個人的;它是包容的整體,個體性和個人同一性從其中產生;它在心理發展的各個層面上落實為一個人參與的世界;做為世界的聚集,它將世界帶進人類意識的光照而進入存在;它圍繞著那個人們通常指向為「自己」的身分認同場所,但其空間性不是哲學意義上的廣延;它是一個可以經驗和思考諸神的家。考慮到這些主題,很難想像有不同於此的自性存有論能夠兼容於榮格的思想中。

## 個體化、聚集和占有

迄今為止,我們在本章中的任務是根據榮格的自性概念來建立和闡明其存有論的相關面向,而海德格對此在的分析在這方面為我們提供了指引。其中有幾個重疊的主題被提及,但不可避免地沒有得到足夠的關注。在本節中,自性在個體化中的轉化將從聚集（gathering）和占有（appropriation）的角度進行概述。

榮格的這句話,「個體化沒有把人與世界隔絕開來,而是把世界聚集到自己身邊」,重述他在個體化的開創性工作中發展出來的一個主題。在那篇文章中,榮格寫道,當意識擴展到超越「狹小的、過度敏感的、個人世界的自我」時,它

> 自由地參與到各式各樣對象興趣的更廣大世界中。這種擴大的意識……是與對象世界的一種關係作用,使個人與整個世界進入絕對的、有約束力的、不可分割的交流之

中。（Jung, 1928b, p. 178）

榮格寫的聚集主要不是指關聯到存在的情況下之世界做為世界的存有論性聚集，而是隨著意識的發展而發生的聚集。我們將稱其為占有。對榮格來說，它發生在埃爾貢山的山坡上。在很大程度上，它反映了榮格的觀點：

> 自然人不是一個「自性」——他是集體和集體中的一個粒子，這種集體性到達一種程度，以至於他甚至不確定他自己的自我……發生在自己身上的生活不是真正的生活；只有當生活**被認識**時才成為真實。只有一個統一的人格才能經驗到生活，而不是那種分裂成部分的人格，不是一捆零碎片段但自稱為「人」的那一種。（Jung, 1944/52, p. 81）

可能每一個心理治療師，或者任何一個曾經成功地進行過深度心理治療的人，都會認識到榮格這番話的意義。但是，如果榮格把個體化視為一個自性產生的聚集過程，他就把它看作等於是自我的出現，正如上述段落暗示的那樣。似乎仍未澄清的是，自性做為此在（the self as *Dasein*）的一個存有論狀態的聚集，與做為自我浮現之一個主題的占有，兩者之間的區別。海德格再次指引了聚集和占有之間的這種區別。聚集是此在的一個情況，當它發現自己已經在一個意義的世界中，一個有意義之關係「聚集在一起」的母體，正是在這個前個人的關係母體中，同一性和真實性才得以建立。占

有指的是此在負責任地接受這樣一個聚集起來的世界為獨特的「我的」。因此，正是佔有涉及到個人同一性和邊界的建立，就如一個人以是或不是來回應加諸於他身上的不同稱呼。

這種區別在榮格的作品中並不總是很清楚，部分原因可能是聚集和占有之間的連結本身就圍繞著矛盾。正如榮格在他的一封信中寫道：

> 雖然自性是我的起源，但它也是我追求的目標。當它是我的起源時，我並不知道我自己，而當我發現我自己時，我並不知道自性。我必須在我的行動中發現它，於其中它首先是在陌生的面具下重新出現（Jung, 1973, p. 196）。

對於榮格和存在現象學家（不僅是海德格）來說，存在是一種世界的顯露性聚集，在它做為「我的」而被反思意識的清晰光線占有之前，它一直生活在半匿名的曙光中。因此，占有在一個人身上喚醒了他所聚集之世界的真理；如果沒有占有，即使是聚集也是喑啞的。

用榮格的話說，意識中自性的實現取決於自我的出現和鞏固。因此，當榮格寫道「自然人不是自性」，並說自性是需要被關注時，他又加上了以下的註腳：

> 可以這麼說，這不意味著自性是在生命過程中被創造出來的；而是一個關於意識發生的問題。自性從一開始就

存在,但它是隱在的,也就是無意識的。(Jung, 1944/52, p. 81n.)

或者說:「我遺留於我身後的東西,似乎失去了,而在我路上的所有東西中遇到了,我收集它,如它曾是的樣子重新組合它」。(Jung, 1973, p. 195)更進一步說,儘管榮格對他在非洲的經歷的思考主要是關於意識中自性的出現,但榮格同時也對自己的個體分化有同樣的意會,有一段話明確指出自我的出現是當時的一個主題。他寫道:

> 在人類之前,所有曾經存在的世界都是物理性地**在那**。但它們是一種無名的發生,而不是明確的實在,因為當時還不存在那種最低限度的心靈因素的集中,在場並說出了超出整個創造的話語:這就是世界,這就是我!那是世界的第一個早晨,是原始黑暗之後的第一個日出,當時那個沒有意識的複合體,即自我,黑暗之子,明知故犯地把主體和對象分開,從而使世界和自身沉澱為明確的存在,給它和它自己一個聲音和名字。(Jung, 1955-6, pp. 107-8)

在規定自我的過程中,榮格傾向於將世界區別出來而做為心靈生活聚集的聖殿。但現象學分析心理學似乎更接近榮格的生態感性和他的文化治療意圖,堅持認為個人覺醒的時刻——「這就是我」——不亞於世界的覺醒——「這就是世界」。現象學分析心理

學進一步堅持認為，這個世界不僅僅是一個殘酷的事實，而是一個意義關係聚集的世界。它與榮格的觀點一致，即心理生活的原初聚集是人類的，但又是前個人的；它是自性的表現——或者更好地**是具世界顯露性的自性**——儘管這種存有論的聚集可能是「無意識的」。此外，現象學分析心理學堅持認為，個人同一性（自我）的出現是將一個人的**世界**做為自己的世界來占有。我們所說的自我邊界的建立並不構成存有論上一個人自己與世界的分離，而是我們在世存有**當中**的一種個人自己的明確感受和分離性。自我邊界在澄清世界的同時，也鞏固了一個認同。再說一遍，這不是兩個相互關聯或平行的過程。正如莫瑞（Murray, 1986）所說，我們的個人同一性「是一種存在，其屬己性（mine-ness）屬於世界的結構」（p. 206）。因此，即便浮現的「有一個身體」和一個「內部」的意會是有意義的經驗，個人同一性並不構成存有論層面上的內在與外在的區別。再次引用莫瑞的話：

> 我們說的統一是個人自我（ego）的統一：有世界之我（the worlded me）的想像性整合。因此，把一個人的自我（ego）完整起來就是把一個人的世界完整起來。（ibid.）

值得注意的是，例如，隨著患者變得更加完整，他或她開始重新看待治療師和其他人。於此同時，治療師發現更容易看到和聽到患者，並且不再或程度上較少地感到被理想化、被吞噬、被掏空、被困惑、被性虐待或其他被對待為「不是我自己」。對治療師和

患者來說，發現治療室裡有兩個人在場，可以說是一種相當大的安慰。榮格宣稱的「那是世界，這是我」不可化約為兩個過程。自我的邊界以做為感知性世界顯露之自性為前提，而占有則在意向性本身之中創造了邊界。

這種「從自性中發展出自我」的詮釋使榮格關於個體化的幾個原則有了直接的存在性意涵。不過如果從一個準實際化（quasi-reified）的心智地理學的角度來理解，這些原則仍然會是「假設上的」或概念上模糊不清的。

首先是榮格的觀點，即「自性……是一個先行的存在物，自我從其中演變出來。可以說，它是自我的無意識預示。不是我創造了自己，而是我發生在自己身上」（Jung, 1940/54, p. 259）。這些著名的句子出現在這樣一個段落中，這個段落中自性被描述為無意識的母體，在這個母體中，**神祕參與**是心靈生活活出的形式。但是，如果自性不是一種「東西」，那麼「自我」也不是，相反地，自我是自性做為存在母體的一項能力：它是一項成為反思性意識的能力與更加自由的能力。因此，儘管分析心理學者提到了自我與自性的分離或衝突，一些人（例如艾丁傑）談到了「自我—自性軸」，但他們和榮格一樣，從未忽視自我是自性在空間和時間中實現和個人化其自身的一種興起的能力。

其次，如果我們回想一下，幻想是做為生活世界之心靈的原初意向性，那麼馬上就可以理解的是，人們主要透過圖像來覺知自性，而自我的關係基本上是與自性圖像的關係。從存在的角度來理解，就沒有必要重新使用「投射」和「內攝」的語言，這種語言預設了分析心理學努力要拒絕的笛卡兒存有論。榮格對自性圖像（或

象徵）的關注並不是意圖蒸發掉那些讓心理生活圍繞而聚集之事物的存在密度。

第三，這樣一個悖論，即對榮格來說，自我是意識的「中心」，然而就其盲目地生活在當代社會生活的隱喻中而言，它也是「無意識的」，就有了存在論上的意義。當自我將其隱喻與它們的原始和重要根源重新連結起來時，意識的進一步發展就會發生。對意識和無意識的悖論含義的討論需要推遲到下一章，但現在需要對轉化（transformation）做一些評論。

## 轉化：從字面意義到隱喻

自我的發展涉及到對世界的占有，一個人被扔進這個世界，並且已經跟這個世界打交道，如此而是「我的」。當然，隨著時間的推移，占有和不占有的變化和節奏是存在的，尤其是在早期，這些變化在很大程度上是伴隨著成熟。但總地來說，自我會把那些在自己文化中居主導地位的隱喻占有為「我的」。正是這些隱喻塑造了一個人的文化認同。特別是在現代西方社會，由於其反偶像崇拜和技術專家治理的英雄主義，自我認同往往在當代生活的字面意義（literalisms）中被稀釋掉了。榮格之前沒有任何一位心理學家像他一樣，對今天繼續出現的古代和原始的隱喻敏感，他不滿於這樣的事實：這些實存沒有足夠的文化空間來以其自身的方式出現。諸神沒有被當作深度和神祕的力量來宣說，而是被攤平在水平向度的生活上，從而成為褻瀆的語彙如政治意識形態、野心、「個人需要」、直覺、奇思妙想和心理病理學。一個人愈是將自己認同於這

些失去深度的力量,它們就愈是失去了隱喻的可能性,而認同在這個狀況下被壓入一個人之社會自我(自我角色認同)的薄薄字面意義中。這種情況不一定是過頭的(Fordham, 1968, p. 55),但不以犧牲心靈深度為代價來建立身分認同似乎是相當例外的。這似乎是於一個技術專家社會中建立社會和個人認同要付出的代價。

為了使意識進一步發展,如療癒過程一般,就有必要出現一些超過英雄式自我意志力的東西。這時人們會發現自己不再是意義和療癒的創建者。這種洞察本身就是一種啟示,它可以強大到不可抵抗,也可以相當細緻微妙(Jung, 1932a, pp. 345-6)。榮格說,那個創建者是大寫的他者(Other),曾經被稱為上帝,但現在它被稱為「無意識」,或者用榮格自己喜歡的語彙,自性。

這種轉化性移動也可以用占有來描述,但它與其說是社會世界之水平向度上可能性的利用,不如說是領受和悅納之心靈深度模式的發展。自性的領受與自我的發展並非不相容。榮格(Jung, 1940/54)在這方面的評論值得回顧:

> 犧牲證明了你擁有你自己,因為它並不意味著只是讓自己被消極地占據:它是一種有意識的、故意的自我降服,這證明你完全控制了自己,也就是控制了你的自我。因此,自我成為道德行為的對象,因為「我」正代表一個超然於我之自我本性的權威來做決定。(Jung, 1940/54, pp. 257-8)

需要牢記的是,榮格的這番話是在討論宗教結構(天主教彌

撒）的背景下說的，他也是試圖為自己辯護，以免被指責主張消極地放棄責任。因此，雖然榮格的觀點可以被採納，但我們也應該明白，當自性出現在一個相對穩定的身分認同中時，往往被體驗為一種心理動盪，甚至解體（Hillman, 1975, p. 35; Jung, 1955-6, pp. 360, 546; Williams, 1983）。

自性被經驗如同一種原始的身體化與想像的實在，一種神祕參與，於其中與諸神的遭逢如同在世俗生活中之扁平化圖像上，同樣在字面意義層次。相較於此，進入領受模式而產生的對自性的占有並不意味著向原始模式的退化，當然，在實際的狀況中或多或少會發生退化。換句話說，榮格試圖找到一種轉化方式，在這種方式中，人居於一個世界，既不被浮升到當代社會生活的空洞字面意義上，也不被淹沒在古老存在的前個人世界中。例如，一個足夠好的母親透過她的存在深層（the depths of her being）被吸引到母性的滋養與共生關注中，然而她也知道，做為一個母親也跟「被有機地組織起來成為母親」有關。社會功能和實際工作的橫向世界以及母性神話世界兩者給足夠好的母職提供了結構和經驗，而她做為母親的成功取決於她平衡這橫向和縱向召喚的能力。在這些對立面之間的應對方式，榮格稱之為超越功能（Jung, 1916/57），或象徵生活（Jung, 1939d），他認為這是己性的真實表達（Jung, 1947/54, p. 225n.）。它是個人認同（自我）之個人真理與其非個人之原始根源兩者重新連結起來的方式，但這種連結中的詮釋學張力維持在那種被稱為隱喻的經驗性質中。換句話說，個人生活中的字面意義被深化為隱喻，但遠古幻想的字面意義被軟化為隱喻，從而讓人們可以用它來過個人生活。正是隱喻，不做為一種語言手段而做為一

種經驗結構,維持著咫尺之近與天涯之遠、現實與夢想、世俗與神聖、自我與自性之間的連結。

自我與自性、個人與非個人、現代與古代之間的緊張關係在這裡被誇大,特別是在疊加到一個發展模式上,但它是被用來彰顯榮格思想中的存在議題。「後榮格綜合體」(Samuels, 1983a; 1985b, p. 113)大大淡化了這種張力。發展學派表明,個體化結構的啟動比榮格設想的要早得多:兒童發展出一種「象徵」(即隱喻)的感覺,因為他們也需要在這些對立面之間找到一條道路。原型學派認為,與自性的連結不是像榮格對曼陀羅和類似的「整體性」宏大圖像的興趣所表明的那樣,而是在成年後以更多樣、更微妙的方式給予。現象學與這些觀點沒有爭論,所以自我和自性之間的描述性張力並不意味著對榮格之古典觀點(Jung, 1930/31)的認可。無論如何,這種張力是存在性張力,來自於自我為中心的、也許是英雄式的占有,以及領受性、悅納性的占有之間。這是先前在浮士德和費萊蒙之間遇到的張力,它將做為「說」和「聽」之間的張力再次相遇。

## 對於象徵的說明

隱喻的這種曖昧兩可,即心理生活既是具體實在的,同時又是想像的及個人意涵的,榮格將其描述為象徵性實在。在不離題地對象徵或促進象徵意識發展之條件進行廣泛討論的情況下,強調幾個基本點會是有用的。榮格將象徵定義為「對一個相對未知事物的最佳表述」(Jung, 1921, p. 474)。這意味著,象徵不是如佛洛伊德

傾向認為的那樣，即指向已知實體而具有指稱意義的符號（sign）（例如，鉛筆就代表字面上的陰莖）。對榮格來說，一個象徵從根本上說有一個隱喻性的「宛若」結構（Stein, 1957, p.45），但在能指與所指之間有一種內在的關係。因此，象徵中的未知不是在別的地方，而是在象徵本身的內部（interiority）。

做為已知和未知之間的橋梁，象徵被說成連結意識和無意識、自我和自性，但如果這種表述上的轉變被以後設心理學的方式理解，就會出現問題。不幸的是，一般情況下似乎經常如此。在這方面，高登（Gordon, 1968a）提出了一個非常重要的觀點：只關注圖像「內在意義」的「象徵獵人」可能會因為否認具體的存在而喪失真正的象徵化作用，而具體的存在是象徵構成的一個重要端點（p. 295）。澤曼（Zeman, 1977）堅持認為，象徵內含於**事物**。

正如前面提到的（第二章），方法論和概念上的濫用，使得榮格的象徵概念有時退化為一個單純的符號，指向一個空洞的心理結構（海＝無意識，女性＝阿尼瑪）。為了恢復榮格對具體之內存性（immanence）的強調，分析心理學家們愈來愈傾向於簡單地談論圖像（例如 Hillman, 1977）。然而，圖像和象徵並不是同義詞。一般來說，象徵被認為是一種具有迷人和轉化力量的圖像（Fordham, 1957b），但為了正確地實現這一作用，需要一種象徵態度（symbolic attitude）（Gordon, 1968a; Jung, 1921, p. 478; Stein, 1957）。這種態度是伴隨著自我力量和彈性的混合。因此，儘管在某種意義上，一個象徵可以被無意識地活出——而且一個症狀中的圖像可能很難找到——但正確地說，一個象徵總是做為具有個人意義的圖像被有意識地占有（這並不是說它的意義是意識的）。

最後，象徵整合了心理作用，並從意識和無意識，或自我和自性之間的關係中出現，即「超越功能」（Jung, 1916/57）。因此，象徵不表示心靈內部的「原型」，而是世界關係的新興模式。象徵是內存的也是超越的，是具體的也是想像的，是訴諸個人的但其起源又是非個人的。它們既來自於世界，也來自於自性（Jung, 1940, p. 173）。

看來，博斯（Boss, 1957）對榮格立場的批評只有在它掩蓋了自然科學存有論的情況下才有意義。榮格談論象徵是為了恢復心理生活，而他是透過在實證主義定義的「事實」中加入「象徵意義」來實現的。例如，博斯主張，一座橋本身具有意義性的方式就是多重與神祕的，而不是透過被變成「象徵」而變得有意義（ibid., p. 198）。對於承繼海德格觀點的博斯來說，當說橋不「只是一座橋」而也是一個象徵，實際上使橋在其具體性中不再有意義。另一方面，榮格對象徵和象徵轉化的實際意義似乎確實比這種表述所允許的要接地氣得多。如果象徵不是在科學上精心設計的後設心理學語彙中被理解，而是在內存性、存在的具體性和心理作用方面被理解，那麼現象學家就可能不那麼傾向於對這個語彙表示反感。

## 內部

個體化的轉化常常被體驗到，並被描述為一個向內轉的過程。無疑這部分是由於文藝復興和後文藝復興對心理生活內部化（interiorise）的認識論需要（Romanyshyn, 1982, 1984），部分由於榮格自己的內傾（introverted）偏見。但榮格對心靈平衡的強調，

以及他希望闡述一種不局限於特定態度類型的個體化和轉化的心理學,都意味著「向內轉」的經驗不應該與內傾性相混淆。即使對外向者(extrovert)來說,這確實意謂著朝向內傾的轉變,也不必用後文藝復興思想的空間化語彙來詮釋。正如我們已經指出的,內傾性也是一種與世界相關的模式,甚至內向者也構成了一種可能與他或她的原始自性相衝突的身分認同。因此,內部的經驗似乎需要被重新討論。

啟蒙時代為西方文化建立了一個世界,由笛卡兒哲學(Descartes, 1647)提供其最清晰之存有論和認識論表達。在這個世界裡,現實是根據自然科學的觀點來定義的。將實在視為數學及物理之參照系統的定義,最初是而現在仍然是一種觀點,但這早已被遺忘(參見 Romanyshyn, 1982; Roszak, 1972)。然而,將這樣的觀點據以為實在的唯一定義,意味著生活世界失去了它的存有論地位。正如羅曼尼遜敏銳地觀察到的:

> 在這樣一個彩虹仍然對人們很重要的世界中,需要一門新的科學來解釋為什麼我們所經驗的不是真實的,而真實的又不是我們所經驗的。現代心理學就是這門科學。它的出現是為了拯救科學世界的假說。它透過讓對世界的經驗成為主體內部的(inside)事件來拯救這個假說(Romanyshyn, 1982, p. 30)。

正是在這樣的脈絡下,榮格通常使用「投射」一詞。他說(Jung, 1938/40, p. 83),科學涉及「撤回投射」,儘管這涉及

「世界的去精神化」。然而,他繼續說:

> 我們的普通生活仍然充斥著它們。你可以在報紙、書籍、謠言和普通的社會八卦中找到它們的分布。我們實際知識中的所有空白仍然被投射所填補。(ibid.)

這樣做的效果是曖昧的:榮格在此脈絡下對投射一詞的使用,意謂著將心靈恢復為我們生活的世界,但這卻是透過認可笛卡兒對一個失去精神的、無人居住的世界的看法,以及羅曼尼遜所說的科學心理學的潛在意義來實現的。心理生活成為一個內部事件,除非它被「投射」到外部。但由於意識的發展意味著「投射的撤回」,這種投射意味著一定程度的無意識。在這種程度上,榮格不僅傾向於贊同現代心理學的笛卡兒存有論,而且使其成為一種道德上的要求。

雖然榮格思想的主要方向不是在這一點上,但是在榮格的思想中,有一種傾向是贊同甚至提倡將心理生活視為主體內部的一個世界。這個主體的邊界常變:它們可能是一個被稱為「心智」之想像所在的想像邊界,但是現在更多時候,它們大致相當於身體的皮膚。因此,鞏固一個人同一感的「自我邊界」,其理論上的設定讓我們想起佛洛伊德(Freud, 1923)的說法:「自我首先是一個身體上的自我;它不僅僅是一個表面實體,而且本身就是一個表面的投射。」(p. 364)

將身體感覺轉化為「心靈設置」涉及的後設心理學問題是複雜的(Laplanche and Pontalis, 1967/80, p. 141),但在此毋須討論。

第六章 自性和個體化

存在現象學拒絕佛洛伊德的後設心理學，認為其基礎不健全，因此拒絕任何試圖用理論上的獨創性來拯救其上層建築的做法（Boss, 1963）。這裡要注意的要點是，儘管佛洛伊德和榮格之間存在著理論上的差異（還可以加上其他的），深度心理學在其概念基礎上傾向於延續笛卡兒式的人的圖像：一個孤立者在其經驗中，站在一個無意義的、同質的世界之上。

其他人已經對這些基礎進行了充分的批判。[4] 這些批評沒有對分析思想（廣義的，但現在具體回到榮格思想）產生一種明確的影響。其部分原因可能是存在現象學家對做為身體經驗的內部經驗沒有給予足夠的關注。例如，不容否認的是，患者以某種方式說：「我感覺到我體內有什麼東西試圖跑出來。」這可能是胃部的顫抖感、喉嚨的緊張感、性興奮的增加感，也可能是夢見自己懷孕或有一條蛇從嘴裡鑽出來。做為身體內部的一個人的自我也可能被感覺到包含其他人：例如，一個遙遠的情人的溫暖存在，或者在一些病理狀態下的迫害性父母形象。

在重新討論「內部」時，至少有兩個關於這種體驗的反思應該被提出。第一個是由分析師羅德里克・彼得斯（Roderick Peters）的一些言論引發的；第二個是對這種身體經驗現象的持續關注。彼得斯寫道：

> 自從煉金術消亡後，雄鷹般上升的科學世界觀使物質徹底失去了活力，對大多數人來說，人體本身已經成為物質中神性的最後庇護所。我們大多數人不再能像煉金術士那樣，體驗到金屬中作用的神性。至少在我們從物質的

監獄中贖回神聖性之前是這樣。正如榮格所說,既害怕又渴望的我們現在最有可能體驗到的諸神顯現是心理病理現象:最有力的強迫、喚起真正自發祈禱的恐怖、自發者、壓倒者、神祕者——在我們的身體自我中,我們體驗到未知之神的力量(Peters, 1987, pp. 379-80)。

在一個去精神化的世界裡,身體是神聖領域的最後容器,是豐富和深化之心理生活的最後容器。彼得斯的這些句子為本節開頭引用的羅曼尼遜的句子提供了臨床洞察。綜合來看,它們表明將心理生活內部化到主體的身體位置之內,並不是一種存有論的必要,而是一種文化轉變的結果。此外,雖然在現象學批評中指出了存有論上的概念困難,但以這些空間化的語彙說出的內部性經驗卻具有特定的文化上意義。在以前,對自己的體驗,無論是做為個人身分認同之所在,還是做為心理生活所源出的「中心」地方,可能都是相當不同的。當然,日本人對自我的體驗似乎與西方不同(Hayasaka, 1984),這證實了羅曼尼遜與彼得斯的觀點——以及榮格的觀點,因為他也把對心靈的體驗視為一種「內部」事件,是一種獨特的西方、後啟蒙運動的現象。這種思考因此導致了這樣的結論:對笛卡兒主義的現象學批判——至少那些以英語寫成的批判[5]——可能沒有對「內在經驗」做為一種反映西方己性之特殊結構的**存在者層次可能性**(ontic possibility)給予足夠的關注。此外,它表明心理學對「內在經驗」的關注不**僅僅**是對存在論上之身體性的錯誤陳述,更是試圖在目前得以大量發現其蹤跡的地方拯救心理生活(或神聖性)。(見證了一系列的「身體療法」!)

然而，第二種反思確認，儘管有這種心理生活的內部化，但對身體經驗的更仔細的現象學表明，身體的內部不是經驗或己性的來源，而是其占有的中介。誠然，人們可以在自己的身體中感受到一些東西（同一性、一個出現的自我，甚至是他人的現身）。然而，專心地關注這種身體經驗，直到它的適當的表達時刻，會產生一種「體會」（felt sense），它總是位於一個世界顯露的脈絡中（Gendlin, 1978, 1978-9）。

因此，患者可能很表面地說著各種人和事，然後開始感到沮喪和空虛。有些事情感覺不對勁，她感到被喚回到她的身體感覺。這是一個有時能提供放鬆感的內部空間，因為它能夠讓她更穩定地定錨於這個世界，但這次它是一個充滿矛盾的不舒服的地方：空虛和沉重，平淡和瘋狂。在心理治療的涵容下，她找到了與這些感覺共處的勇氣，在沉默中出現了眼淚。她在身體上沉入不那麼複雜的悲傷情緒中。目前她暫時感覺到了自己，她的講話是具體的、真實的。患者現在談到了她的生活：她的父母、兄弟、老師、狗、情人、有新窗簾的房子、修車廠的機械師、治療師。起初這些似乎是從她身體深處出現的言語和感覺，現在更清楚地顯示出它們正是她的歷史、世界顯露之存在的本真表達。換句話說，她的身體既不是她經驗的來源，也不是她經驗的地點，而是中介；透過它，她當時存在的生活真相被反思地認識到了。因此，內部性不是一種空間上的內部，對身體感受到之內部的占有也不是個體化的目標。

齊金（Zinkin, 1985）也得出了這些結論。他指出，從佛洛伊德到榮格的轉變是讓心理學家的中心參考領域從身體轉變到自性。這其中的含義是，除非自性與身體同一，否則「內在—外在」的界

限並不是指皮膚。齊金繼續說：

> 因此，如果一個人失去了雙腿、視力、聽力，甚至失去了理智，他也可以感受到完整，甚至就是完整。他沒有把他的身體邊界做為他的領土運用。另一方面，一個人如果沒有了汽車、妻子、房子、專業機構的成員資格，他可能也會感到不完整，甚至就是不完整。（ibid., p. 12）

透過這種方式，齊金區分了凝聚性之身體內部的體會以及經驗與己性展現的存在場所。

西方將內部性字面意義化和空間化的傾向，也是原型學派分析家們有力的批評對象（Boer and Kugler, 1977; Hillman, 1973, 1974b, 1975, 1981; Sardello, 1984）。對希爾曼來說，「深度心理學」中的「深度」不是指字面意義上的「向下」；相反地，「此一垂直方向指的是做為所有事物具有之潛能的內部」（Hillman, 1981, p. 29）。或者再說一遍：

> 這種「內在」（in-ness）的感覺既不是指位置，也不是指物理上的容納。它不是一個空間概念，而是對靈魂之非可見和非字面意義之固有性的想像性隱喻，是所有事件中的想像性心靈品質。（Hillman, 1975, p. 173）

這種轉化同步發生於（自我的）態度從英雄的功利主義轉變為敬畏地悅納他者。

第六章　自性和個體化

在這種轉變中，有一些東西被錯誤地用投射的語言來概括。但大衛‧霍爾特（David Holt）（Holt, 1975）不是用這些熟悉的空間化語彙來看「撤回投射」，而是從「說」到「聽」的轉變。在這種情況下，內部的轉化覺醒涉及到從習慣性地以自我的需求和焦慮來對世界說話，轉變為傾聽那些說出（低語、哭泣、呼喊）自己生命的呼喚和意義的人事物。從說到聽的轉變實現了一個人的信仰能力，正如霍爾特所說，「這是一種讓世界存在的活動，它允許顯現（Presence）的聲音。」（ibid., p. 143）

這裡的討論將內部性描述為一種經驗的結構，它位於做為在世存有本身的存在中。關於它的現象學，還有很多東西需要說，但這將導致離我們的中心關切太遠。我最近在其他地方（Brooke, 2012）比較詳細地探索了內部性的現象學，部分借鑒了案例討論，以描述其做為發展成就和心理健康標誌的構成結構。重要的主題包括環境即時變化中的時間連續性（「對象不變」）、想像、「屬己」的感覺和自我反思以及隱私。[6]

## 主題摘要

至此，整本書到目前及本章的一些主題可以匯集起來。

1. 心靈不是笛卡兒式的內部位置，而是生活世界。換句話說，我們所處的世界不在心靈的外部。
2. 心靈是開放領域，它有一種質地，原初地以幻想的形式顯示出來。幻想是我們在世存有的一種原初品質，這意味著生活世界是

在人類想像力的光照下發生的。

3. 自性在榮格的作品中有許多描述,但可以最簡要地定義為心靈的整體性。使用「自性」一詞而不是「心靈」,可以鼓勵人們對自己的世界有更大的責任感;它有助於喚醒一種意識,即可以在一個人的世界關係中找到己性;它直接說出了一個深刻而矛盾的真理,即一個人的個人認同基礎不是個人的,但又是密切屬於自己的。

4. 心靈的明確標誌是幻想,而心靈／自性的實現主要是透過圖像的中介。榮格堅持圖像的首要地位是為了避免對「事物」的實證主義幻想,但這有可能使圖像和想像脫離它們的停泊處。比起榮格,我們更清楚地希望保持自性圖像與具體存在之間的連結。這並不是說圖像與具體存在有一種「投射」的連結,而是說存在在具體上與根本上是圖像性。

5. 自性是做為人類世界的世界聚集。(這一點和前一點將在討論原型和原型圖像時得到更充分的討論。)

6. 自我相當於個人身分認同,其建立於一人的自性被負責任地占有為自己的。如果沒有占有,個人的世界聚集仍然是無意識的,並在半匿名的狀態。

7. 個體化是意識的發展。這涉及到「自我─世界」可能性的日益分化。這個過程既是生存的擴展,也是生存的深化。在現代西方社會,擴張往往是意志的、功利的和英雄式的,因此傾向於把自性的原始力量和意義掏空到當代生活中的字面意義上。因此,在分析心理學中,往往強調心理轉化是一個深化的過程。

8. 這種轉化涉及存在的去字面意義化,從而使一個人的個人身分認

同和他的世界於隱喻性的共鳴之中被體驗和生活。這就是象徵生活和內部性的核心意義。

有了這些主題的強調，就可以勾勒出對自性和個體化之現象學上的嚴格理解。

## 自性和個體化：現象學的勾勒描述

個體化是一個分化和轉化的過程，在這個過程中，個人身分認同是從榮格稱之為自性的全部可能性中，占有了有限數量之「世界─顯露」可能性關係而建立起來。自性在做為一種潛能以及一個已經嵌入文化中之存在的原始組織，被接受、體現並個人化為「我的」。因此，占有很容易受到一個文化之封閉與開放的特殊方式影響，因此個人身分認同可能在不同的方式和不同的效果上，受到或多或少的限制。至少在現代西方文化中，占有往往主要是在英雄的模式中。在這一範圍內，個人認同是個體地或以人為中心地，透過意志力、對黑暗和神祕的恐懼以及破壞聖像（iconoclasm）等來確立。同樣在這種情況下，它容易與自性的原始現實以及呼喚人向之傾聽的存有之聲相衝突。

正是這種存有之聲與來自自性的呼喚，啟動了成熟形式的個體化進程。心理轉化包括犧牲主導其在世存有模式的英雄主義，以及落實一種傾向於領受和悅納他者的模式。這種犧牲和轉化可能是相當微妙的，也可能被體驗為一種心理上的動盪。它構成了一個人偶然性生活的去字面意義化，包括一個人的個人認同。這種去字面

化重新喚醒了個人認同與做為原始化身的自性之間的存在連結。由於自性實現涉及到這種連結的建立，在一個重要的意義上，自性不僅是個人認同與之相關的那個他者，而且是這種關係本身。個人認同並沒有被消解（也許除了短暫的時刻），而是更靈活地位於存在的模糊性之中，它既是個人的又是前個人的，既是當代的又是原始的，既是已知的又是活出的，既是揭示的又是隱藏的。因此，心理生活的重心從人本主義想像的自我，轉移到那個模糊的、身化的虛空上，在這個虛空上，萬物的深度被揭示出來，世界也因此被聚集。因為那塊空地以模糊的樣態被揭示和隱藏，在其中，經驗和行動將被去字面化，結構著心理生活且賦予其力量的圖像同樣被辨識與去字面化。因此，與自性的重新連結也是一個有矛盾意涵的過程，於其中個人從其先前生活所依或受其擄奪的圖像中解放出來。同樣矛盾的是，走向愈來愈開放和自由的過程是一個加深對自己的感受，以及加深個人對接觸到之事物的體驗的過程。如果自性實現是一種走向完整的運動，那麼完整是一個相對的語彙，它指向一種在各種脈絡中保持靈活與反應的能力。因為大多數（如果不是全部）脈絡都有許多可能的詮釋（想像性的揭示），所以整體性指的是一種在脈絡中不設防的開放品質，從而指的是一種在世界中獲得適當的在家感。

## 註釋

1. 佛登著作中的這一主旨，即把自性和自性實現置於發展的辯證過程中，也是美國的佩里（Perry, 1962, 1970）之著作中的一個特點。

2. 這一點並不總是得到充分的理解。因此，例如，布伯（Buber, 1938）錯誤地批評了海德格對良心的理解，原因與他批評榮格的理由相同。布伯說，海德格對自我的強調破壞了他者的存有論地位（參見 Le Fevre, 1962）。關於對海德格倫理學的辯護，見博斯（Boss, 1964）和史考特（Scott, 1975）的著作。然而，不可否認的是，海德格對回到己性之呼喚的分析缺乏一個得以據此決定如何回應一個人之存在性呼喚（Macquarrie, 1972, p. 278; Woocher, 1977）的規範。榮格在他自己對罪疚的描述中正視這個問題，他呼籲我們不斷質疑我們自己的動機（Brooke, 1985; Jung, 1958b, p. 444）。

3. 我們還可以回想一下榮格的觀察：「對統一性的努力被一種可能更強烈要創造多元性的傾向反對，因此，即使在像基督教這樣嚴格的一神論宗教中，多神論的傾向也無法被抑制。」（Jung, 1912/52, p. 99）如果宗教是這樣，那麼心靈也同樣如此，榮格稱之為「情結的矛盾多元性」（Jung, 1928b, p.201）。「我的自性，」雷德費恩（Redfearn, 1985）說，「就是我許多的自己。」

4. 例如 Barton, 1974; Boss, 1957, 1963, 1975; Kruger, 1979/88; Smith, 1975; Steele, 1982; Van den Berg, 1972。

5. 遺憾的是，范丹伯（Van den Berg, 1959-61）的研究沒有被翻譯成英文。

6. 這個內部性的現象學（Brooke, 2012）包括對沃夫岡·吉格里希（Wolfgang Giegerich）發展之「激進內部性」的討論。我自己的觀點與他的一些最謹慎、最深思熟慮的批評家，如格倫·斯萊特（Glen Slater）和斯坦頓·馬蘭（Stanton Marlan）的觀點一致，即吉格里希把黑格爾的辯證法推得太遠，以至於不再是心理學。在那篇論文中我也討論了我重大的倫理關切。另見第九章尾註 2。

| 第七章 |

榮格與現象學
*Jung and Phenomenology*

# 意識和無意識

## 導言：與佛洛伊德的分歧

希爾曼（Hillman, 1970b, p. 141）曾這樣指出，無意識已經被實際化為一個實體，以合法化這樣的見解：分析心理學是一種關注於解決存在於彼之「實在」問題的努力。誠然，榮格的許多文章都呼籲對心靈生活之非意識部分的承認，而在兩次世界大戰的背景下，這些呼籲是具有道德上的緊迫性，但榮格實際上在多大程度上實際化他的概念則是曖昧不明的。

榮格確實談到了無意識的「內容」，特別是在情結和原型的討論中，還有在他一些有著理論上之自我覺察的時刻，他以連結到佛洛伊德概念的語彙來描述無意識（例如 Jung, 1919, p. 133; 1921, pp. 483-6; 1934/54, p. 3）。在這種情況下，無意識被認為是在意識門檻之下的內容，而集體無意識被設想為比個人無意識更深的一層無意識（Jung, 1934/54）。榮格（ibid., p. 3n.）承認，他的集體無意識概念吸引了佛洛伊德的「它」（the 'it'）（*das Es*，拙劣地被翻譯成英文為「id」）概念來靠近；實際上，的確可能是佛洛伊德（Freud, 1923）為了應對榮格的概念帶來的挑戰而發展了這個語彙（Progoff, 1956, pp. 147-50）。此外，榮格有時使用心靈能量或「力比多」的隱喻來描述無意識的「動力」。更進一步來說，他並不總是清楚地將無意識與所謂的大腦關聯區分開來（例如 Jung, 1914b, p. 203），而當他將原型置於遺傳學和大腦結構中時，這種混亂就更加嚴重了。

正是在這種背景下，博斯（Boss, 1957, 1963, 1975）批評了榮格的集體無意識概念，認為它與佛洛伊德的「本我」（the id）概

念有相同的缺陷（1975, p. 147）。博斯認為，由於榮格和佛洛伊德的概念在本質上的相似性，榮格做了一個錯誤的假設，即「除其身體之外，人類是由一個獨立的、分層的心靈所組成」（ibid., p. 140），而這心靈，像佛洛伊德的一樣，充滿了能量、力量以及實際化的內容。

鑑於榮格與佛洛伊德後設心理學的明確連結，以及他對一些類似語彙和空間類比的使用，博斯的批評有效地拆解了榮格的無意識概念（「假說」）；個人和集體無意識之間的區別也隨之消失。博斯的觀點是，如果人在本質上是一個不可化約的照亮與開放領域，世界上的一切可以在其中展現，那麼就沒有必要考慮一個叫做心靈的封裝實體，來儲存世界之感知或心理生活之想像所需的「表象」。如果沒有稱為心靈的容器，那麼在這個容器中存在一些隔間（意識、個人無意識、集體無意識）的想法顯然也會消失。

然而，我們對榮格所持之心靈的意義和結構的持續考察表明，他的概念與佛洛伊德的非常不同。而關於意識和無意識也有類似的情況。事實上，有一些線索指出，即使是在模糊的表達下，榮格覺察到他的概念與佛洛伊德的概念之間存在著本質上的差異。例如，在《榮格論心理類型》的「定義」部分，榮格多次提到佛洛伊德的無意識和潛抑（repression）概念，以及佛洛伊德對「無意識」存在的「證明」（引號是我加的）。然而，在這一討論中，他說：

> 至於一個無意識的內容在不與意識相連時的實際狀態，是沒有任何可能性為認知所觸及。因此，對它進行猜想是毫無意義的。把無意識狀態與大腦和生理過程連結起

來的猜想，同樣屬於幻想的領域。（Jung 1921, p. 484）

在這裡，和其他地方一樣，榮格再次試圖建立對心理現象的理解，以及內含於心理學的方法論限制。當涉及無意識，高度和深度不在於同一個地形模型中，也不一定指與意識的距離。它們描述了人類經驗的結構，在這個結構中發現了一些存在的根本兩極性：人和動物，白天和黑夜，精神和靈魂。正是在這種情況下，榮格更傾向於使用無意識這一無關空間上的語彙（Jung, 1939a, pp. 282-3）。

榮格與佛洛伊德後設心理學的決裂比對其生理學假設的拒絕要更進一步。儘管榮格從未放棄過將集體無意識視為比佛洛伊德探索的更「深」的心靈層次，但這種想法並沒有呈現出一致性。事實上，他最後一篇重要的理論論文（Jung, 1947/54）鞏固了對意識和無意識的理解，使這兩個語彙變得徹底模糊，並將兩者置於意向性之中。

## 意識和無意識這兩個詞彙的模糊性

榮格在《榮格論心理類型》中寫道：

> 當心靈內容對自我的關係被自我感知到，這就是我所理解的意識一詞的意思。與自我的關係如果沒有被感知到，就是**無意識的**。意識是維持心靈內容對自我之關係的作用或活動。（Jung, 1921, pp. 421-2）

在這個定義中，意識的前提條件不僅是清醒或甚至是以初級的方式與世界打交道，而是它假定了感知、幻想、感覺等等都指向的一個「我」。如果意識是「維持心靈內容與自我相連的活動」，那麼它就是自我在其感知、幻想、感覺等方面保持相對連續性和穩定性的一種能力。自我和意識彼此牽涉（Jung, 1926, p. 323）。換句話說，意識的發展與占有、統覺和反思有關。

占有已經描述過了：它是負責任地接受一個人的經驗做為自己的經驗的行為。統覺是一個過程，透過這個過程，事物、圖像和事件在精神層面上被感知，而不僅僅是表面地知覺（參見 Samuels *et al.*, 1986, p. 25）。對榮格來說，這個過程與反思密切相關。在這一點上，榮格寫道：

> 「反思」不應簡單地理解為一種思想行為，而應理解為一種態度……正如這個詞本身證明的（「反思」的字面意思是「彎轉回來」），反思是一種與自然過程相反的精神行為；這種行為使我們停下來，把一些東西喚進心智，形成一幅畫面，並與我們看到的東西建立起一種關係並逐漸納受它。（Jung, 1942/48, p. 158n.）

反思等同於成為有意識的（becoming conscious）（ibid.），對榮格來說，占有和統覺的主題都包含在其中。因此：

> 意識的獲得似乎是肯認、反思和保留心靈經驗的結果，使個人能夠把它與他學到的東西結合起來，懷抱情

感地感受它的相關性,並識及到它對他的生活的意義。
（Samuels, et al. 1986, pp. 36-7）

然而,問題在於,完成這種複雜活動的模式始終是以自我相關的語彙來結構的,但自我總是有所置身和有所投入。意識不是一個形式可能性的中空容器,也不是一個於其中「事實」被權衡和測量的智能實驗室。我們所稱的占有、統覺和反思這些相互關聯的主題不是空洞的、無身體性的計算,而是來自一個特定視角的行為：一個叫做自我的視角。在某一時刻可能看起來是一種意識的刻意行為,在後來的反思中卻發現是另一強迫性的重複。原本是心理治療師的一個治療性的舉動,在反思後卻變成是被習慣性的反移情焦慮所驅使。如紐曼（Newman, 1980, pp. 121-2）指出的,正是在分析者自滿地發現與看到他們期望的內容時,他們正危險地處於「無意識」。換句話說,沒有對自己透明的意識；在或多或少的程度上,意識被無意識滲透（Jung, 1947/54, pp. 187-8）。

當自我進入英雄的立場時,意識中這種固有的不透明性尤其弔詭,因為英雄是意識本身的一個原型圖像。那麼占有、統覺和反思都體現了英雄的視角。當然,對任何原型的認同都意味著自我的自主性和相應意識的喪失,卻不為自我所待見,然而英雄是一個特別有誘惑力的主題,因為英雄的分化和超越是意識在初級形式時的特徵,而且它是在文化認可的支持下產生的。

在榮格的著作中,英雄主義和意識也不總是有區別。例如,他把意識寫成「神奇的武器,它使人類戰勝了地球,我們希望它能使人類更大地戰勝自己」（Jung, 1934a, p. 140）。又如：「英雄的主

要壯舉是戰勝黑暗的怪物：這是意識對無意識一直渴望與期待的勝利。」（Jung, 1940, p. 167）

可以承認的是，意識的發展有一個英雄的面向。當自我被英雄膨脹時，問題就出現了，因為當這種情況發生時，英雄的要求就**決定**了意識的發展。這種情況發生得愈多，存在就愈被英雄心態的光芒蒙蔽。被稱為意識的東西現在具有迫切與狂熱的防衛品質（Lambert, 1981b, p. 17）。象徵的深度被視為神祕主義和模糊不清，而生活身體被固化為解剖學和機械的自我理解。如果說浮士德是英雄意識的縮影，浮士德也是深刻的無意識。正如榮格所說：

> 膨脹的意識總是以自我為中心，只意識到自己的存在。它沒有能力從過去學習，沒有能力理解當代事件，也沒有能力為未來做出正確的結論。它被自己催眠了，因此無法與之爭辯。它註定遭遇置其於死地的災難。矛盾的是，膨脹是意識向無意識的倒退。（Jung, 1944/52, pp. 480-1）

在榮格看來，意識成為無意識的另一種典型方式是當自我認同於社會面具（persona）時：換句話說，當個人的意識不過是社會世界的「集體意識」時。榮格一般用「集體意識」這個詞來描述「那些最不容易接觸到內部自我，離本能根源最遠的人」（Jung, 1947/54, p. 206）。這是一個「真正混亂的世界」（ibid.），因為人的認同被溶解在集體的匿名性中，與自性隔絕，但又滑向榮格稱為「心靈流行病」的那些集體原型發作（例如國家社會主義）。

如果意識可以是無意識的一種形式,那麼「無意識」又是怎樣呢?無意識是意識的一種形式嗎?這裡的答案既是肯定的,也是否定的。

榮格在許多段落中描述了無意識,將其定位為一種在世存有的模式,因此是一種意識。例如,他寫道:

> 在生命的最初幾年,幾乎沒有任何意識,儘管心靈過程的存在於很早的階段就表現出來。然而,這些過程並不是圍繞著一個被組織起來的自我進行群聚;它們沒有中心,因此也沒有連續性,缺乏這種連續性,就不可能有有意識的人格⋯⋯只有當一個孩子開始說「我」的時候,任何可感知的意識連續性才有可能。但在這之間,經常有無意識的時期。(Jung, 1928c, p. 52)

這裡的問題並不是榮格誇大了他的情況(Fordham, 1969)。關鍵是,對榮格來說,無意識描述了一種生活的性質,這種生活是活生生的,但卻沒有被一個連貫的、有區別的自我反思認識或占有。然而,這種無意識的結構描述了一種在某種意義上持續貫穿生命的存有論條件。它不僅描述了無意識做為童年時期的一種存在的性質,而且描述了這個存在後來被理解為「無意識」的一種必要條件。榮格(Jung, 1931a)說,在文明的外衣下,我們都是古代人。無意識不是一個封閉的地點,而是一個人與世界的關係的性質。因此,無意識會思考,或者至少有思想(Jung, 1902, p. 87; 1940, p. 153)。無意識「表現得像一個有意識的主體」(Jung, 1958b, p.

439）。無意識有朝向一個目標的趨勢，這個目標既獨立於人的願望，又比人的願望更有意義（Jung, 1928b, pp. 134-5）。無意識直接關注家庭和社區關係（ibid., p. 179）。「人的無意識心智能夠有正確的知見，即使在意識理性盲目與無能的情況下。」（Jung, 1952a, p. 386; 亦參見 1955-6, p. 359）或者，也許是所有段落中最引人注目的：

> 如果事實沒有欺騙我們，那麼無意識的過程就遠遠不是非智性的。令人吃驚的是，它們沒有呈現出自動化和機械性的特徵。它們在微妙程度上絲毫不比意識過程差；相反地，它們經常遠遠超過我們的意識洞察力。（Jung, 1926, p. 334）

榮格繼續說，所謂的「無意識」，只是從「我們的觀點」來看是「無意識」的，但不一定是「無所覺知的」（'unconscious of itself'）（ibid.）。因此，無意識是一種意識。它缺乏的是對自身的區別和視角，而正是這讓榮格稱之為意識的內部反思時刻成為可能。

## 做為存在複雜態的情結

榮格對情結這個概念的論述有理論上的模糊，就如同他對意識和無意識這兩個詞的使用一樣，特別是在他的文章〈情結理論的回顧〉（A Review of the Complex Theory）（Jung, 1934c）和《論心靈

的本質》（Jung, 1947/54）中的發展。然而，這些作品匯集了可以追溯到他最早期著作中的觀點。在他的博士論文中，榮格（Jung, 1902）把情結說成是具有意識之品質並尋求整合的「無意識人格」，而在他的《字詞關聯研究》（*Studies in Word Association*）中，榮格（Jung, 1905, p. 321）從語言、認知和情感的角度理解情結。這些語彙將情結定位為共享世界中的存在模式。當榮格反思他的聯想實驗時，他明確認識到這些實驗及其結果都是以對話（dialogue）為基底的：

> 聯想測試中發生的事情也發生在每一次的兩人間討論中。在這兩種情況下，都有一種實驗性的情境，匯集了情結，從而將討論的話題或情況，包括有關的各方面，吸收而形成一整體。如果這些匯集而成的情結挫敗了說話者的意圖，甚至可能把他們事後再也記不起來的答案塞進他們的嘴裡，那麼這樣的討論就失去了它的客觀性和真正的目的。（Jung, 1934c, p. 95）

因此，情結是一種「零散的人格」或「散裂的心靈」（ibid., pp. 97-8），而自我從根本上說只是眾多情結中的一個。因此，正如榮格總結的那樣：

> 現在每個人都知道，人們「有情結」。但不太為人所知的是……情結**擁有我們**。情結的存在使人們對意識的統一之天真假設……和意志的至高無上產生了嚴重懷疑。

（ibid., p. 96）

榮格說（ibid., p. 101），無論它們是否被整合到意識的意願性中，心靈的「活動單位」（living units）是情結。自我發展的問題，以及被恰當地稱為意識的問題，跟人與這些情結意向性的關係有關，也與它們的整合和個人化有關。但情結本質上的意向性仍然沒有改變。因此，榮格（Jung, 1947/54）批評了佛洛伊德關於無意識內容的心理生理學化約論，並斷言「在無意識狀態下一切都繼續運作，就像它是有意識的。其中有感知、感覺、意志和意圖，就像有一個主體存在一樣」（p. 186）。人的存在被根本地結構為眾多情結的複合狀態，每個情結都有自己的意向性，每個情結都有自己的「意識」。意識不是一個統一體，而是一系列的碎片，一個包含眾多島嶼的群島（ibid., p. 189）。當自我意識在童年和成年後慢慢凝聚起來時，它仍然「被眾多的小光點包圍」（ibid., p. 190）。因此，榮格說，無意識（ibid., p. 190ff）是多重意識。

也許已經很明顯，榮格對無意識做為多重情結意向性的說明接近於梅洛龐蒂對無意識做為一種模糊的生活意識的分析，其結構為模糊地顯露和隱藏的身體主體意向性。對榮格來說，意識這個詞是用來描述自我反身（self-reflection）的性質，於其中個人（自我）能夠把結構了自己存在的情結占有為自己的，並有效和自由地利用。如果沒有自我的自我反身占有，情結就會「自動」發揮作用，並具有強迫性；當嚴重分離時，它們往往會變得愈來愈古板和無趣（Jung, 1947/54, p. 187）。但這表明，如果情結是「心靈的特徵表達」（Jung, 1934c, p. 101），它們在存有論上並不與生活身體分

離。在榮格的情結理論中，心靈的密度和必要性是肉身性的。

榮格的字詞關聯研究說明了語言、認知、情感和身體反應性之間的內在連結。身體的反應，如出汗、心率、呼吸或皮膚顏色的變化，與刺激字詞在脈絡下的反應時間一起被記錄。榮格正確地認識到，這些測試再現了「**對話**的心靈狀況」（ibid., p. 95），正如他所說，對情結的每一次探究都涉及兩個人之間的對話（ibid., p. 102）。換句話說，榮格對心靈複雜態（psychic complexity）的觸及主要是透過對人體的默會理解，即人的身體原本且徹底地就是一個心理身體，其對人際關係條件和語言是有反應的。

在一篇特別重要的論文中，榮格（Jung, 1906）介紹了一個24歲女性的案例研究，其中他展示，在她的字詞聯想測試結果中、在她的夢境中，以及在她的歇斯底里身體症狀中，都顯示了一個單一的情結。這個情結構造了她的語言和思維，即我們所稱的意識；它構造了她的夢和症狀，即我們所稱的無意識；它構造了她的神經生理反應和歇斯底里症狀，這顯然表明情結作用於她的身體，至少與我們傳統上所說的「心智」一樣多。因此，情結是具有感受調性的意義核心，它結構（和限制）了她的整體存在。

榮格需要一個新的理論語彙做為情結的位置所在，因為情結顯然不能簡單地定位在「大腦」或做為心理位置的「無意識」。情結的現象學解構了這些傳統類別。對榮格來說，「心靈」就是這樣一個語彙。它抓住了人類生活的基本結構，因為它從來不是分離的心智或身體，而是一種具身的心智性（embodied mentality）和有心智的身體性（mindful bodiliness）。榮格的實驗研究表明，首先，榮格對心靈的分析並不**排除**身體，而是將其**併入**其中，結果是身體

在他的著作中往往處於相對的非主題化狀態。從現象學家的角度來看，從同樣的模糊性中產生而誤導性比心靈更小的語彙是「存在」（參見 Merleau-Ponty, 1945, p. 88; Olkowski, 1982-3, p. 99）。

## 做為生活母體的無意識

榮格將情結置於心靈的整體中，而存在一詞為心靈提供了更好的存有論明晰性。如果說現象學為分析心理學提供了一個適合榮格之情結工作的語彙，那麼榮格的這項工作則是對存在和生活身體的現象學分析提供了具有實質性的心理學內涵。除此以外：

1. 榮格表明，心理生活的身體化意向性是多種多樣的，不能簡化為性行為和攻擊。[1]
2. 這些意向性或多或少都是自主的，獨立於意識的、自我的意願。
3. 如果生活要成為負責任的和自由的，並對其他意義組織開放，這些身體化的意向性需要反思和占有（包括個人化和整合）。
4. 它們的分離或壓抑產生的嚴重後果會在一個人的整個存在過程中感受到：在一個人的思想、行為、情緒和夢中。特別是，這些身體生活的複雜性往往會變得愈來愈原始，愈來愈神祕。
5. 這些身體意向性有個人的和非個人的層面：個人的心理生活從非個人的基礎中產生，而儘管有文化和歷史的種種變化（以及儘管有許多當代思想的主張），這些基礎繼續為心理生活提供結構、一致性和密度。
6. 做為一個存在性的組織作用，每個情結都有自己的幻想生活，有

自己的圖像群，在睡眠中以夢的形式顯示出來，而在清醒時則以幻想的形式顯示出來（Jung, 1929d, p. 56）。換句話說，每個情結都是照亮並棲居一個特定世界的身體意向性，而這個世界是以圖像的形式立即和直接揭示出來的。儘管日常生活中的突發事件可能會使生活世界的圖像性母體受到壓制。

7. 生活身體轉化為真實的人類秩序，或者換句話說，身體化心理生活的精神化轉化，是透過象徵中介的。榮格的貢獻不僅在於表明了這一點，而且還無比詳細地描述了這些轉化時刻的象徵結構。[2]

引人注意的是，榮格對情結的分析是如何與梅洛龐蒂對生活身體的分析結合在一起。如梅洛龐蒂關於現象學和精神分析的名言，「它們都瞄準同一個隱在者（latency）」（Merleau-Ponty, 1960a, p. 71）。榮格和梅洛龐蒂都使意識和無意識這兩個詞「模糊化」，並將無意識視為一種隱在的、非反思的意向性。榮格和梅洛龐蒂都在尋求一種概念基礎，以便使用比意識和無意識，或心智和身體（等等）更實質性和一致性的語彙來思考人類生活；榮格在思考情結「和」圖像時深化和銳化了心靈的意涵，而梅洛龐蒂也同樣從存在轉向思考生活身體。對榮格來說，情結，和對梅洛龐蒂來說，生活身體，是隱在的、前反思的、身體的意向性，它們奠基並結構了心理生活。這些具身的且為圖像的生機蓬勃母體通常就是所謂的「無意識」。

兩位作者都對另一位作者隱含的存在維度進行了顯題性描述。梅洛龐蒂闡述了心靈複雜態下的身體性，榮格闡述了生活身體下的

多重心靈複雜態。梅洛龐蒂比榮格更清楚地將生活身體的複雜態置於歷史的、感知的、語言的和人際關係的母體中，而這正是存在一詞的含義。榮格比梅洛龐蒂更清楚地揭示了身體的圖像母體，它在所有維度（歷史的、感知的等等）上啟發、結構、限制和改變存在。

目前，對梅洛龐蒂著作中的無意識進行詳細說明是沒有必要的（參見 Brooke, 1986; Romanyshyn, 1977）。但是，如果梅洛龐蒂對生活身體的現象學分析與榮格對情結的心理學分析相結合，那麼將無意識視為生機蓬勃之母體的敘述就會得出幾個結論：

1. 無意識不是位於人體內而沒有直接觸及「外部」世界的一個垂直性心靈區位。正如卓萊（Dry, 1961, p. 127-8）指出的，這種地形學幻想是一種具體空間化的隱喻，意在讓相對無意義的考慮轉向哲學上「更深」——即更有意義——的考慮。如果人們確實想準確地談論無意識的空間性，它是一種身體化意向性，直接位於語言、歷史、知覺和文化的人口世界中。因此，它的深度既是橫向的，也是縱向的，因它做為我們原初棲居的世界環繞著我們（Jung, 1934/54, p. 22; 1973, p. 433）。[3]

2. 如同榮格所說的，無意識不是「無所覺知的」，而是一種模糊的意識，是一種缺乏自我反思之身體化存在和醒覺。

3. 做為一個可以主動地（儘管不是刻意地）解離或受壓抑的領域，無意識是相對非個人的、身體生活的生活時間。構成這個生活時間的自然節奏維持著初始狀與分散狀，在夢境和症狀中被感知，但做為身體化的必然性，它們仍然在當下，並朝向一個未來。

無意識是一個人的現在和未來，就如一個人的過去一樣（Jung, 1928b, pp. 134-5）。

4. 無意識召喚著個人意識之光的占有和自我反身（Jung, 1938/54, p. 95），它不斷地試圖糾正個人接受和認識的局限性或片面性。如果用古典的內在心理語彙來理解，這個「補償」的過程在概念上很快就會惡化成魔幻思維或者是字面意義化的能量學模型。但是，補償根本不是一個機械的過程（Jung, 1945/48b, pp. 287-8）；它是一個自我調節的過程，是流動的、靈活的以及深刻地具身化的（Jung, 1934/54, pp. 19-20）。

5. 做為一種身體意向性，無意識立即顯現於人際關係中，並且原則上可直接為觀察者經驗到。對於那些認為詮釋是推理或假設的分析心理學家來說，提出這個主張可能是令人驚訝的，然而它只是讓榮格在他的字詞關聯研究中「知道」的東西，或者每個心理治療師在每次治療中「知道」的東西，變得明確。這一主張並不意味著回到一種行為分析，因為在行為中展現的心理生活的是多義的和隱怯的，而且展現出來的東西可能被治療師感知和回應，但卻沒有被反思之光持有和認識。這就是為什麼接觸到「患者的無意識」往往是在反思自己的身體呈現和反應時發現的（Jung, 1929d, p. 71）。這一點的含義是，詮釋不是推理，不是跳進患者的頭腦，而是對立即顯現之隱在的詮釋學闡述，無論多麼細微（Romanyshyn, 1978, pp. 30-1）。

6. 已知的領域——也就是一個人認定為自己個人的（自我）——最多只能是或多或少地反映已經在無意識中活出的存在。自我理解對它自己來說從來不是絕對透明的，因為生活的非個人不透明性

仍然是反思性意識的存在性基礎。

7. 如果意識在本質上是模糊的，那麼「無意識」也是模糊的，因為前反思活出的生活是一個知覺開放和世界顯露的時刻，它既是揭示，也是隱藏。對人類來說，所表達的東西（例如，愛或憤怒）和它的表達方式之間沒有一對一的關係，所看到的東西（例如，一個微笑）和所看到的東西的可能意義之間也沒有一對一的關係。在這兩種情況下，這種關係是多對一的；有許多表達愛意的方式，一個微笑也有許多可能含義。因此，經驗和行為的結構是這樣的：意義永遠超越了行為姿態中的切近顯現，而被帶到了顯現者所帶出的內部隱在。正如羅曼尼遜（Romanyshyn, 1975）總結的，存在是做為一種隱喻的實在而活出來。在榮格的語彙中，心理生活的無意識漂移必然是以象徵的方式揭示出來的，因為象徵基本上有隱喻的結構（Jung, 1940, p. 157）。

8. 做為原初意向性的無意識對人所活的世界有一種未言明的理解。由於這個世界是一個共享的世界，由於意向性既是前個人的也同樣是普遍的，所以無意識是一個共享了情調同頻（attunement）、富於意義（meaning）或易言之，共享惻隱之心（compassion）的身體（Jung, 1927/31c, p. 150; Levin, 1982-3, p. 234）。這最後一點已由萊文（Levin, 1985）闡述，他透過原初的生活身體來指認集體無意識。他說：

> 身體原初和古老的情調同頻；它自動的和總是已經在運作的意向性；它固有的習性和傾向性之慷慨贈予；它隱在的，有時是非意願的感知性；它隱含的前理解的結構；

以及它總是可觸及什麼是基本的善、基本的真和基本的美的體會，無論多麼不成熟和未經訓練。〔這是〕人格的姿態，透過這種姿態，我們社群的夢想，我們祖先身體裡最隱在之未被承認的夢想，就會自發地表達出來，並進入文化的對話圈。（ibid., pp. 171-2）

## 做為根本性隱藏的集體無意識

當無意識是否可以被描述為意識之一種形式的問題被提出時，答案既是肯定的也是否定的。儘管在前面的討論中，無意識被闡述為眾多隱在的身體意向性，但答案也必須是否定的。榮格不會想用意向性來解釋心靈未知的全部，即一種模糊的、充滿生機的意識。此外，我們絕不能把生機母體視為都是潛在地可意識的（在反思的意義上）。這實際上表明，上述討論只涉及個人無意識，而集體無意識是不同的東西。關於情結做為身體意向性的討論的確包括了它們的非個人基礎，而尚未被我們明確討論的是這些基礎所指向的原型。換句話說，正如萊文建議的，原始身體就是集體無意識。

問題是，存在，被描述為身體化意向性的複雜態，已經是一種存有的覺醒。它預設了一種發生，一種開放，在這種開放中，存有可以顯現為身體化意向性。事實上，這個以海德格語彙表述的問題正是促使梅洛龐蒂（Merleau-Ponty, 1968）最後一部作品轉變的原因。認識到身體的意向性是一種依賴於先前發生的可能性，認識到它從「之間」（'the between'）出現並由「之間」構成，就是把

無意識從個人存在的概念性限制中解放出來，讓它落入存在事實出現的肥沃虛空中。因此，最根本的是，集體無意識是根本性的隱藏（Boss, 1975），一切都從那裡產生。

這種存有論的深化在現象學上是必要的，它在榮格的作品中也出現。因此，一方面，集體無意識是那樣的「地方」，「包含」了以特殊和典型的方式揭露和關聯到世界的具身潛在可能性，也就是原型和本能（例如 Jung, 1927/31c, pp. 152-5）。然而，另一方面，榮格也允許集體無意識有其本質上的存有論神祕性（例如 Jung, 1934/54, p. 22）。例如，他在他的一封信中說：「集體無意識，它不是為你，也不是為我，它是看不見的世界，是偉大的精神。我怎麼稱呼它都沒有什麼區別。上帝、道、偉大的聲音、偉大的精神。」（Jung, 1977, p. 375）

將生活身體置於存有的揭露性和聚集性之中，就是將注意力從身體轉移到世界，或者更準確地說，轉移到身體和世界都出現的「之間」。因此，集體無意識可以被主題化為原始身體化身體（the primordially incarnate body），但注意力從身體轉移到存有就肯定了集體無意識同樣在世界中被給予。它提醒我們，身體化意向性不能被主體主義或二元論地詮釋，這將使受到揭示的世界成為意向性的「涵數／作用」，無論是意識的還是無意識的。換句話說，當榮格說情結揭示為圖像時，我們將其解釋為榮格試圖說情結將世界揭示為圖像，這絕不能被詮釋為像是說得到揭示的世界是情結的**涵數／作用**。正如榮格堅持的，情結在本質上是圖像的，就像它們在本質上是情感的和體現的一樣。圖像的世界和人的身體形成了結構上的統一，而不是一個（身體）對另一個（世界）的作用關係。

第七章　意識和無意識

因此，如果有東西從無意識中出現，它就出現為一個新揭示出的世界，也同時是一個具身的體會。如果像榮格（Jung, 1928/31b）說的那樣，探索無意識必須「給身體它所應得的功勞」（p. 94），那麼它必須同樣給世界的事物它們應得的功勞，因為無意識也會在那裡被發現。

上述對無意識的分析似乎與分析心理學的當代發展有直接關係。它為原型心理學（多半是直覺）的主張提供了存有論上的一致性，即無意識是「環境無意識」（environmental unconscious）或「默隱環境」（tacit environment）（Boer and Kugler, 1977, p. 147）。（「生活世界」這個詞會更合適，因為「環境」太受限，缺乏歷史和心靈深度）。上述分析也糾正了發展學派在原型心理學中感覺到的身體生活的缺乏。另一方面，雖然上述分析將無意識置於身體生活中，正如以精神分析為導向的發展學派傾向的那樣，但它也糾正了這一學派從世界中退縮到笛卡兒二元論的傾向。

## 無意識的面貌和意識的態度

無意識被描述為心理生活和個人身分認同的生機母體。做為生機母體，它顯露並聚集了一個既是原始的又是歷史的生活世界。意識是從自性升起的一種能力，它將這樣一個身體化世界占有做為自己的世界，從而使人不再沉浸在尚未有意識之自性的非人格浮沉與激情中。因此，意識的發展與自我的發展密切相關。占有動作促進了「這就是我」的主張，具有英雄的品質，然而榮格對意識的理解並不限於英雄的語彙。英雄意識除了是生態上的災難以及狂躁式的

防禦之外,也往往是徹底非心理學的。因此,如果意識是一種占有的作為,它同樣是一種統覺和反思的作為。這一點已經確定。需要進一步討論的是,這在榮格眼中是意識之適當含義的理由,以及在澄清了這一點之後,在意識和無意識的關係中的意識態度。

意識和無意識之間的關係本質上是補償性的:無意識試圖為意識增加「內容」,從而實現對一個人的世界更深刻、更全面的看法。意識和無意識之間的補償關係意味著無意識傾向於做為意識的反影而被揭示。它既是來自世界的召喚,也是來自一個人的身體和精神生活的召喚。意識總是而且必然是選擇性的,因此是有限的(Jung, 1921, p. 419);從存在的語彙來說,意識總是有限的、有所置位的和有視角的。因此,無意識可以被認為是存在中之「不在場的在場」的顯現,一種缺席的出席,要求著顯露到意識中並被自我占有。做為一種在場,無意識並非一種「心不在焉」的不在場。做為一個世界,它是一個可以聽到但不被理解的聲音,一個在黑暗中看不到特徵的身影,一個看起來有奇怪熟悉感的陌生人,一個在夢中出現但多年未被想起的童年朋友,一個從未被進入的房間,一個迷宮,或者只是無盡的大海和天空。換句話說,無意識是一個總是有面孔的世界,但它是一種即便是呈現在事物上而不是在事物之間的面孔,卻也不接合在偶然性和事實性真實上。如果世界總是根據人站在其中的方式而被揭示,那麼,當這個被揭示的世界沒有被社會的陳腔濫調和經驗的字面意義擾亂時,這種做為世界的自我揭示就特別明顯。正如榮格(Jung, 1944/52)所說:「我們知道,無意識的面具不固定——它反映了我們面對它的面孔。敵意使它具有威脅性,友善使它的特徵變得柔和。」(p. 25)因此,「順從命運

的人稱其為上帝的旨意；而進行無望的、令人疲憊的鬥爭的人則更容易在其中看到魔鬼。」（ibid., p. 30）此外，基督教道德主義的態度把未知揭示為異教徒世界（Jung, 1952a, pp. 440-1），這意味著一個野蠻的異教徒世界反映了基督教道德主義的面貌（參見 Scott, 1980）。或者再次論及：英雄生活在對偉大母親之深淵的永遠恐懼及祕密渴望之中（Jung, 1912/52, p. 355），這意味著做為深淵之黑暗的未知世界反映了英雄的閃耀和狂躁面孔。

換句話說，未知的東西總是由幻想來填補（Jung, 1938/40, p. 83），而幻想總是「自畫像」（Jung, 1940, p. 155）。因此，當幻想顯露了未知但卻向人招手，且被初次活出的世界時，存在著一個自我反映的相互時刻。

這種洞察力構成了榮格對夢和積極想像之取向的基礎。例如，榮格意識到，夢中來勢洶洶的人物並不是主體在恐懼中逃離的「原因」，而是做夢者之恐懼的自畫像。這種臨床洞察，即自我與之相關的物自身，往往被榮格的「客觀心靈」概念和他的原型理論掩蓋。[4] 但實踐表明，意識的態度以及在場顯現為圖像的無意識，形成了結構上的統一體。例如，如果一個人在夢中停下來，堅定不移地面對可怕的追捕者，追捕者必然會停止他或她無情的追逐。

一位老人告訴我他多年前做過的一個夢。在夢中，一個史前怪物出現在一座山坡的山脊上，從它張開的嘴中發出可怕的吼聲。驚恐的做夢者開始逃跑，但他意識到他不可能成功逃脫，無論如何那隻怪物都會戰勝並且吞噬他。出於某種原因，也許是因為他的處境無望，他轉過身來面對這個怪物。當他看時，他發現一切都在變化。起初他很困惑，後來他對這個飽受折磨的史前生物充滿了同

情,他意識到它的吼叫是痛苦的求救。然後他就醒了。這一年是1961年,這個夢發生在南非沙佩維爾大屠殺＊之後不久。做夢的人是一個年輕的非洲白人,他害怕席捲非洲的後殖民時代變化和似乎正在壓迫他白色南非的「黑色危險」（swart gevaar）。這個夢告訴他,他害怕的危險是他自己恐懼的**反映**,而不是他恐懼的**原因**,他的種族主義和他的同胞的防禦性暴力正在給他恐懼的黑色他者造成痛苦。他告訴我,這是他一生中最重要的夢。它立即改變了他的政治、自我理解、做為南非人的身分認同,以及他的宗教關切。

一個被友善地對待的圖像總是開展與變化,開啟並豐富一個人的世界。這是真實的,無論圖像是出現在夢境、幻想或繪畫中,或是具體地顯現為一個人習慣坐於其下的大樹,一個人逐漸了解的寵物狗,一個有一天告訴你他名字的鄰里流浪漢,或者一個被邀請來吃飯的熟人。對榮格和博斯來說,事物只有在悅納他者的和甚至虔敬的關照之光中,才能顯示出它們的真實面貌。像鉛一樣壓在我們身上的症狀裡有黃金,野獸裡有王子。但友誼之手不能做為權宜的把戲;野獸必須做為野獸被愛,然後他的王子品質才能顯現。換句話說,我們不會改變這個圖像;如果友善地結為朋友,這個圖像就會治癒我們（Hillman, 1978, p. 181; 1979, p. 137; Jung, 1934e, p. 170）。[5]

---

＊ 譯註：Sharpeville massacre,發生於1960年三月二十一日南非川斯瓦省沙佩維爾的一處警察局前的屠殺事件。事件起因為一群人藉由未攜帶通行證並向警方自首,來表達對新通過的《通行證法》的抗議,警方對前來的群眾開火,造成69死180傷的慘劇。當時南非由白人執掌的政府實施種族隔離政策,設立該法的目的為限制黑人人口的遷徙自由和就業自由,後進一步成了南非政府騷擾和拘留異議人士的一種手段。此事震驚南非黑人群體,於全國各地爆發抗議和罷工活動,政府宣布全國進入緊急狀態,超過18,000人被拘留。沙佩維爾事件在外交上引發了廣泛的輿論譴責,使南非遭到國際社會的普遍抵制,在南非人權史上具有指標性意義。

因此,正如榮格(Jung, 1944/52)針對無意識所說的:

> 任何鑽研它的努力都只是表面上的成功,而且是對意識的傷害。它現在和將來都超出了主觀之任意控制的範圍,於其領域裡,自然和她的祕密既不能被改進,也不能被歪曲,在這裡我們可以傾聽,但不能插手。(p. 46)

儘管意識的誕生可能是一種傲慢(參見 Edinger, 1972),但意識的發展需要不同於陽光和英雄征服的隱喻。海德格和博斯想到了牧羊人或詩人,海德格(Heidegger, 1936)說,因為詩人的意志不是技術思維的「意志性」,而是顯露了先於人的自然意志,這種意志把事物的本質引向那個人類存有的虛空。[6] 羅曼尼遜(Romanyshyn, 1985)說,我們被召喚去見證那些不然會被遺忘的沙啞耳語。榮格(Jung, 1928b, p. 154)對幽默感的指涉是眾所周知的,但他也回顧了費萊蒙和鮑西絲,他們向卑微的訪客提供虔敬的款待。最後,希爾曼回顧了赫卡特(Hekate)的形象,透過他我們可以面對人類自由的極限。他寫道:

> 顯然,有一種視角可以見證靈魂的掙扎,而沒有波瑟芬妮(Persephone)的翻轉或狄蜜特(Demeter)的災難。它也是一個黑暗的天使……一個意識……在黑暗中閃耀,可以見證這樣的事件,因為它已經優先(*a priori*)覺察到它們。我們的一部分並沒有被拖下去,而是一直生活在那裡,就像赫卡特在一定程度上是一個冥界女神。從這個有

利位置，我們可以用一種黑暗的智慧來觀察我們自己的災難，而這種智慧幾乎不指望別的。（Hillman, 1979, pp. 49-50）

## 摘要

儘管榮格試圖支持他的意識和無意識概念與佛洛伊德的概念之間的連續性，他對每一個概念的描述卻都表明了與佛洛伊德的地形學式說明的存有論分歧。對榮格來說，意識和無意識都是模糊的：集體意識和英雄意識是無意識的形式，而無意識有其自身的操作意向性，因此是意識的一種形式。一般來說，榮格更傾向於用意識這個詞來指稱反思、統覺，並將那些前反思或「無意識地」生活的身體意向性占有為自己的之能力。

榮格的字詞關聯研究幫助他發展他的情結概念。我們主張，由於情結結構起一個人的身體反應能力、夢境、思想、語言、感覺和人際關係，因此不能用古典的哲學範疇如心智與身體來設想，而必須從存在論上來概念化。情結是一種生機的意向性，它以想像的方式揭示了世界。因此，它打開了人類生活的那些基本的模糊性（揭示和隱藏，心理和肉體，個人和非個人），榮格稱之為心靈，現象學家稱之為存在。

本章整合了榮格對情結的描述與梅洛龐蒂對生活身體的分析，並強調了他們各自的貢獻。

儘管做為生機意向性網絡的無意識包括原型，即非個人的層

面，但要承認的是，榮格對集體無意識的理解需要對迄今為止的分析進行存有論的深化。正如身體的意向性以「存有」的預先發生為前提，即身體意向性於其中構成的世界開放時刻，所以集體無意識做為前個人的和古老的意向性，以世界和身體都可以從中出現之根本性隱蔽為前提。

最後，本章討論了意識和無意識之間的關係。對榮格來說，無意識是一種不顯現，但它要求被占有，這樣一來意識的片面性和局限性就可以得到補償。要做到這一點，最好的辦法是對試圖顯示自己的東西採取堅定的領受態度。榮格在這裡的臨床敏銳是基於這樣的認識：意識的態度和無意識的面孔形成了一個相互映照的統一體。

我們已經確定，結構起心靈生活的情結具有前個人的層面。當然，這些被稱為原型，而我們現在要做的是對這些原型進行更詳細的檢查和詮釋。

# 註釋

1. 梅洛龐蒂與佛洛伊德的對話對現象學的轉化比對精神分析的轉化更具影響。但結果是，當梅洛龐蒂（或他的追隨者）以精神分析的豐富性來寫生活身體時，他傾向於將性主題化，即使他批評「這種無情的詮釋學」（Merleau-Ponty, 1960a, p. 69）。榮格的情結概念提供了一個更廣泛範圍的可能主題描述，特別是當我們回憶起有多少情結就有多少神。然而，在把榮格思想添加到生活身體的現象學中時，不能錯誤地縮減梅洛龐蒂對性身體分析的範圍或相關性。做為眾多情結中的一個，性並不是與其他「部分」一起存在的一個被限定的「部分」。根據梅洛龐蒂，佛

洛伊德表明，性不是一種本能，而是貫穿於人類生活中的一種身體必要性的維度（參見 Merleau-Ponty, 1960b, p. 227）。梅洛龐蒂的這種詮釋需要保持原樣。榮格的貢獻是堅持對其他情結也要有類似的詮釋。

2. 萊文（Levin, 1982-3）在一篇論文中提出了這一點，他將梅洛龐蒂的工作與諾伊曼對愛神（Eros）和賽琪（Psyche）的描述聯繫起來。萊文的目的是給諾伊曼的故事（以及榮格對象徵性轉化的描述）提供明確的具身性，並明確反映在梅洛龐蒂生活身體詮釋學中的象徵性和轉化性特徵。榮格對象徵性轉化的分析並不是在一個與生活身體分離的心理領域中的轉化。

3. 無意識有原始的、文化歷史的和個人特異性的維度，如果我們願意，我們可以把這些想像成層次，但如果我們在**理論**上把這些層次想像成沉積層的地形，那麼一些非常奇怪的、站不住腳的理論化就會出現。例如，無意識的歷史性成為一個被稱為「種族無意識」的層次，它被擠壓在個人無意識和集體無意識之間（Hersch, 1980）。問題是，這些「層」在沒有來自其他「層」的材料的情況下從來沒有顯示過自己，這似乎是足以從一開始就反對層理論的證明。

4. 然而，正如下一章將試圖說明的那樣，即使在這裡，榮格也為對原型的理解留下了空間，這種理解將與態度和圖像或意識和無意識之間的反映性以及榮格的臨床方法相一致。

5. 我的印象是，博斯在這個觀點上比榮格要一致得多。榮格經常在「自然態度」中相當具體地看待他自己的夢，而忘記了他所建議的反思性觀點。在他的自傳《榮格自傳：回憶・夢・省思》（*Memories, Dreams, Reflections*）中，榮格描述了一些夢境，而他完全從自我的焦慮角度進行詮釋。在我的詮釋中，當榮格試圖解釋他的夢時，他仍然處於夢的控制之中，所以他的「詮釋」只是夢的演出，而不是對夢的真正詮釋（見 Brooke, 2008）。我認為榮格對無意識以及他於其中所見之瘋狂的恐懼比博斯要多得多。

6. 在這方面，齊默曼（Zimmerman, 1986）在海德格的思想中發現了一個微妙但重要的轉變，它與榮格的轉變也有相似之處。他指出，海德格早期強調的「決斷」（resoluteness, *Entschlossenheit*）包含一個意志的、英雄式的主題，而他後來強調的「任讓」（letting-be-ness, *Gelassenheit*）則更

明顯是一種透過領受活動而被喚醒的能力。梅塔（Mehta, 1976）和維西納斯（Vycinas, 1972）優美地討論了根本的領受性及其對自然運作的參與。

榮格與現象學
*Jung and Phenomenology*

| 第八章 |

# 原型

## 榮格的概念介紹

榮格的原型概念如同他的集體無意識概念一樣，是他最為人熟知的概念。圍繞著這一概念的大部分爭議是由於對榮格含義的誤解，但必須立即指出的是，榮格本人也造成了這些困難。在某種程度上，這些困難源於定義上的差異，這可以從其歷史發展的角度來說明。

1912 年，在《力比多的轉化與象徵》（*Wandlungen und Symbole der Libido*）的原版中，榮格使用了「意象」（Imago）而不是「情結」（Complex）一詞，以強調情緒情結的自主性和「活躍的獨立性」（Jung, 1912b, pp. 55 and 492）。在這部作品的修訂版中，榮格（Jung, 1912/52, p. 44n.）說，「意象」這個語彙預示著原型的概念。在這一時期的另一部作品中，榮格（Jung, 1912a, p. 264）提到了跨個體的「種族記憶」。

1914 年，榮格對原型和原型放大法（他已經在《轉化》一書中含蓄地使用了這種方法）做了初步的表述。他寫道：「還原到普遍類型」（Jung, 1914a, p. 187），他指出，有些「典型形態顯示出與神話形態的明顯相似性」（ibid., p. 188）。

1916 年，榮格區分了個人無意識和「非個人」無意識，他把非個人無意識的內容描述為「源於自然的觀看」和「原始的想法」（Jung, 1916b, p. 272）。

1917 年，榮格提出了「集體無意識」這一語彙，其內容被他描述為原始的圖像和「主導者」（1917/43, p. 66）。山繆斯（Samuels, 1983c; 1985b, p. 24）提出了一個重要的觀察，即這篇文

章標誌著從圖像到結構的思考對象轉變，或從內容到形式的轉變。不過，他也順便指出，榮格在這個階段繼續依賴佛洛伊德的後設心理學：經濟學、動力學、力比多。

因此，當榮格使用原型一詞時，這個概念在他的個人思維中已有一段歷史，但當 1919 年這個詞被採用時，它沒有清楚明確地與他早期的表述相區別。換句話說，榮格在採用原型一詞時，沒有將他的概念與「原始圖像」、「原始觀念」、「意象」和「主導者」等術語進行批判性區分。圖像和主題結構、內容和形式之間的關鍵區別仍然是模糊的。

然而，1919 年的文章〈本能與無意識〉（'Instinct and the Unconscious'）尤其重要。儘管榮格似乎將原型一詞做為原始圖像的同義詞來介紹，但語彙的變化使重點從圖像轉移到結構上。原型與其說是做為一種圖像，不如說是做為一種知覺和統覺的形式，以及做為一種給本能生活以圖像形狀和方向的結構來設想。榮格不是要把拉馬克（Lamarck, 1744-1829）的不光彩的觀點偷運到心理學中去：原型不是遺傳下來的內容（圖像、觀念、記憶），而是結構起知覺、統覺、本能等的**形式**。第二，這篇文章將人類心理生活的基本要素置於與動物生活和自然界既連續又不連續的邊緣。原型是專門針對人類的，因為它們揭示了做為人類世界的世界——正如榮格在其他地方所說（Jung, 1936/54, p. 66），它們給世界打上了「人化的烙印」——但它們也將人類生活置於自然之中。在這篇原創文章中，榮格將原型描述為「**本能對自身的感知**」（Jung 1919, p. 136）；它構造了人類的身體化生活（行為），就像某一原型結構了絲蘭蛾的本能行為一樣（ibid., pp. 132, 137）。

他在《論心靈的本質》中進一步澄清了原型圖像和原型本身之間的區別，他把原型描述為「類心靈」（psychoid）。這意味著原型並非嚴格意義上的心理內容或現象，而是處於存在之心理維度和有機維度之間的模糊邊緣。因此，從原則上講，原型本身永遠無法被體驗。正如榮格所說：

> 由無意識中介給我們的原型表徵（圖像和想法）不應該與原型本身相混淆。它們是非常多樣的結構，都指向一個本質上「不可呈現的」基本**形式**。後者的特點是具有某些形式元素和某些基本含義，儘管這些只能被大致掌握。原型本身是一種類心靈因素……本身似乎並不能夠達到意識。（Jung, 1947/54, p. 213）

或其他地方：

> 我一再遇到一種錯誤的觀念，認為原型是由其內容決定的，換句話說，它是一種無意識的意念（如果這種表達方式是可以接受的）。有必要再次指出，原型並不由內容來確定，而只在形式上確定，而且只是在一個非常有限的程度上確定。一個原始圖像只有在它被意識到，並因此被意識經驗的材料填充時，其內容才被確定。（Jung, 1938/54, p. 79）

榮格非常強力地堅持將原型圖像與原型分離，而且經常重複

強調，這顯然是他的本意所在。但榮格並沒有批評他早期沒有把圖像與原型分開的表述。更糟的是，他自己的用法很鬆散，經常與他的理論立場相矛盾。因此，他有時確實把原型描述為繼承而來的無意識圖像（例如 Jung, 1922, p. 80; 1928b, p. 190; 1936–7/59, p. 44），而且至少有一次（Jung, 1935/53, p. 518）他使用了「繼承來的觀念」（inherited ideas）一詞。除此之外，榮格還將他的概念置於一個貫穿柏拉圖（Plato）（「形式」〔forms〕）、奧古斯丁（Augustine）（「原型」〔archetypes〕）、康德（「範疇」〔categories〕）和叔本華（Schopenhauer）（「原樣」〔prototypes〕）的脈絡中。

並非所有的評論家都釐清了這種混淆。雅各比（Jacobi, 1959）是榮格思想最著名的闡釋者之一，她甚至在說原型「本身就是一個圖像」（p. 37）時，也做出了上述區分。然而，一般來說，我們的立場就是承認榮格的粗心大意。因此，霍布森（Hobson, 1971）提出了一個重要的觀點：「談論蛇的原型是非常寬泛地使用這些詞」（p. 72）。這是因為，「就原型主題而言，一條咬著牠尾巴的蛇可能更接近於一座有城牆圍繞的城市，而不是一條鑽進洞裡的蛇」（ibid.）。

最後一個導論性觀點是，榮格的原型概念是做為他的情結概念的延伸而發展的。榮格注意到，情結呈現出一些典型形式，這些典型形式可以在童話和神話中被識別出來，而且在某些時候，它們在結構上的相同是跨空間和時間的（即跨文化和歷史的）。因此，榮格覺得有必要給心靈複雜態和個體發生學發展一個超個人的基礎，而原型提供了這個理論基礎。但是，儘管榮格（例如 Jung,

1936–7/59, p. 42）傾向於將情結置於「個人無意識」中，而將原型置於超個人的「集體無意識」中，但它們之間存在著本質的連結。原型做為情結出現在一個人的生活中；情結有一個原型的核心（Jung, 1928/31a, p. 369）。這意味著以實務的目的而言，在治療中區分個人無意識和集體無意識可能會太過刻意且誤導（Williams, 1963）。這也意味著，一些榮格學者對個人和發展問題的強調並沒有忽視集體無意識，因為它是嘗試讓原型的面向更直接地以及與存在有關地真實（Whitmont, 1982, pp.342-3）。對目前的目的來說，更重要的是，它意味著定義情結的語彙——身體／行為、圖像、認知結構和情感——也定義了原型。在相當程度上，榮格透過他對情結的理解來接近原型。

有了這些初步的評論，就可以接近榮格設想的原型的定義了。然而，問題是要制定一個不會引起理論問題的定義。例如，最近出版的《榮格心理學辭典》（Samuels et al., 1986）中的定義似乎就存在這個問題，其中原型被定義為「心靈的繼承部分；與本能有關之心理表現的結構模式；一個本身無法呈現的假想實體，只有透過其表現形式才會顯明」（p. 26）。這在某種意義上是可以接受的，但它使用的語彙都相互需要定義。

關於原型概念的一個基本要點，普羅戈夫（Progoff, 1956）表達得特別清楚，他說

> 榮格的原型理論的目的是識別和描述那些對人類物種來說是通用的行為模式，就像築巢對鳥類來說是通用的一樣。（p. 165）

在榮格的定義中反覆出現的「行為模式」一詞,可以進一步區分。因此,對榮格來說,原型可以被定義為那些開啟行動、反應和經驗的典型模式的來源,這些模式是人類的特徵。它們是具體的人類傾向,賦予人類生活以結構和密度,它們為人類可能的想像和成就設定了外部界限。由於這個原因,榮格也把原型稱為「**想像的範疇**」('categories of the imagination')(Jung, 1935/53, p. 518)。

原型與本能密切相關,但這種聯繫在榮格的作品中似乎有些含糊不清。一方面,原型是「本能採取的形式」(Jung 1927/31c, p. 157),而原型圖像是「本能對自身的知覺」(Jung 1919, p. 136)。另一方面,榮格有時似乎在描述本能和原型之間的對立。然而,在這種情況下,榮格只是承認這樣一個事實:原型圖像可能與通常所說的本能生活之間構成一種張力,因此,原型與本能的連結是以精神與本能的兩極被經驗到的(Jung 1947/54, p. 205)。因此,榮格的觀點是,做為賦予人類本能生命以形式的結構,原型是將身體生命(bodily life)——或梅洛龐蒂所說的生命秩序——轉變為人類生命(human life)的能力。如果原型是本能的一個圖像,它也是一個「精神目標」(ibid., p. 212)。這其中的一個含義是,本能和原型在概念上的分離並不十分有意義。一個基礎的、野蠻的「本能」生活仍然是以原型來結構出其圖像和意義,[1]而且沒有一個繼承而來的原型不是具有想像力和情感**力量**的身體習性。

因此,本能這個詞,特別是在榮格晚期的作品中,往往被歸入原型的概念之下,並且幾乎從這些著作中被刪除。他用這個詞寬泛地表示「情緒習性」(emotional aptitudes)(Jacobi 1959, p. x)。一個順便做出的定義似乎捕捉到了他後設理論上未特定化的概念。

「本能的這個觀念，」他說，「不過是各種有機的和心靈的因素的統稱，其性質大多是未知的。」（Jung, 1925, pp. 191–2）

榮格傾向放棄本能這一語彙，這反映了他與生物學和佛洛伊德之間愈來愈遠的典範距離，也可能是認識到人類生活中沒有任何行動或反應（除了最簡單的反射，甚至只是在某種程度上）可以用本能這一詞最初所暗示的，預定好的一對一「刺激—反應」模式來解釋（Merleau-Ponty, 1942）。不用說，現象學支持榮格放棄這個語彙。

如果原型是開啟行動、反應和經驗的來源，那麼行為和經驗在本質上就不是可分離而有內在連結的，而原型是兩者共同的結構。像情結一樣，原型在身體上表現為行為，在心理上表現為圖像。和情結一樣，原型也是情感性的。因此，榮格（1927/31b）寫道：「原型是行動的即備系統（systems of readiness for action），同時也是圖像和情緒。」（p. 31；亦參見 1964, p. 87）

因為原型做為一個整體結構了心靈生活，而且因為在心靈生活的古老層面裡「思想本質上〔是〕揭示」（Jung, 1934/54, p. 33），在知覺中給出的原型因此也結構了思想。榮格並不想否認人可以自由思考。他把「思考」和「有思想」區分開來，前者是一種開放和自由的（自我的）活動，後者是一種更原始的（自性的，或認同於自性之自我的）活動，只是原始感知和情感的認知面。然而，這種區分並不否認賦予思維以形態的根隱喻（root metaphors），或圖像，無論多麼自由，都是原型的。真正的思考和僅僅是「有思想」之間的區別，並不取決於思考是否有原型的、圖像的根源，而是取決於自我與這些根源的關係。我們還可以順便

指出,像海德格(1954b)一樣,榮格把思考視為一種持有和占有來到自身之思想的能力。思考的根源不是人類中心的(海德格)或自我的(榮格)。因此,正如榮格所說,冒著誇大其詞的風險:

> 歷史上所有最強大的觀念都可以追溯到原型。宗教觀念尤其如此,但科學、哲學和倫理學的核心概念也不例外。(Jung, 1927/31c, p. 158)

最後,榮格傾向於認為原型是產生圖像的內在潛能,其產生的圖像也被封裝在內部。不過,即使在他 1919 年的導論性論文中,他也注意到這些潛能做為特定圖像出現在特定的處境中,這些特定處境可說是起到了「觸發器」的作用(Jung, 1919, p. 137)。因此,「原型處境」(archetypal situations)的想法是適宜的(Jung, 1917/43, p. 110; 1934/54, p. 38)。這些是「生命的原始處境」(the primal situations of life)(Jaffe, 1971, p. 16),如出生、死亡、婚姻、母職、父職、面對危險時保護他人的英雄作為,以及轉化。

總結一下這個導論性的討論。榮格認為,原型是做為人類特徵之典型行動、反應和經驗的來源。它們在人類生活的典型處境中結構出相應的行為、圖像、情感和思想。榮格提出了原型的概念,做為一種假設性的建構(hypothetical construct),來說明人類心理生活中的結構相似性和密度。因此,原型本身並不顯而易見,只有透過它在個人和集體生活中的特殊表現才能被人所知。換句話說,我們假設情結有一個原型的核心,但儘管這個核心永遠無法被完全感知或理解,但它的形成能力可以在情結的運作中被直觀獲得。

## 詮釋學的批判

榮格的方法廣義上來說是詮釋學的,這是他批評精神分析的主要角度。但也正是從這個詮釋學的角度,產生了對榮格之原型概念的一些有說服力的批判。

迄今為止,對榮格作品的唯一廣泛的詮釋學批評(至少在英語中)應該是斯蒂爾(Steele, 1982)的著作。可以回顧一下,他的主要論點是,榮格的方法和理由是詮釋性的和歷史性的,因此榮格經常訴諸於自然科學的認識論和生物語言既是不必要的,也是誤導性的。[2] 斯蒂爾注意到一個特殊的諷刺現象,在榮格早期作品(Jung, 1914a)中就已經觸及,但在後來更加清楚。特別是在一篇文章中,榮格(Jung, 1936/54, pp. 57–8)對心理生理學發起了猛烈的攻擊,並將其化約論與煉金術士的可笑主張連結起來。然而,榮格似乎沒有意識到在多大程度上這也正是他的錯誤。如斯蒂爾所說:

> 原型不能被用作生理作用者,因為要這樣做,榮格必須把心靈結構轉化為一種物質力量,他必須把透過內省和詮釋發現的東西轉化為客觀物⋯⋯〔榮格〕了解到這種煉金術是一個錯誤,因為它類似於古人把心靈現實投射到物質上的錯誤。榮格也犯了這個錯誤,他把原型投射到大腦灰質上。(Steele, 1982, p. 332)

因此,斯蒂爾對原型(和集體無意識)概念的詮釋並沒有偏離發現「它」的方法論,這個方法論是徹底歷史的、文化的和語言

學的。堅守在這個方法論及其隱含的認識論限制中,意味著集體無意識不是「經由遺傳而來的無意識」,而是「我們的集體無意識遺產」(ibid., p. 334),而原型是我們共同的歷史關切。「原型圖像是由文化和個人形成和塑造的,所以它們並不是等同的,」斯蒂爾說,「但有些人類的基本關切在不同文化及歷史過程中以非常相似的象徵形式表現出來。」(ibid., p. 333)

圖像是徹底歷史的,它們需要在歷史的(個人的和文化的)語彙中詮釋。但在承認「人類的基本關切」時,斯蒂爾走到了詮釋學認識論的邊緣。儘管斯蒂爾的論點阻止我們跨越這界限進入生物學——榮格(Jung, 1931b)自己也承認跨越這一步是誘人的「時代精神」(p. 340)——但它並不阻止人文科學家以更好的存有論精確度分析這些人類的基本關切。在這方面,還應該提到的是,斯蒂爾簡要地討論了榮格把原型連結到人類身體整體而非連結到大腦所做的努力。這一討論及其意義將在下文中探討。

儘管有些模糊不清,詮釋學的批判也可以在分析心理學中找到。詹姆斯・希爾曼明確地反對詮釋學。「詮釋學是一神論,」他說(Hillman, 1983b, p. 57),他的意思是,現象是以單一意義的概念來詮釋(ibid., p. 52)。相反地,希爾曼主張的是一種現象學方法,它停留在圖像上,只闡明對圖像意識來說立即可以理解的東西(ibid., pp. 51–7)。但希爾曼對詮釋學的抨擊是完全錯誤的,他對詮釋學與現象學的區別是站不住腳的。它太絕對地區分了詮釋和描述,實際上是對兩者(以及語言)作自然主義式的特徵誇大。事實是,希爾曼也進行了具有明顯詮釋學特徵的詮釋動作,即把個人想法解構成神話幻想。與希爾曼一貫的做法一樣,這是一種有原創性

的翻轉詮釋。

希爾曼對原型概念的批判跳板來自於榮格本人的取向，按照後者的說法，我們不再問被思考的是什麼，而是問誰在思考（Jung, 1938/54, p. 77）。當應用於原型的概念時，關於其實徵和存有論地位的問題就變成了關於榮格思考的視角的問題。[3] 希爾曼獨特的詮釋學舉動指認出這樣一個幻想，即假設原型是產生圖像之物自身（things-in-themselves）的幻想。希爾曼說：「如果沒有原型的視角透過你說話，你就無法開口。」（Hillman, l983b, p. 119）如果榮格認為一個圖像的「背後」是一個假設的原型，希爾曼利用榮格的倡議，看到原型假設的「背後」——或者說，站在原型假設的這一邊——是另一個圖像，一個創造「假設」的人物圖像。

希爾曼在圖像的認識論和存有論中保持一致。因此，關於榮格對原型的百科全書式的「證明」，希爾曼（Hillman, 1981）寫道：「收集數據與其說是客觀地展示了原型的存在，不如說是展示了『客觀數據』的幻想。」（pp. 12-13）這是腓力斯人（the Philistine）關於客觀世界真實而單一的「事物」——實體——的幻想（Berry, 1973），這是一種笛卡兒式的幻想，它將被知者與知者分開。這樣的分離也是一種英雄式的圖謀，因為它同質化和扁平化了生活世界直接呈現給一個有身體、有歷史之主體的豐富面貌。被感知的世界不再有一個具身的脈絡，而感知的眼睛變成了自然科學家之無身體的、非歷史的、匿名的眼睛。如此之原型的假設產生自羅曼尼遜（Romanyshyn, 1984）稱為「專橫之眼」（despotic eye）之視野所屬的幻想。

對希爾曼來說，這種解構意味著原型做為一種物的概念——

原型一詞做為名詞——在存有論上或實徵上不再有用。然而,「原型的」做為形容詞被保留下來,它描述了在經驗中出現之圖像的特定特徵。原型圖像在意義和價值上是超個人的(Hillman, 1981, p. 13),而「原型的」是做為圖像本身的一個維度被賦予。如果原型如榮格所說是不可知的,這並不是因為它們是位於康德的物自身,而是因為圖像本身在操作上是不可被知的,因為它們有無盡的神祕性、力量以及闡述和參照的可能性(Hillman, 1977)。

斯蒂爾和希爾曼的批評的共同點是,拒絕原型的概念做為一種指稱實質實體的假設。後者被認為是一種自然主義的幻想,與榮格的詮釋學方法相矛盾,同時也是被圈定在語言、個人經驗、文本、神話學、社會人類學和文化歷史之中。而看穿這個「假說」的特定文化幻想也意謂著對它的拒絕。換句話說,榮格自己的方法提供了一種詮釋學還原,從一個假定之實體的實徵性考慮去思索這些考慮之所以可能的存在角度。最後,榮格描述為原型的圖像被理解為文化上獲得的想像結構。它們是徹底歷史性的,而它們的普遍性在於這樣一個事實,即處於歷史中的想像結構也是共享於極寬廣的空間與時間中。特別對於希爾曼來說,它們的普遍性在於其超個人的意義和價值。

我們已經指出的諷刺是,詮釋學批判的根源在於榮格的取向本身,榮格提供了工具來破壞他自己的假設。事實上,榮格不僅僅是提供了這些工具,在他自己對原型的一些說明中,有 個重要的詮釋學推力。沒有被充分認識到的似乎是,這些說明產生了邏輯上不同的話語秩序,不能簡單地以折衷的方式加入到自然科學的視角中。

榮格的論點，意識——或更普遍地說是經驗——提供內容給原型結構（圖像、行為、儀式、文化神話），意味著原型總是「受制於局部的、時間的和個人的條件」（Jung, 1954, p. 346）。但榮格注意到，儘管如此，圖像還是有一些不可言說的東西，特別是當它們是神聖的，並有明顯的超個人的、文化的參照。這種內在的不可言說性使榮格總是超越已經被闡明和理解的東西而進一步地放大。這些放大似乎圍繞著一個不斷後退的意義核心而螺旋式上升，因此一個圖像或圖像群永遠不可能被完全和終極地表達出來。正如榮格（Jung, 1940）所說：「每一種詮釋都必然是一種『宛若』。意義的最終核心或可被圈限住，但不能被描述。」（p. 156）這個被稱為「終極意義核心」，或「無意識的意義核心」（ibid., p. 157），或「不變的意義核心」（Jung, 1938/54, p. 80）的東西，總是既存在於圖像中又不可觸及，就是榮格所說的原型。但我們現在可以看到，這個原型的定義是內生於詮釋學方法論的，它沒有跨越詮釋學認識論的限制而進入生物學。

　　根據亞菲（Jaffe, 1971）的說法：「隱藏的實在和它在意識中的顯現之間的區別，對榮格來說，形成了他的心理學思想和他的作品的基本認識論基礎。」（p. 42）然而，一般來說，人們似乎沒有注意到，這種區別反映了一種包含於圖像本身裡的結構張力。榮格本人在區分原型和原型圖像時似乎忘記了這一點，因為這種提法有將圖像的意義與圖像本身分開的危險，有剝奪圖像的固有力量而將之降低到僅僅是如同符號一般指向其他東西的危險。人們很容易被吸引到這種思維方式上去（Cohen, 1976; Hillman, 1977）。然而，這顯然不是榮格的本意，因為他一再堅持，一個圖像就是它自己的

意義。正如榮格（Jung, 1947/54）所說：「圖像和意義是相同的；當前者成形時，後者也會變得清晰，」（p. 204）因此，揭示與隱匿之間的緊張關係並不是兩個本質上不同但又相互連結的實體——顯性圖像和隱性原型——之間的存有論緊張關係。它是在圖像顯現之本身結構中給出的一種詮釋學上的張力。因此，原型不是外於圖像的，而是**顯現之性質，它導致了其自身內部性的深度。**

然而，這就是說，一個圖像即是一個隱喻，而我們能接觸到的是做為隱喻實在的顯現。榮格和當代現象學家如羅曼尼遜在這裡達成了一致，也許正是這種對顯現之隱喻結構的認識，將原型心理學與榮格和現象學連結起來（Avens, 1984）。

因此，詮釋是一種依附於歷史中的言說行動。它不導致一個離散而無歷史性實體（原型）與一個假設的指稱意義；原型顯現的不可言說性並不意味著一個實徵上的（或「形上學的」）不可通達性。詮釋導向了一個肥沃的內部，要求進一步的言說行動。在這方面，榮格有些笨拙的表達並不特別重要，因為他的意思很清楚。他寫道：

> 我們一刻也不敢屈服於原型可以最終被詮釋和處置的幻覺。即使是最好的解釋嘗試，也只是或多或少成功地翻譯成另一種隱喻語言。（Jung, 1940, p. 160；參見 p. 179）

榮格沒有利用他對原型顯現的詮釋學理解來重新思考他的形上學或他的生物學參照。換句話說，即使榮格消解了康德在**物自身**與

**現象**之間的形上學區別,即使他認識到試圖在大腦中找到精神生命的起源是煉金術士的幻想,他也幾乎沒有批判性地處理這些問題。相反地,正如他的風格,他允許幾種認識論平行存在。

榮格的康德主義已經討論過了,此時不需要進一步討論。然而,榮格的生物主義則是另一回事。有一種傾向——在斯蒂爾那裡是明確的,在希爾曼那裡是隱含的——是把對生物學的參照簡單地視為誤入歧途。榮格試圖將原型置於大腦的結構中,這確實違反了他的方法論和認識論的限制;而且,在鹽類、脂肪酸、基因和神經元等的一邊,與經驗和意義的另一邊之間,確實有一條不可逾越的存有論與概念鴻溝。儘管如此,詮釋學對榮格化約論的拒絕可能有這樣的危險,即忽視一些將使得原型概念獲得更完整之存有論理解的重要面向。換句話說,雖然我們可能同意榮格試圖將原型置於大腦中是一個認識論上的錯誤,但他這樣做的**嘗試**可能暗示了關於原型的一些重要內容。也許,榮格的錯誤再一次是在於他的理論思維而不是他的直覺。

在對原型的詮釋學說明中,似乎缺少一種充分的存在密度感。如果沒有原型,只有圖像(無論它們是否被稱為原型的),而圖像是徹底文化的和歷史的,那麼,圖像似乎沒有定錨它們所必要的存有論維度。既然「圖像就是心靈」(Jung, 1929b, p. 50),當它融化為流動性和相對性,心理生活就失去了其必要性。價值和意義也隨之消失,關於心理生活的思考也就走向了虛無主義(Levin, 1985)。在分析心理學中,這種消融意味著原型這一語彙平庸而瑣碎化了。它變成了只是一個「醒目詞」(Plaut, 1982, p. 288; Samuels, 1985b, p. 45),似乎只是為了確定分析者對分析心理學

（或榮格）的堅持，而不是對任何理論上或存在上必要的東西的堅持。原型的文化—歷史維度需要一個理論上的定錨。斯蒂爾對「人類基本關切」的提及似乎過於模糊和薄弱，無法平衡這種消融，或者至少需要更多存有論上的闡述。

其次，對原型的詮釋學說明未能說明榮格科學努力的基本和有效的面向：描述一些定義人類世界為一個特定物種世界的想像和行為結構，或者是動物行為學之父馮・韋克斯庫爾（von Uexküll）所說的周遭世界（Umwelt）。

## 榮格的動物行為學和原型的身體性

奇怪的是，動物行為學（ethology）、先天釋放機制（innate releasing mechanism）、固定行動模式（fixed action pattern）和頂部中心（top centre）等語彙，以及馮・韋克斯庫爾、勞倫茲（Lorenz）和丁伯根（Tinbergen）的名字都沒有出現在榮格的《榮格全集》（Collected Works）、《信札》（Letters）、《榮格自傳》、《影像研討會》（The Visions Seminars）或《人及其象徵》（Man and His Symbols）的索引中。儘管如此，榮格似乎早在1938年就知道動物行為學家的工作（根據 Humbert in Gordon, 1987, p. 97），而且動物行為學的理解在他關於原型的著作中都能找到。

1919年，當原型一詞被採用時，榮格將其描述為在絲蘭蛾身上和人類身上協調本能行為和知覺的東西。1927年，榮格將原型定義為「行動即備系統」（Jung, 1927/31b, p. 31）。這預示著丁伯根的概念「先天釋放機制」，它會在特定物種之「標誌刺激」

（sign stimulus）脈絡下被「觸發」。這種動物行為學意義就特別清楚，當榮格寫道原型是

> 一種遺傳的心靈作用模式，相當於小雞破蛋而出、鳥兒築巢、某種黃蜂螫傷毛蟲的運動神經節、鰻魚找到百慕達群島的方式。（Jung, 1949b, p. 518）[4]

我認為，在榮格試圖將原型置於大腦遺傳結構的背後正是這種動物行為學意義，而非僅僅反映了榮格的一種揮之不去的生物主義。榮格似乎在說，人類世界具有與其他物種世界類似的一致性和結構（儘管它更加複雜和多變），如果不是因為不同的遺傳結構，物種之間的差異就不會發生。對大腦和遺傳學的提及與其說是對因果來源的提及，不如說是對這樣一個事實的承認：如果不是遺傳上的可能，世界就不會以人類世界的形式開放（Jung, 1976a, pp. 159-60；參見 Jaffe, 1971, p. 16）。

這幾乎是沒有爭議的，事實上，現象學可以為動物行為學研究提供一個適當的認識論框架，只要這樣的研究去掉實證主義的設想（Fourcher, 1979a, 1979b）。然而，為了讓存在現象學接受榮格對原型的動物行為學理解，有必要做一些本質上的澄清。

首先，如果原型有一個基因層面，這並不意味著原型圖像在任何意義上位於主體內部除非它被「投射」出去。榮格混淆原型和圖像的傾向，其結果是將圖像本身置於大腦中，或者至少是主體中。**原型結構了經驗，它們並沒有產生經驗。**

第二，榮格對大腦或遺傳學的援引應該被拒絕，除非他指向

的是人類身體性（human bodiliness）整體。孩子、母親、父親、永恆少年、英雄、婚姻和犧牲是人類的基本事件，對於一個生來具有鯊魚基因的生物來說是不可能的，但這些主題具有文化意義和個人的複雜性，這使人無法想像其中任何一個可以被歸結為特定的基因或基因組合。因此，儘管身體在很大程度上是根據遺傳結構而成熟的，但顯露人類世界的是人類身體性整體，而不是基因或大腦。正如榮格所說：

> 人的整個解剖學是一個遺傳繼承的系統，與祖先的體質相同，它將始終以同樣的方式發揮作用。結果是，產生任何新的和本質上不同的東西的可能性變得愈來愈小。因此，所有那些對我們的近代和遠古祖先至關重要的因素對我們來說也是至關重要的，因為它們被嵌入了遺傳的有機系統中。它們甚至是這樣的必然性（necessities），讓人感知為需求（needs）的必然性。（Jung, 1928/31a, pp. 371-2）[5]

第三，正如路德維希·賓斯旺格（Binswanger, 1946）在討論馮·韋克斯庫爾時指出的，「周遭世界」和現象學家的「世界」之間的明顯相似性不應該導致兩者的混淆。根據佛歇（Fourcher, 1979a, 1979b）的說法，甚至當代人類動物行為學也傾向於落入這種實證主義的視角。然而，人類的「世界」是文化的和歷史的，具有開放的靈活性和自我超越的多樣性，這不是由「周遭世界」概念中給出的，後者指的是感官環境。當我帶著我的狗走過我的大學

時，我在一個聚集了天主教和西方歷史的世界裡，有聖者、科學家和學者，有渴望求知的年輕學生，有圖書館和教室，還有對我這個教授而言站在我們祖輩夢想中的義務以及對我學生之未來的虧欠。這些語彙沒有一個適用於我的小狗，對牠來說，這個周遭世界與當地的商場或城市街道沒有什麼不同，只是需要避開那堅硬的、具危險性的、用圓滾滾的腿（端看狗是怎麼看汽車的）來移動的物體少了。

第四，正如賓斯旺格和佛歇指出的，現象學的動物行為學不想把身體性從其世界顯露的生發事件中分離出來，或者換句話說，不想把在世存有當作根本上是孤立和離散的變項，即主體和對象間之作用關係的結果。

總之，榮格反覆提到大腦和遺傳學是有問題的，原因有幾個。它們混淆了方法論，違反了他的詮釋學認識論的限制；它們忽視了人類的歷史和文化性質；當原型在概念上與圖像混淆，甚至被認為產生了圖像，那麼經驗和想像就被帶離了世界，並被置於主體內部，從這一點來看，有意義的關係成為「投射」的作用；它們忽視了人類做為一個永久開展和自我轉化世界之根本的自我超越性。不過，這些對身體的提及是一種持續的嘗試，是在心理生活的詮釋學理解中記起（remember）（重新納入〔re-member〕）身體，換句話說，這是一種嘗試，將經驗和意義定錨於身體性實在的存在密度和特定性中。從這些存在論的角度來詮釋，對現象學家來說，承認遺傳基礎是使原型結構成為可能的物質條件就沒有問題。根據茱蒂絲·赫巴克（Judith Hubback）（Hubback, 1986, p. 142）的說法，對身體的納入是一種嘗試，以使分析心理學盡可能保持理智。

然而,一個尚未解決的問題是,榮格如何一方面把原型說成是圖像或圖像群中的意義核心,另一方面又說成是結構出行為和經驗的特定物種之潛在可能性。榮格使用兩種形式的話語,詮釋學和動物行為學,而兩者似乎難以兼容。詮釋學的答案拒絕榮格的動物行為學,認為它是一種站不住腳的生物化約論。不過,這種動物行為學可以被詮釋為具有存在上的意義。另一方面,如果採用動物行為學對原型的定義,似乎就會失去榮格對圖像間之存有論和詮釋張力的重要詮釋學理解。正是在這種困難面前,存在現象學提供了一個解決方案;它提供了一種具身體性及奠基性的人類學,但要求以詮釋學取向來理解身體的在場與經驗。

## 原型與在世存有

　　現象學闡明了一種人類學,此一人類學將身體和世界經驗置於被稱為存在或在世存有的生發事件中。在這樣做的過程中,它表明身體不是一個本質上孤立且與環境中的其他實體有一系列作用關係的解剖學實體。相反地,身體本質上是一個具顯露作用的在場(disclosive presence),它鏡映了一個世界並被其所反映。因此,身體的姿勢、解剖學部位,甚至基因,與其說「導致」了世界以某種方式出現,不如說是那個被稱為「存在」之整體的身體表達。這並不是說姿勢和基因同樣可以被反思、占有和轉化·一個人可以改變自己的姿勢(從而改變自己的世界),但不能改變自己的基因——或只能在非常有限的範圍內。但這確實意味著,人體是意義的表達,而不是因果的來源。

如果原型是人類物種特定的身體潛在可能性,那麼它們就不會比做為意義與世界顯露之在場的人類身體性還早出現,更不會是解剖學意義下的實體。錯誤不在於將原型置於身體中(只要「於……中」不是作字面意義上的理解),而在於試圖透過將身體做為非意義性的解剖學醫學幻想來這樣做。榮格在 1930 年代的一次研討會上說:「身體,」(Jung, 1976b, p. 475)「是此時此地的可見表達。」[6] 它在自己具意義的姿勢、年齡、健康、智力、性別等方面顯露了一個意義世界。原型是人類的身體潛在可能性,它以典型的人類方式結構了在世存有。然而,這並不意味著,原型不能做為人類心理生活所由出之圖像的不可言喻意義核心。在世存有意味著以人的方式結構出來的身體生活是一種臨現(presence),披露並揭示了一個以人的方式結構出來的世界顯化。如果原型不是身體性的實體,而是身體顯化的基本可能性,那麼,原型同樣是世界做為人類世界而被揭示和參與的基本模式。如果自性聚集世界,這個聚集就會是以原型的方式進行。原型做為一種「揭示—隱匿」的顯化(presence),既在世又在身。存在是一存有論整體,於其中做為身體的原型和做為圖像的原型相互一致。因此,對人類存在的現象學理解將原型置於身體生活中的同時,也堅持以詮釋學取向來理解此一身體生活和其揭示的經驗。[7] 這樣的理解使對原型的思考回到了榮格的根本直覺,即原型既是「本能」又是圖像。

只需要重申,心靈是我們以心理方式生活於其中的世界;圖像揭示了這個世界,而不是一個封裝的及個人內部的狀態。換句話說,分析心理學所稱的圖像,現象學依循海德格而稱之為物(things)。榮格選擇談論圖像,以拯救心理生活的自主性和完整

性，但由於他的形上學贊同了世界是廣延之物（res extensa）的笛卡兒觀點，他將這些圖像內化於主體之中（即使他添加了一個「集體無意識」）。正如雷德費恩（Redfearn, 1985, p. 31）指出的，從這一點來看，原型的身體面向與世界之間的關係成為一個問題，榮格只用共時性的概念來解決這個問題。但對原型的存在論描述根除了訴諸這種神奇解決方案的傳統，因為它將原型圖像直接置於世界之中，即心理生活的原始家園。心理實在的基本隱喻結構就在圖像本身的結構中被賦予了，因為圖像是一個揭示的時刻，同時也隱匿著一個無法表達但卻召喚著說明的內部性。[8]

將原型置於在世存有之中，使其身體化的密度和不透明性被納入和主題化，就是明白心理生活的一致性和結構是在存在本身中給出的。這有一些非常重要的意義，它構成了此在分析對榮格論點批評的基礎，榮格的論點是在一系列結構上相似的圖像背後需要有一個原型。

博斯（Boss, 1957）和史考特（Scott, 1977）指出，榮格的形上學背景，即主體和世界基本上是孤立的，使他無法想像）人們的共同性是自我呈現並可被描述。只有在人類與對象／圖像的關係整體性被切斷後，才有必要假設一些東西——原型——來解釋明顯可見的整體性。換句話說，我們承認榮格注意到在一系列跨越空間和時間的圖像中存在著主題和結構的一致性，從諮商室到希臘神話到原住民儀式。但是，由於忘記了我們與世界間之身體化關係的構成性力量，榮格覺得做為一個經驗主義者，他有義務提出一些假設來解釋其主題的統一性。

從一個人與世界的關係來設想原型，而不是將其視為產生圖

像的假想實體，可以將人的思維和知覺從違反經驗的立場中解放出來。如果原型圖像被認為是由原型產生的，那麼原型和它的圖像之間基本上是一對一的關係：母親的原型圖像來自母親的原型，兒童圖像來自兒童的原型，等等。這種概念違反了經驗，因為它立即變得有問題，比如說，一個孩子或一個退行的成年人如何從母親圖像體驗世界（無論是清醒的還是做夢的）。沒有糾正自己的「假設」並回到經驗中，這種原初的違反反而在理論構思中被延續下來，即兒童或退行的成年人在他或她的心靈中有一個原型，它產生的圖像被「投射」到世界上。因此，母親的原型產生母親圖像，然後投射到具有母親特質的人身上的這種假設被強行保留，但其代價卻是直接認為兒童或退行的成年人生活在母親圖像的世界。博斯（Boss, 1957, p. 117）正確地認為，母親圖像的整體性是在**幼稚性**（或兒童性）的結構中給出的，沒有必要假設一個母親原型的結構作用。因此，如果要保留原型這個詞，它需要指的是兒童—母親關係的結構，而不是指其中一個或另一個，好像它們是自足的實體。

這不是說要用另一種簡單的一對一的關係來取代原型和圖像之間的關係。每一個存在的潛在可能性都有一系列典型的世界關係。例如，兒童原型不僅活出兒童—母親生活，而且活出兒童—父親、兄弟、姊妹生活。此外，做為兒童，其圖像可以進一步區分為，例如，英雄或永恆少年，而其中每一個都有其典型關係。英雄孩子不僅與如惡龍般的母親鬥爭，也與暴虐的父親鬥爭（宙斯—克洛諾斯；普羅米修斯—宙斯；伊底帕斯—拉伊奧斯），而永恆少年同樣與母親、老人和阿尼瑪相連。更進一步說，孩子與之相關的每個人物都位於一個脈絡中，即它自己的關係網絡中。

在人類的存在中也有一種本質的自我反照，這不是做為一種自我觀察的抽象能力——至少原初上不是那樣——而是一種如看見鏡中自己的自我照見能力，照見自己在世界中的樣子。因此，一個退行的男人可能會夢見一個孩子，而他的妻子或治療師可能會幻想為他的母親。但是，即使在行為和圖像之間存在這種對稱性的情況下，也沒有理由回到原型與其圖像以預先確定的方式相關的假設。在這些夢境或幻想中，人們面對的是他或她自己的圖像，因此在那個照見自我的時刻，其觀看世界用的不是他或她自己通常的眼睛，而是另一個人的眼睛。面對自己的幼稚，這個人透過別人或其他人物的眼睛來看到自己，或者說是透過他自己尚未整合之做為一個成年人的能力來看到自己。

總結一下這些觀點：對原型的存在現象學詮釋可以保留榮格將它們與人類身體性連結起來的嘗試，以及把它們做為圖像本身中不可言喻之意義核心的描述。在世存有描述了人類做為顯露世界之在場的存有論整體，從而在主題上將身體和世界，或者榮格所說的本能和圖像結合起來。將原型置於存在之中，就是承認它們的關係性結構，並放棄將原型做為圖像背後的實體以解釋圖像統一性的需求。這種分析的好處是能夠整合榮格思想中關於原型的其他幾個面向，否則這些面向仍會是零散的或是在概念上有問題。

首先，榮格關於原型處境的主張成為思考原型的核心，並可整合他對原型行為和圖像的描述。每一個原型處境都會召喚出它的圖像世界和它的身體臨現（bodily presence）或反應。反過來說，沒有哪種原型活動不顯示出處境。原型是人類生活中處境、活動和圖像的聚集。其中每個詞彙都相互意含著其他詞彙。

第二，它為榮格（Jung, 1929a, p. 45）的洞察提供了空間，即一個圖像或事件是否是原型，更多地取決於人們對它的感知方式，而不是圖像或事件本身。這一見解似乎已是當代思想中的習慣（Samuels, 1985b, p. 53），但如果我們堅持圖像和其形成原型之間有著實徵關係的固著觀點，這個見解將變得毫無意義。

第三，也是非常重要的一點，它使榮格的觀點有了意義，即原型需要從其指涉（reference）上理解。他說，這些原型：

> 由於其豐富的指涉而無法描述，儘管其本身是可識別的。挑剔的智力自然會不斷地試圖確定它們在意義上的單一性，從而錯過了根本上的一點，因為關於它們的性質我們能獲得的唯一一致的東西是它們的多重意義，它們幾乎無限豐富的指涉使得任何單一方面的表述都是不可能的。
> （Jung, 1934/54, p. 38）

因此，一個圖像是有處境的（situated），正如榮格（Jung, 1921）所說，「是**整個心靈處境的濃縮表達**」（p. 442）。原型圖像不僅是人們關注的實體，而且是做為一個指涉的處境整體，在這個處境中，該實體以它的方式展示自己。海德格很好地說明了這一點，他在描述一座希臘神廟時說：

> 站在那裡，此建築停留在岩石地基上。但是，這建築作品的這種停留從岩石中引出了它那龐大而又自發的晦澀支持。站在那裡，建築堅守自己的地基，抵禦在其上肆

虐的風暴，因此使風暴本身在其暴力中顯現出來。石頭的光澤和亮光，雖然它本身顯然只靠太陽的恩典而發光，但卻首先使白天的光亮、天空的寬廣、夜晚的黑暗都煥發光彩。廟宇的堅固高聳使空氣的隱形空間變得清晰可見。這建築作品的穩健與海浪的洶湧形成對比，而它自身的靜止則帶出了大海的洶湧。樹和草、鷹和牛、蛇和蟋蟀首先進入它們獨特的形狀，從而顯現出它們本身之所是。（Heidegger, 1935/36, p. 169）

因此，該廟宇

在它周圍聚集了那些路徑和關係的整體，在這些路徑和關係中，出生和死亡、災難和祝福、勝利和恥辱、忍耐和衰落獲得了人類命運的形狀。這個開放的關係脈絡的所有管轄範圍是這個歷史民族的世界。（ibid., p. 168）

圖像揭示並聚集了一個世界，而它的意義就是由此帶入存有的世界。

原型圖像的本質關係性意味著它將根據脈絡有不同的意義。脈絡不只是圖像碰巧出現的地方；做為圖像的界域，它具有構成性的權威。這在心理治療中尤其明顯，在那裡，會反覆地回到某一個特定的圖像，每次都有新的意義。夢中老人的援助之手顯示了一個人在父母試圖把他當作孩子對待時經歷的恥辱（也許還有關於治療聯盟的困難！），後來顯示了他的依賴性，然後顯示了他自己擁有的

在需要時幫助他的資源，後來還顯示了他面對上帝時的謙卑和尊重的能力，然後顯示了他自己對其他有需要之人的同情心，等等。小孩─老人（puer-senex）關係的這些變化也間接地反映了其他的原型主題，如英雄和阿尼瑪，而且在這個夢者的生活中，每一個都有自己的傳記式和個人化的脈絡。因此，榮格堅持認為，原型圖像不僅指向自身深處的「不變的意義核心」，而且還「向外」指向其他圖像和歷史脈絡。

這種觀點是現象學分析心理學的核心，雖然它與「原型─原型圖像」關係的一對一實徵幻想相矛盾，但似乎在榮格思想中愈來愈受到重視。佩里（Perry, 1970）在這個方向上做了開創性的工作，他把他早先（Perry, 1962）的論點發揚光大，即自性不是在心理內部實現的，而是基本上在人際之間實現的。這篇文章的核心觀點是，原型主要不是離散的單元，而是雙人模式，在人與人之間實現，在情緒上結合在一起。薩蒂諾弗（Satinover, 1985）對榮格和他的同事們試圖將原型視為個體內部的一種隱在潛在可能性的做法提出了強烈批評。他說：「原型不在人裡面，而是在人與人之間。」（p. 81）原型圖像表達了人類互動的模式，不僅僅是自性的一部分（p. 82）。高登（Gordon, 1985b）將原型置於一個人與他或她的世界之間打開的想像空間中（溫尼考特的「過渡空間」）。因此，她認為原型是一個「混合概念」（Gordon, 1987, p. 113），它指的不是繼承而來的潛能（榮格的「原型」，佛登的「解體」，丁伯根的「先天釋放機制」）本身，而是從這些潛能和它們的「對象」之間的關係中出現的典型的複雜性。帕巴多博洛斯（Papadopoulos, 1987）認為原型是典型的生態網絡，它結構了一個關係系統，如

一個家庭。這一觀點也是原型心理學的核心（參見 Berry, 1974; Hillman, 1978）。

諸如辛格（Singer, 1979）和齊金（Zinkin, 1987）這樣的分析家也放棄了對實質化和自主原型的思考，他們受到了當代物理學中關於全息圖和「隱含秩序」的影響。在這種影響下，原型被理解為系統性的，在這裡，任何表現出來的東西都不是主要的，而是隱含秩序之運動的衍生表達。然而，必須指出的是，批判的相似性不應該使現象學家對重大差異視而不見。首先，無論這種思想的**科學價值**如何，它確實讓人想起榮格試圖透過共時性來解釋存在的存有論關係性。像榮格一樣，齊金似乎忘記了存在之自我顯露關係性和完整性，而這種關係性和完整性是可以立即描述的。

最後，以在世存有來表達原型鋪墊了榮格不常表達但很重要的建議，即原型「包含」它們自己的情感。[9]情感的重要性在他的最後一部作品《接近無意識》（*Approaching the Unconscious*）中得到了明確的表達。他寫道，原型

> 同時既是圖像又是情緒。只有當這兩個方面同時存在時，我們才能說是一個原型。當只有圖像時，那就只是一個沒有什麼意義的文字圖片。但是，由於被賦予了情緒，圖像就獲得了精神性（numinosity）（或心靈能量），它變得有活力，某種後果必須從它那裡流出來。（Jung, 1964, p. 87）

每個圖像都有其「特殊的感覺調性」，它被設想為連接圖像

和「活生生的個人」的橋梁（ibid.），即身體主體。因此，準確地說，原型的情感既不「在」身體裡，也不「在」圖像裡，而是在身體和圖像（世界）所顯示的「之間」。換句話說，每個原型都有一種情感，以它自己的前表述方式顯露出在世存有的美感質地與質感。

從現象學的角度來看，人類總是以某種方式與世界情調同頻（attunement）。感覺、情緒和心情總是有所置身的。不僅如此，它們總是以一種立即（即不需要認知中介）可理解的方式披露一個人的處境，無論「找到正確的詞語」來表達這種身體化的理解有多麼困難（Gendlin, 1978-9；Strasser, 1970）。因此，正如每個心理治療師都知道（或應該要知道！），情調同頻是一種原始的溝通模式；它溝通的是在世存有本身的質感。博斯（Boss, 1975, pp. 109-14）將這種質感更準確地表述為當下存在的相對開放性或封閉性。對榮格和博斯來說，開放性使世界的面貌變得柔和與明亮；封閉性使世界變得堅硬與黑暗。

如果情調同頻的基本意義性和世界顯露性被建立起來，那麼分析心理學就有了獨特的貢獻。它表明，每一種情調同頻（感覺、情緒、心情）都是一種將一個圖像喚入意識的嘗試，喚入一個同時能夠澄清當下之自己和世界的圖像。在心理治療中，特別是當情調同頻是散亂的時候，詢問一種感覺「看起來像什麼」往往是有幫助的。這表明，不同的情調同頻是由不同的原型圖像體現出來的，對這些原型圖像的闡釋是一個過程，儘管這個過程可能是緩慢而艱苦的，但它在本質上喚起了個人世界中其他立場的可能性。如果情調同頻是原型的，那麼表明的是，它們不僅是在此時此地呈現世界的

模式,而且是與一項命運同頻:它們有自己的目的,並引導我們達到它們自己的目的。正如榮格(Jung, 1917/43)對圖像的評論,也許它們「就是人們所說的命運」(p. 109)。

現在出現的一個問題是,是否所有的情調同頻都是原型的。史都華(Stewart, 1987a, 1987b)[10] 似乎有一個觀點,即承認比圖像更少的原型情感,他的主張可能是正確的,即只有原始的情感應該被稱為原型。諸如義憤填膺、社會尷尬、失望或溫和的樂觀等細微的情調同頻不應該被視為原型,否則這個稱呼就沒有意義。也許在每個案例中的個別分析會揭示出一個原型的核心,但若這成了一個假設就完全消解了原型的意義,或者,從另一方面來說,否認了人類展開的自我超越和靈活性。

出於一個不同的原因,有人認為沉著(serenity)不是原型。博斯認為,沉著是一種開放、接受和自由之存在的基本情調同頻。他說:「這樣的沉著,是一種清晰和開放,於其中人與他遇到的一切都有情緒上的聯繫,不是希望事物在他自己的力量掌握中,而是滿足於讓它們自己存在和發展。」(Boss, 1975, p. 112)克魯格(Kruger, 1979/88)認為,這種沉著不應該被理解為一種情緒或心情,與憤怒、焦慮和痛苦等「負面的」情調同頻形成對比。一個開放和自由的此在將自己置於風險之中,因此不能避免焦慮,如果它真正地與世界相遇,它就不能避免痛苦。正如克魯格所說:

> 沉著的反面是不參與和拒絕開放,即對存在的限制,
> 使人沒有風險,從而不僅關閉了人的焦慮、痛苦、羞辱和
> 嘲笑的可能性,也關閉了真正的愛、恨、憤怒和狂喜的可

能性。（Kruger, 1979/88, p. 81）

就分析心理學而言，這意味著沉著不能與任何特定的原型處境或人物相提並論，因為它描述的是人類（自我）面對種種心靈處境和人物都能自由的能力，以及將這些處境和人物轉化為具個人風格與人際適宜形態的能力。

## 原型做為心靈所必要者

原型已被置於存在本身之中，既恢復了存在的身體性，也恢復了其隱喻的模糊性。但榮格對心理生活之命運密度的堅持還沒有得到充分的說明。然而，這似乎是他對現象學心理學的特殊貢獻。因為後者已經接受了存在論對人類事實性（facticity）的強調，比如身體性、歷史性和死亡，但它在心理生活的許多其他密度主題化方面尚未深入。[11] 分析心理學對原型的探索已經詳細地將這些方面主題化。

了解榮格的洞察所處的「層次」是很重要的。不幸的是，榮格對原型一詞的使用如此廣泛，以至於它跨越了存在的幾個層次或維度。有一次，在寫給博斯的信中，他甚至說「人做為一個整體是一個原型」（Jung, 1976a, p. xli）！然而，一般來說，原型似乎位於**存在論特性**（*existentialia*）和個人特異性之間的一個層次。說原型不是存在論特性意味著它們不是此在於哲學上的明確特徵，如空間性、時間性、身體性和沉淪性（參見 Heidegger, 1927, p. 70）。例如，母親、父親或搗蛋鬼，這些並沒有描述那些沒有了它就會讓人

類存在變成無法想像的結構。存在論特性設定了最基本的可能性和限制，人類生活的任何時刻都在其中發生；所有原型也都預設了空間和時間（等）維度。

原型不是海德格和博斯（Boss, 1975）所描述的存在論特性，但它們是這些存在論特性下給予心理生活結構和一致性的潛在可能性。原型是人類心理生活的基本需要，是人類參與其中且必須處理的原始主題。它們不是個人的「發明」，而是前個人的結構，在這個結構中，個人性得以成立。

考慮幾個原型主題的例子：意識的發展做為一種從黑暗到光明的運動；建立和占有與自己的世界有關的自我感；從生命的一個階段到另一個階段的過渡和啟動，或許特別是從少年到成年，從成年到老年；分離和失落；一個人的自我和世界的分離（分裂）為好與壞、對與錯、愛與迫害，以及以某種方式重新整合這些分裂的必要性（即與矛盾性的奮鬥）；對疾病和更新、死亡和重生、肢解和完整的體驗；對虛空、母親、死亡的矛盾恐懼和渴望；與伊底帕斯情結的協商；對勇氣的需要——一個被忽視但使處理許多其他存在主題成為可能的主題。在性與性別的世界中找到自己，處理認同和關係的男性和女性可能性；養育子女；面對禁忌；做為穿越冥界旅程的轉化；獲得正義感和公平感；戰爭的心理和精神創傷以及療癒的要求；面對神聖；精神之旅。

這個清單幾乎可以無窮無盡地繼續下去，在這裡列出的每個主題中，都有典型的——即「原型的」——變異型態。其中一些可能相當細微，但榮格不希望這種細微使本質上的差異瓦解，或使它們融入單純的社會化模式。例如，在做母親和做父親之間存在著細微

的、深刻的差異，儘管這兩者都是養育子女的模式，而且在某種程度上都是開放給個別母親和父親的。

原型是重疊的，它們的邊界不固定。在這一點上，它們與動物行為學的「固定行動模式」不同。此外，它們是我們或多或少都要處理的可能性，但它們不是「原因」，我們處理它們的方式也不是絕對確定的。有些人沒有小孩；但是養育孩子是每個成年人都被召喚的心理需要，它可能以一種更隱喻的方式存在，例如養育自己的學生或弱勢兒童。選擇不生孩子是一種「創造性」的行為，它與一個人肉身體現的生命軌跡相悖。因此，除非有意識地，至少以某種隱喻的方式投入養育行動，否則可以這麼說，它很可能從後門溜進來，這些人會試圖以自戀的方式養育自己或被別人養育，或者可能有其他症狀。

榮格的論點，一方面，原型是心理生活的基礎，並在行為、情感甚至思想中給出，另一方面，他傾向於把對原型的體驗描述為一種令人敬畏的，甚至可能是破碎的體驗，這二者之間存在著某種矛盾。毫無疑問，一般說來有些原型會比其他原型力量更大，端視人受限於這些神話性與普遍性模式的程度。做為一個在母親胸前的嬰兒，比向朋友提供幫助更有分量，儘管兩者都可以稱為原型。但是，正如馬里奧特（Marriott, 1983）指出的，對自性和原型的矛盾理想化和退縮反映了自我／社會面具適應的精神官能式解離。當受到人際與個人的中介，原型會比較溫和地融入一個人的個別化心理生活（Newton, 1965/71）。因此，原型比榮格的矛盾論述似乎更為切身（Hoy, 1983）。用馬里奧特的話說：「諸神在離散，神聖與驚異感主要不是現身給那些自覺地尋求它的人，而是提供給所有那

些以自然與開放之心生活的人。」（op. cit, p. 82）這種對一般和切身的強調是對榮格的大部分思想和他的個人風格的重要糾正，在這些思想中，原型被想像為與個人心理學相分離。[12] 在其他派別的心理學家處理榮格思想的困難裡，重複了榮格對原型的矛盾：原型似乎是神祕的、深刻的、遙遠的、可怕的和迷人的，而對它們的思考也同樣是模糊的和矛盾的。

另一方面，如果目前對一般和切身的強調使得我們看淡而低估它們的結構性和變革性力量，那將是一個錯誤。原型比我們更大。無論個人化條件以及文化歷史條件如何制約，它們都是建構意義生活的基礎。如果脫離了它們的活力和滋養，我們就與真實的社群與自性隔絕了。存在變得不穩定和虛無化。在我們這個時代，個人認同愈來愈多地被建構為一個自戀和孤立的自大自我（Satinover, 1987），或者是邊緣人格者進入與他人融合的離心渦流（Schwartz-Salant, 1987）。

## 原型實在的圖像自主性

原型的密度主要在於身體之肉體性與社群性生活的慣性。但是，如果忘記了同樣根本之人類想像力的構成性力量，身體和社群就會空洞為「單純的事實」。原型的力量不僅主要在於它們的身體性或社群性，還在於它們的想像意義性。世界的顯露主要是在人類意識的想像之光中顯現。因此，關注原型之社群的與日常的現實不意味著將它們從想像性的心理生活中剝離出來。相反地，認識到日常世界中的原型是為了加深一個人對這個世界的感覺，以占有

其在這個世界上之互動所顯露的想像性心理模式。因此，當榮格（Jung, 1935/53, p. 518）將原型描述為「**想像的範疇**」時，他並不打算將心理生活的原型維度從世界中取出。他指的是原型實在的想像性潛在可能性。我們記得，幻想在根源上是原型的，即是意向性。無論是在人際關係中具體活出，還是在夢中具體揭示，原型實在都是一個想像性領域。正如科爾賓學者（the Corbin scholar）羅伯特・阿文斯（Robert Avens）（Avens, 1984）所說，「想像世界中之事物與生命的基本特徵是，它們的外部表現與它們最內在的精神結構相一致。」（p. 106）

首先，原型本質上的想像維度意味著，它們的顯化和意義不等同於傳統實在。無論一個人是否獲得了配偶，婚姻（marriage）可以是深度有感之私密性的個人自性的整合，也可以是一個人與其教會之間的結合。想像的維度意味著婚姻的原型本質上是「在差異中結合」感受的可能性以及它包含的豐富意義。獲得配偶使這種可能性成為社群性的實在。

第二，圖像維度意味著原型的轉化可能性可以在無意識的沉默中展開並發揮其作用，並啟動身體、睡眠、夢境和無意識幻想的節奏。這一直是分析心理學的核心重點。沒有它，分析心理學就不可能進入夢土，而心理治療將會只是實用的社會工作。也許，分析心理學的與眾不同之處在於它解明了開展、形塑及轉化人之想像性的原型複雜體，並與之工作，這種構成性的力量是顯化世界的，同時是模糊地既私密又共享的。

需要記得的是，心靈之想像生活的自主性不是個人的，甚至不是人類的（Hillman and Kugler, 1985, p. 147）。想像的自主性沒

有解釋性的基礎。它本身就是主體和世界的基礎，因為它是它們得以顯露的可能性。海德格學者文森・維西納斯（Vincent Vycinas）（Vycinas, 1972, p. 79）說：「事物是建立在神祇之上的」，這意味著，在榮格的語彙中，想像的自主性是讓原型實在成為具體真實之不可化約和神祕的基礎。正是想像的自主性——不是個人的甚或人類中心的，而是源於存有的肉身呈現——使事物如其所是地成為深刻意義的事物，並使人類置身於與該事物的關係之中。

這種對心靈的圖像自主性的堅持是原型心理學的特點。然而，儘管希爾曼（Hillman, 1982, 1983b）試圖——也許是受到他達拉斯的同事羅曼尼遜及薩德洛的啟發——讓神祇回歸世界，但在我看來，一種強烈的唯心論傾向似乎仍然存在（參見 Hillman and Kugler, 1985）。然而，對圖像自主性的現象學承認並沒有從事物的世界中退縮。如果想像允許一個事物在它的充實和深度中存在，那麼，也正是世界上的事物容納和培育了原型的想像。正如榮格在埃爾貢山與狒狒們坐在一起時看到的那樣，如果沒有初升的太陽，就不會有意識的黎明。

當榮格（Jung, 1933a）[13]說「心靈深度是自然，而自然是創造性的生命」（p. 248）時，他是說原型是可能性，是位於世界中顯露事物之創造性的、想像的母體中的可能性。正如維西納斯所說：

> 我們清楚地知道，人是有創造力的，但我們不知道他的創造力是對大自然創造力的反應。人在他的生活世界中建立了一種秩序；然而，他是透過參與大自然的秩序遊戲，在她的**道**（*logos*）中這樣做的。（Vycinas, 1972, p.

86）

在榮格的思想中，有一個存有論的深化：從做為共同的社群世界之行為和經驗模式的原型，到做為我們自己和世界都聚集在其中之圖像可能性的原型。這種轉變將心理生活的基礎，化入所有事物所奠基的肥沃黑暗中。它需要一種不同的語言。榮格以互換的方式談論原型和神祇，但似乎有一個微妙的區別。在談到原型並試圖描述其明顯的模式時，榮格說的是存在者層次的科學語言。那麼，榮格對神話的求助可以被解讀為標誌著存有論深化的重要時刻。這並不是說神祇成為與原型有實質性區別的東西，而是這種存有論的深化明確地跨出了人類中心主義世界的邊緣。榮格已經轉向了一種人類學，這種人類學從根本上說不是以人類為中心而是以存有為中心的。那麼，原型就不再僅僅是人類的潛能——用佛登的話說，潛能「解體了」。相反地，它們是「存有」本身於其中顯露的可能性，於其中，人類發現他或她的生命在最根本上是受到構成的。

然而，即使談論神祇也是想像覺醒的時刻，而深淵的源頭獲得遮蔽。在這一點上，思想又回到了我們開始時的詩性基礎。因此，用榮格的提醒來結束這場討論是合適的：

科學〔我們還可以加上神話學〕是創造合宜幻覺的藝術，愚者相信或爭論地反對這些幻覺，但智者享受它們的美和它們的巧妙，卻也不會目盲於這樣的事實：它們是掩蓋著**不可知**之深淵黑暗的人類面紗與簾幕。（Jung, 1976a, p. 57）

# 摘要

　　榮格的原型概念得到了詳細的討論。考慮到這一概念的演變，就有可能篩選出榮格所做的一些不充分或誤導性的表述，並得出以下定義：原型是人類特徵之典型行動、反應和經驗的來源。原型是那些結構出行為、圖像、情感和思想之情結的原始根源，而這些是在人類生活的典型處境下出現的。

　　我們討論了也贊同了斯蒂爾和希爾曼試圖解構原型做為一個關於經驗性的、具體化「實體」之「假說」的概念。不過，有人認為他們的批評仍是契合於榮格思想的詮釋學面向，即原型是意義的核心，具有歷史處境，並表現為需要反覆詮釋的圖像。然而，有人認為，對原型採取純粹的詮釋學方法對它們的存在密度或事實性是不充分的。在這方面，榮格的動物行為學觀點被批判性地詮釋為他試圖納入被原型結構起來之心理生活的身體性。將這些觀點整合到存在人類學中，理解原型的詮釋學取向就可被接受，並被賦予身體性的重量，而原型的遺傳身體性被置於人類在場和意義的模糊性中。因此，將原型置於在世存有之中允許它們既是「本能」又是「圖像」，但它比榮格更清楚地認識到它們的關係性結構，而且，最重要的是，它排除了將原型視為圖像背後的假設實體以解釋原型圖像之統一性的需要。

　　我們也討論了原型的存在論詮釋的幾個優點。特別是，它為榮格的主張提供了存有論上的澄清，當代分析心理學家愈來愈多地承認和闡述這一主張，即原型在本質上是關係性的。做為情感的原型也得到了討論，並從存在的角度進行了詮釋，有人認為並不是所有

的情調同頻都是原型的。沉著，舉例來說，似乎描述了一種開放與接納性意識的情調同頻。

做為在世存有的基本結構，原型是人類心理生活中的原始必要者，是個人性和意義所奠基的前個人結構。在每個原型主題中都有變異型態，而主題之間沒有固定的界限。

原型是日常生活中的指導性主題結構。有人認為，榮格對它們的矛盾性理想化和恐懼，以及他對它們神聖性的堅持，反映了精神官能式的解離。重要的是，在一個整合的、個性化的生活中，要對原型的結構化和轉化性力量有一個認識。

最後，我們主張，認識到日常世界中的原型，就是加深了一個人對這個世界的感覺。這種深化的時刻構成了對顯露世界之想像自主性的認可。如果原型實在是一個自主的想像世界，那麼（a）特定的原型主題可以被象徵性地活出，而不需要具體的執行，以及（b）它們的轉化可能性可以無意識地發揮作用。但是，對想像自主性的承認不應構成在概念上退卻到主體主義，因為正是物的本質支撐和培育了想像。因此，想像的自主性在其最深的意義上指的是那種心靈開放的能力，在這種能力中，物與人進入其存在。這種存有論的深化使得榮格傾向於談論神祇，而不是使用「原型」這種準科學的語言。

# 註釋

1. 在這一點上，希爾曼寫道：

把原型設想成原始的、完美的形式，沒有內在的激情來束縛和削弱它的力量，或者把它撐成瘋狂的強度、孤立和頑固的拒絕，沒有它破壞性的矛頭和閃光，以及它不幸的脆弱，就是把原型實在的本質理想化和虛假化，如同在神話中給出的一樣。（Hillman, 1980a, p. 3）

2. 縱觀榮格的作品，有很多地方將原型與大腦的遺傳結構連結起來，這種連結似乎是他最一致的理論立場（例如，Jung, 1921, p. 444; 1936/54, p. 66; 1937/42; 1938/40, p. 104; 1976a, p. 256）。奇怪的是，榮格從未以持續或批判的方式質疑過這種連結，但在另一方面很明顯的是，任何將心靈還原為大腦的嘗試都被他拒絕了（*supra*, ch. 5；參考下文註釋 4）。

3. 事實上，希爾曼（Hillman, 1974a）也確實提出了一個實徵上的反對意見。他指出，認為原型是一個不可知的**物自身**並且它產生了許多圖像（**現象**）的斷言中存在著矛盾：如果能**知道**的只是許多圖像，那麼就不能斷言有一個原型，不管它是什麼，因為根據定義它是超越知識的。正如德沃格特（De Voogt, 1984）和吉格里希（Giegerich, 1987）指出的，榮格利用康德的現象和物自身的區分來支持其實是前康德式的圖像和原型間的實徵性區分，因為康德的批判（如同現象學的批判）實際上是會拆毀榮格的原型概念。

然而，榮格對康德的誤用和他過度熱衷的經驗主義**沒有**完全擺脫這個問題，而希爾曼的觀點是誇大了。人類的秩序**沒有**固定的意義：被表達的東西有許多表達方式，只有在理解被表達的東西時，才能認識到許多表達方式是相關的。握緊的拳頭、緊繃的笑容、胃潰瘍和心有不甘的消極都是憤怒的表達方式（儘管每一種表達方式也不只如此）。同樣地，舉例來說，雖然希爾曼如此論辯，但母親有許多的圖像。否認這一點，就是否認圖像有一種指向自身之外的內部性──這並**不**意味著它們指向別的地方，指向一個與圖像本身無關的「超越」。

4. 令人驚訝的是，榮格思想的動物行為學意義很晚才被同事們發現（Fordham, 1957a; Jacobi, 1959; Progoff, 1956），而且直到最近才被詳細討論（Stevens, 1982）。

5. 榮格（Jung, 1976a）在 1947 年寫給博斯的信中寫道：

你說我把原型描述為與大腦結構一起給出，這完全是錯誤的。是說你完

全不知道身體也表達性格的事實？或者你認為生物學家熟悉的行為模式沒有以某種方式在生物結構中表達出來？你自己說，人體不僅是自然之物，而且是「人性本身的可能表現之一」。在我看來，身體做為一個整體，是一種行為模式。（pp. xl-xli）

我們接受榮格的觀點，但要注意榮格對被誤解的責任（參見前面的註釋2）。

6. 這一評論及其與梅洛龐蒂思想的相似性已被榮格分析師羅蘭·申克（Roland Schenk）（Schenk, 1986）注意到。

7. 這比勞哈拉（Rauhala, 1969）的分析走得更遠，他把他的現象學分析限制在「原型體驗」（archetypal experiencing）（p. 104）。即使有這樣的限制，他的分析似乎也有問題，但在這裡追問這個問題就會離題太遠。這裡的分析也闡述了威爾伍德（Welwood, 1977）觸及的觀點，即原型是「身體在世的普遍模式」（p. 14）。

8. 由於原型心理學對原型的「詮釋學」批判似乎隱含著想像生活的流動性，以及**孩童**般的幻想飛馳，本能與圖像、身體與世界的整合似乎在原型心理學的大部分內容中被遺忘了。因此，回顧一下希爾曼（Hillman, 1974b）的警告也許是有益的，「設想獨立於本能的圖像是剝奪了它們的活力和必要性」（p.174），以及他明白地承認「幻想不是那麼輕，不是那麼容易」（1983, p. 65）。

9. 榮格將情感（affect）和情緒（emotions）這兩個詞做為同義詞使用（Jung, 1921, p. 411）。它們與「感覺」（feeling）的區別主要體現在強度方面。做為一個理性評斷的過程，感覺作用是「自願放棄的」。然而，有強度的評斷是身體化的，因此往往是相對惰性的，而且可能是無意識的——這可以聯想到榮格的字詞關聯實驗。關於這些問題的討論，見希爾曼的作品（Hillman, 1970a）。

10. 史都華（Stewart, 1987a, 1987b）的開創性努力提出了七個原型情感，每個都有自己的圖像和脈絡。（1）恐怖，圖像為深淵，脈絡為關於「未知」；（2）苦惱，圖像為虛空，脈絡為關於「失去」；（3）憤怒，圖像為混亂，脈絡為關於「受限」；（4）厭惡／羞辱，圖像為疏離，脈絡為關於「拒絕」；（5）驚愕，圖像為迷失方向，脈絡為關於「意

外」；(6)狂喜，圖像為照亮，脈絡為關於「熟悉」；(7)興奮，圖像為洞察，脈絡為關於「新鮮」。這些情感被整合到榮格思想的其他方面，如類型學功能。這裡不是試圖評價史都華工作的地方，儘管可以立即說，他那重度的自然科學取向對現象學家來說，它引起的問題跟它回答的問題一樣多。此外，其他基本的情調同頻，如羨慕和嫉妒，可以說同樣是不可化約的典型人類結構。

11. 克魯格（Kruger, 1979）是一個例外，他概述了以下存有論上給出的情況：所有人類是由婦女所生，因此首先有一個母親，然後是父親；新生兒總是在前反思的情況下做為一個人來被聯繫起來；人們不是做為中立的對象而相互聯繫，而是做為可以溝通的重要他人；每個孩子出生在一個叫做家的地方，以及一套叫做家庭的關係；人們必須面對與處理死亡（p. 52）。這些大部分都會被分析心理學家認為是原型主題。

12. 正如斯蒂爾（op. cit.）指出的，榮格的案例研究似乎與生活隔絕。例如，《影像研討會》（1976b）是對一個女人的一系列夢境和幻覺的不完整分析。該書長達五百多頁，在前三頁有一些模糊評論，關於患者是「思考型」和三十多歲的年紀，此後患者的個人生活幾乎完全消失了。榮格在 1930 年的第一次研討會上說：「我有意省略了個人的細節，因為它們對我來說太不重要了。」（桑德納〔Sandner, 1986〕對這些研討會做了一個較為同情的描述，表明榮格至少調頻到患者的身體內部性）。同樣展現這一方面的是，在對約瑟夫・惠萊特（Joseph Wheelwright）的分析中，榮格顯然是在感嘆：

不要跟我提「母親」這個詞！我已經聽了很久了。我已經聽了四十年了。你去找托尼・沃爾夫（Toni Wolf）吧。她是個無底洞，你可以和她談論你的媽媽。但是，如果你得到某種集體無意識的東西，原型，那麼，我們可以談論這個，不是嗎？！（Serbin, 1984, p. 159）

13. 這段引文取自《現代人的精神問題》（*The Spiritual Problem of Modern Man*）。然而，它沒有出現在我們在其他地方提到的《全集》中，而是出現在《追求靈魂的現代人》（*Modern Man in Search of a Soul*）（Jung, 1933a）中。因此，這裡指的是這個版本。

| 第九章 |

榮格與現象學
*Jung and Phenomenology*

# 一個臨床研究

本章將呈現一個臨床研究，把前面的討論與心理治療的一些具體現實結合起來。它還將展示這些現實是如何提供證據來支持分析心理學往現象學詮釋的移動。這個例子還表明，現象學和原型學派的認識論可以與發展學派分析心理學家的一些臨床見解相結合。在山繆斯（Samuels, 1985b）提出以希爾曼的觀點來看佛登之臨床實踐的可能性時，我認為存在現象學可以為這種整合的發生提供必要的概念基礎。這個案例呈現的是把這些高高在上的想法落到實處的嘗試，雖然是在現象學的艱澀與哲學形式下，它的目標是講述肉身生活的具體細節。同樣的觀點也可以用於榮格心理學。現象學分析心理學有現象學的精確，想像上的豐富與差異，心理動力學上的複雜，而且最重要的是從臨床實務者的角度來看，可以立即用於治療的架構之中。

當然，患者的名字已經變更。

## 背景設置

伊麗莎白開始接受治療時是一名二十五歲的教師。在兩年多一點的時間裡，我們每週見面三次，而在過去一年的大部分時間裡，她一直使用一張躺椅。

她的主訴是，多年來她一直生活在持續的「迷霧」中，孤立而沒有真實的感覺。她幾乎每天都有驚恐發作（panic attacks）和自我感喪失的經驗（depersonalized experience），在這種情況下，她會失去任何身體上的踏實感或連續感，她的心智感覺像是運行在「行星軌道」上。她是一個友善的人，但她感到孤獨，並有一種無休止而

隱隱的被遺棄感。回顧她與他人的關係，她說她覺得自己好像是在演戲，儘管表面上參與其中，她意識到自己在某種程度上與他人保持距離，因為她擔心自己的需求會壓倒和摧毀他們。

伊麗莎白看起來很焦慮，而且很憔悴。她的衣服大多是黑色的，頭髮凌亂不堪。她的身體似乎像一個沉重的沙袋掛在脖子上。在她最初的夢中，她和一個男人打開了她的肚子查看裡面的東西，但只發現一個機器人的電子裝置，這當然不令我感到驚訝。她所活出來的霧氣是如此強大，以至於我經常發現我看不到她。我會以為有一層薄膜滑過我的瞳孔而揉揉眼睛，或者改變我的頭的位置，試圖繞過一個無形的屏障來看她，但這個屏障還是讓她隱去一半。我還感覺到她對治療和我的矛盾：在她絕望時，她認真地看待她的治療，但同時，特別是在治療的間隔期間，她把自己與治療和我分離開來。和我在一起的時候，她令人痛苦地依賴，而離開我的時候，她又很自大，自我感喪失，或如同被拋棄，沒有象徵性的或時間連續性的過渡空間。我覺得自己既特別又可鄙，既重要又無用，既被需要又被拋棄，稀薄到容易揮發，彷彿我也不再有一個落地而穩定的身體來與她接觸。

她跟著母親長大，而她體會到的是母親本身有操弄性與極大的需求，但對孩子卻很冷漠、無情。伊麗莎白的父親在她五歲的時候離開了家，她有一個哥哥和一個家庭保母。幸運的是，保母似乎是個了不起的女人，而且伊麗莎白慈愛的祖母就住在附近，但沒有人能在場或夠強大來介入她和母親之間。雖然伊麗莎白的父親持續在她的生活中顯現為一個有影響力的（和有問題的）人物，但在接下來將要描述的治療階段中，並沒有他的主題。除了做為一個缺席者

但會在某種程度上與我相關聯起來而被看到之外，他將不會被進一步討論。

幾乎所有她的早年記憶，包括最早的記憶，都是暴力的：蹲在餐桌下、嚇得蜷縮在角落裡、看著母親毆打管家、感覺母親的手掐著她的脖子、用拳頭攻擊母親同時無意識地尖叫、發現家裡到處是色情雜誌，等等。她和母親經常互相扔東西，她得到什麼好東西，她就覺得她必須拿：她從母親那裡偷東西，並為了東西與母親肉搏。她覺得只要自己離開了母親的視線就會被她遺忘。她們之間的空間距離中從來沒有任何可感覺到的聯繫。她經常坐在街角，她希望她的母親會來找她，但顯然她母親從來沒有這樣做過。即使是現在，除非她與母親聯繫，否則根本就不會有任何聯繫。

在開始治療後的兩年裡，伊麗莎白發生了很大的變化。她的「霧」、驚恐發作和自我感喪失的狀態持續地消失了大約一年左右；她覺得自己是真實的、活著的，儘管身體仍然緊張；她發現感情可以是微妙的、普通的，而不僅僅是古老的、絕對的；她發現且獲得經驗的連續性，因此一次治療中的情感可以延續到下一次，她想念那些缺席的朋友；她不僅感到依賴我，而且開始享受這種依賴。她發展了想像的能力，以至於可以，例如，「玩」關於我的幻想，並且沒有過度的焦慮或內疚；她開始對自己的生活承擔更多的成年人責任；她開始從她生活的零散雜亂中整理出自己的價值觀；曾有一次她告解了一個可怕的事實，即她實際上根本不關心任何人，只是利用人們來幫助她感覺自己是活著的、真實的和有價值的。在這之後，她發現了一種自發的、真正的關心能力。這些變化似乎預示著接下來將要發生之想像的和結構性的事件，但同樣真實

的是，這些事件在更深的層次上鞏固了已經發生的變化，不過這些變化似乎仍依賴她正在進行的治療來維持和延續。直到這個時候，伊麗莎白身體裡的「緊張」仍然是一個不可接近的地方，她把它想像成一個保護微小胎兒的鋼球，一個冰冷的屏障，既不會屈服於我的在場，也不會屈服於她自己「放手」的渴望。

## 場景

伊麗莎白躺在躺椅上，感覺到疏遠、「平淡」，以及一種狂躁般的消極狀態。這種情緒加劇發展到讓她對於在身體上感到自由或適當地安頓感到絕望。這是一種熟悉的情緒。然後她露出痛苦怪相，用右手做了一些生硬的動作，說她希望她能以某種方式劈開她的肚子。我建議她堅持與這個感受在一起，直到她能告訴我更多關於它的情況。她覺得這是個正面的圖像，與自由的感覺有關係。我默默地回想起她被囚禁的感覺，在她的經驗中，她母親的身體如鋼鐵般冰冷、堅硬，就像她想像中的，圍繞著她自己胎兒般心臟的鋼球。把這些想法放在一起，我指出她想把自己從她母親冰冷而了無生氣的身體中砍出來。

這個詮釋當下對她來說沒有什麼意識上的意義，但她覺得自己充滿了憤怒。她在離開那一次的治療時想像著把槍放在她母親的嘴裡，「把她的腦袋轟掉」，她的憤怒四散，顯然也對我非常生氣，但她否認（我認為是正確的）這一切與我們的關係有關。我可以說，我們的關係在這個時候保持得相當順利，部分原因是我至少是一個好的父親形象，也是一個好的母親形象，我將在後面再討論這

個主題。換句話說，正如她的想像能力能表明的那樣，她從未陷入精神病性的母性移情。

第二天，她和一位朋友去騎了很長時間的自行車。其中有一段時間，她感到沉重和「平淡」，就像前一天一樣，然後她感到一股憤怒，很快變成了「純能量」。她感到一股力量在她體內湧動，並發現自己踩得愈來愈快。然後她想起了我的詮釋，覺得它讓她明白了發生的事情，並感到自己很輕鬆，擺脫了她一直以來所知的死氣沉沉的身體。在接下來的騎行過程中，她欣喜若狂；她的身體不再是一個問題；緊張感消失了。

正是在這次與母親的分離之後，她變得更直接地與自己接觸了。她的身體更清楚地成為她自己的，而與她母親的身體有所區別，她也能夠更清楚地感知她自己和她母親。

在接下來的那次治療中，她毫無混淆地以童年時的自己之身分出現，感覺自己被打得遍體鱗傷，而在接著的下一次治療中，她感覺自己被飢餓的憤怒吞噬。在這之前，我已經感覺到了她的憤怒，但卻無法通達它。然而現在，有了屬於她自己的身體，她沉浸其中。在我們治療時段的前幾個小時，她看到我門上「請勿打擾」的牌子，她想把門砸開，嘴裡發出憤怒的尖叫。她有一個用刀子把她母親的心挖出來的畫面。

接下來的那次治療中，伊麗莎白似乎又要回到那種模糊的平淡狀態，即那種在她母親鋼鐵般身體內而表現出來的防衛。但一個畫面浮現出來，她用繩子牽著一個小女孩。那個髒兮兮且不被關注的女孩背對著她。她害怕看到那個女孩的臉，所以用繩子套住她的脖子，牢牢地控制住她。我評論說，她以前經常描述一種被勒住的感

覺。伊麗莎白接著說，小女孩開始尖叫和哭泣，所以她害怕和憤怒地拉緊了繩子。「就像妳母親那樣？」我嘗試指出。這是一個令人遺憾的笨拙面質，幾分鐘後她非常痛苦地離開了治療。

下一次治療中，她報告說這個畫面讓她很震驚，因為它讓她意識到自己在多大程度上故意體現了她在母親身上看到的那些無情的品質。這個圖像仍然存在，而且很生動，所以我們繼續跟它在一起。然而，我們似乎就僵在那裡，所以過了一會兒，我問是否有其他方法可以與那個畢竟是她自己的小女孩聯繫起來。她帶著焦慮和相當大的勇氣蹲下來，用一隻手摟住女孩（這樣女孩就不會逃跑或攻擊她），並解開了繩子。小女孩轉過身來面對她；她渾身是傷，髒兮兮，衣衫不整，而且很害怕。在這次和接下來的那次治療中，這些圖像保持在我們之間，被輕柔地處理，好像圖像本身就是那個受驚嚇的孩子。如此，抱著一個受虐兒童的圖像在幾個方面塑造了我們：這個圖像是關於伊麗莎白對她自己的關係，我對伊麗莎白的關係，我們對她的圖像和不斷增長之想像能力的關係，它甚至觸動了我對自己的脆弱性與傷痛的關係，因為我事後發現，我對自己有一段時間比較溫和。後來她說，她覺得自己對她學生的學校的關係不那麼矛盾了。

再接下來的治療（在她從母親的身體劈開出路的五次治療之後）令人深受感動，其性質是溫和平靜。在我們上次治療中，我說過一句關於「被剝奪的孩子」的話，在這兩天裡一直伴隨著她，她說她剛剛意識到，她一直做為一個被剝奪的孩子過她的生活。她說這讓她理解了她的憤怒、嫉妒和貪婪、她認為世界對她有所虧欠的信念、她的偷竊、傷痕累累、冷酷無情、防衛抗拒，以及長期的內

心被遺棄感。這個被剝奪的孩子的形象也匯集了她在治療中的一些經歷，比如她想把我的門砸開，因為我有另一位患者而對我大喊大叫；她預期也恐懼被拒絕，她輕蔑地無視任何對她關懷的表達，即使她渴望得到這種關懷，等等。在她說話的時候，我突然意識到她不再是以一個被剝奪的孩子與我聯繫起來。她說話時，對那個被拒絕的生命有一種深刻而溫和的同情，那是她自己的生命。我說我注意到她不是以一個被剝奪的孩子的身分說話，而是以一個不同類型的母親的溫柔同情心說話。伊麗莎白露出了一個輕鬆的微笑，稍微移動了一下手臂，以便她能抱住自己。我說，她的身體似乎不只是受了傷以及鋼鐵般的冰冷，現在也成為一個可以抱持住那個小女孩的家。後來我想，正在形成的不僅是她做為一個受到忽略且受傷之小女孩的自我，而且是一個充滿愛心的母親。我應該補充的是，這些圖像中的感覺也是我身體感受到的，從我的坐姿和抱臂方式到我自己的聲音，都與她有關。

## 消解

在隨後的幾週裡，伊麗莎白經歷了幾個變化，我同樣注意到了這些變化。

首先，她描述了一種新的體驗，即世界**圍繞**在她身邊，而不僅僅是在她**面前**。她不再覺得世界是一個需要征服的對手，或者是一個需要冷眼旁觀的東西。她覺得世界是一個支持性的家園，可以在其中棲居和遊戲。

第二，她的感覺更加清晰與充分地體現出來。雖然她確實走了

很長的路來獲得一個能夠有所感覺的生活，但直到此時，她的感覺還缺乏身體，沒有一個感覺的落點。快樂、悲傷、恐懼和憤怒對她來說主要是頭腦經驗（我以這個詞來指比「思想」更多的東西），而對我來說，它們在她的行為中被感覺到，但經常被分割開來，不被承認。有趣的是，在此之前，如果她坐著或躺著不動，如果她不告訴我，我常常不知道她的感受。在她身體在場的情況下，我無法立即感知到她的感受。但在這次之後，我可以更經常、更準確地感知到她的感受。伊麗莎白似乎對發現她的**身體**能感到悲傷，或無家可歸，或害怕，產生一種真正的樂趣。

第三，伊麗莎白的身體成為她可以容納那小女孩我（the little girl self）的地方。因此，當她在身體上感受到小女孩的感覺時，她也感覺到她的身體有一種母性的涵容力量，可以容納這些感覺，讓她自己不會感到害怕和過度控制（用繩子）。這種持續的開放性意味著其他人物和感覺也可以在她的身體中被體現出來並出現在她的世界裡。有幾個星期，她反覆幻想一群孩子圍著圓圈快樂地跳舞，受傷的小女孩也在其中。伊麗莎白感到一種整合的喜悅，她現在具身化（embodying）的世界對模糊的質地和情緒是開放的。這世界感覺非常「真實」。

第四，我們兩個人感到更加親密，同時也更加分離。我們更加分離，因為「孩子—母親」的兩極狀態在我們的關係中不再那麼明確，而且我們都感到從對方那裡得到了解放。在那幾次治療之後，伊麗莎白很快就對治療的間隔和終止感到焦慮。我們的分離比以前更成為一個問題。在幾次治療中，她沉浸在可怕的痛苦隔離中，我發現自己再次試圖接觸她。我覺得自己受到阻隔，但在某一時刻，

我們都清楚地認識到，她的痛苦隔離並沒有什麼「錯」；這是她生活和歷史的真相；這是她自己的經驗，不能從她身上奪走。因此，分離的焦慮被一種堅定的需要所平衡，那就是她需要有自己的經驗，需要為她自己的感覺、想像和歷史提供一個心靈空間，一個不受我的母性拯救欲望或甚至我的治療欲望阻礙的空間。我意識到，我一直沒有充分注意到，她母親那機器人般的身體在多大程度上是在試圖為她自己創造這個空間。但既然這個空間不再是她身體內令我們都無法直接和真正進入的無人性障礙，於是在我們之間的關係中出現了對一個適當的心靈空間的需求。當然，她仍然非常依賴，但在隨後的幾個月裡，她愈來愈感覺到她可以在沒有她的鋼鐵防線或我的情況下完整地生存在這個世界上。

第五，她一直以來有的一種獨特的靈性（spirituality）開始形成。她開始有一種被一個不是她自己創造的中心所支持的感覺。這方面的第一個證據是，她突然想起了被父親緊緊抓住，沒有鬆手，盪起來轉來轉去的快樂。這幅畫面描述了她在那個當下的治療經驗，對我們倆來說都很明顯，但無論是記憶中的歷史事件還是她對我的經驗都無法充分解釋正在發生的事情。我不想把本質上是靈性能力覺醒的事情個人化。我在這裡遵循榮格的見解，即父親的角色，無論是在發展過程中還是在移情過程中，都必須被視為原型經驗的開展及其對發展和文化形式之結構作用的代表。

最後，也許不用說，治療遠未結束，早期的防衛和關係形式有時會重新出現。然而，慢性病化的條件已經成為過去，孤僻性防衛（schizoid defences）的復發是情境性與暫時性的。

## 討論

　　儘管這個臨床例子的描述被限制於目前所需的目的，但它揭示的內容也比這裡能討論的多。如同往常一樣，表達出來的總比呼喚著要表達的東西要少，但它也表達了比意圖表達的部分還要多。這提醒我們，沒有真正的、積極的意義基礎是獨立於人類交往的詮釋結構。儘管伊麗莎白的故事以及我們關係的故事是真實的，但如果她有一個不同的治療師，這些故事會在未知程度上有所不同。另一方面，這不意味著伊麗莎白的故事是「編造的」。不同的治療師會促成一個雖然不同但不衝突的故事。這一認識論觀點的臨床證據和意義將在此討論。在這裡，這個基本的認識論見解提醒我們，我們的方法是詮釋學的：伊麗莎白之劇碼的開展是一個詮釋學的過程，任何詮釋該劇的討論也是一樣。因此，詮釋學定義了接續討論的認識論地位。例如，它意味著所提到的原型無論其存在上有多麼密實，都不是實體，而是構成伊麗莎白故事的主題模式。

　　很明顯，無論是伊麗莎白的身體還是我的身體，根本上都不是醫學認為的解剖學實體。我們的身體是徹底的心理學，是心靈的物質化身。因此，我們的身體居住在一個專業框架和心理世界中，我們以這些面向來相互理解。當伊麗莎白感到自己處於「行星軌道」上，不再固定在地球上時，我看个到她；當她感到被孤立和拋棄時，我發現自己正試圖跨越一個深淵；當她感到被我輕輕抱住時，我感到自己的身體向她的在場開放，我的聲音也會變輕柔；是我的身體而不是一個超然的智性理解讓我知道她表達的憤怒是妄想還是象徵。這種靈活的、先於言說的理解，梅洛龐蒂用身體的「無名

性」（anonymity）來描述。分析心理治療和目前這個臨床研究表明的是，這種靈活性被圖象化地呈現為各種角色人物。無名性不是沒有形狀，而是圖像性體現的多重樣態。這不僅僅是說伊麗莎白在她的身體裡可以有不同的「感覺」，而是說伊麗莎白的身體是一系列角色人物的體現（embodiment），這些人物構成了她的自我。除了擁有一個女人或一個朋友的身體，她還有她母親的冷漠、拒絕和暴力的身體，一個養育的涵容身體，一個勝利的身體，一個被剝奪的、無情的孩子的身體，以及一個受傷的小女孩的身體。值得注意的是，在最後這種情況下，她說她的肌肉被碰到會很痛。她身體的緊張感有時（總是？）表達了這些角色人物之間無法忍受的關係和矛盾。

如果沒有她生活中的各個人物，要理解伊麗莎白的故事是不可能的，但它不能還原為這些人對伊麗莎白所做之行為的社會學或實徵分析。做為個別個體，伊麗莎白生活中的各個人物形成了一個相當雜亂和鬆散的安排，但伊麗莎白本人是一個心靈空間，在這個空間裡，這些人成為一個連貫但有問題的故事。伊麗莎白的世界有它自己的結構連貫性，有它的圖像優先性，而她的心理治療正是關注於此。在心理治療達到成功時，患者實現了一個既能生活又能認識、既能感受又能相信的故事（Romanyshyn, 1988）。她不再生活在一個不可思議的故事中，這個故事如同一齣悲劇，背叛或殺死了它的中心人物，那個試圖生存並在這個世界上為自己建立一個位置的年輕女人。這就是為什麼伊麗莎白的記憶不是過去事件的畫面簡單地加在一起形成一個「案例歷史」。這些記憶總是在回憶時做為她的世界以及她對我之關係的放大而發生的回憶。這樣的記憶以類

比、期望或對比的方式出現，但它們總是一個在當下時刻擴大或縮小的世界中被回憶，與其心情與當下的關注一致。

雖然我的在場對故事的展開有直接的影響（毫無疑問，有時會干擾故事的開展），但我的在場主要不是個人的，而是一個圖像的體現放大。這不是要否認我的外部性（exteriority）的重要性：我是一個像她一樣嵌入在語言和歷史中的有血有肉的凡人，儘管在治療框架中種種變動且有時動盪的圖像聚集並掌握我們，但我的存在會持續；這治療框架也有其外部性，有其契約性的事實性（但就算是這樣也構成了「存在於治療」〔being-in-therapy〕的圖像）。我只想指出，我的外部性從來都不是獨立於這些想像關係的。在那段時間裡，伊麗莎白和我的關係根據母子關係的想像模式發展和變化，但我們兩個做為伊麗莎白和羅傑是個人參與者（personal participants），而不是原初作為者（primary agents）。我們做為自我身分和關係中的角色，不可能編造這個故事，也不可能解決它的問題。在這方面，發展學派和原型學派的想法似乎比他們的爭論所顯示的更趨於一致。發展學派認識到，使用普勞特（Plaut, 1956）的著名短語，治療師「肉身化一個圖像」（the therapist 'incarnates an image'），而代表原型心理學的希爾曼寫道：

> 不要把與分析師的關係和與圖像世界的關係區分得太清楚。畢竟，分析師──還有患者──都是圖像世界中的圖像，都在演出幻想。我只是喜歡從幻想開始，而不是從人開始，僅此而已。（Hillman 1983b, p. 65）[1]

| 第九章　一個臨床研究

對圖像的存有論優先性的強調也意味著，榮格（Jung, 1917/43，p. 83）對「客觀」層面的詮釋和「主觀」層面的詮釋的區分需要修改。榮格具有治療學上的卓越洞見，即一個人的夢境和幻想中的人物可以指代他自己，而不僅是指代其他人，換句話說，把一個圖像的思想和感覺做為自己的思想和感覺，而不是在自己的生活中找到一個與之對應的人，可能更合適（和誠實！）。不過，榮格傾向於將這種區分建立在主體和客體的存有論分離上，並從這種先於理解（prior understanding）的基礎上導出他的詮釋學。然而，從母子兩極的位置變化可以看出，圖像是優先的，它結構了一些人際（interpersonal）和「個人內部」（intrapersonal）的關係。鑑於圖像的結構優先性，正是人做為角色在關聯到彼此的位置上轉換，並在不同時期體現出不同的關係端點。有趣的是，榮格的區分似乎已經在某種程度上被廢棄了，也許正是因為，雖然在治療中有時它會有啟發式的作用，但這區分在理論上是不健全的。

伊麗莎白的臨床表現和其中所描述的事件是無法在她的日常社會世界中顯明的。儘管在治療前她的人際關係確實受到了損害，但這些損害只有在親密關係的要求下才會變得明顯。在一個重要的意義上，臨床圖像並沒有公正地反映出伊麗莎白的社會、職業和智力能力。另一方面，伊麗莎白的「內心世界」也不是不可見的，好似隱藏在她體內的一個空間上封裝的「無意識」中。這是她關係裡的內部性，做為一種焦慮但微妙的捉迷藏（hide-and-seek）於人際中活出來。

在臨床案例的脈絡下，這一點有幾個含義：（a）伊麗莎白不是精神病患者（psychotic），因為她總是保有一種感知，即她的知

覺——例如對我的知覺——並沒有真的且明白地揭露了關於我的全部內容。其中總有著一種正常的理解，即我的生活有它自己的故事，獨立於她的生活，我們有一個專業的契約，定義我們之間的關係；以及（b）生活世界有一種微妙和深度，被模糊地感知到與夢到、被個人地認識到以及被古老地活出來。因此，如果說臨床描述描述了伊麗莎白的生活世界或心靈，那是不太正確的。它主要描述的是被夢到的（the dreamed）與被原始地想像到的（primitively imagined），而意識所知的那些則被視為理所當然的。圖像生活與治療的引人注目劇碼會使人看不到關鍵的事實，即心靈所活的是這種模糊性，而不是社會真理或古老的圖像性。[2]

伊麗莎白需要把自己從母親的身體中解脫出來，而將這個身體知覺為令人窒息的、冰冷的、不受歡迎的，是對一個必然之原型的個人實現：個體性（自我）的誕生需要從一個人的母體中英雄式地分離出來，在這個母體中，自己、身體、無意識和母親或多或少在象徵上等同。這個過程是伊麗莎白意識發展的一個重要階段，因為此後她能更清楚地知覺自己和母親。對她自己來說，她既看到一個被剝奪的孩子，也看到一個冷酷無情的成年人，而這一刻的洞察也標誌著她實現了更有同情心的母性。

原型視角在這裡幫助治療師理解到，無論伊麗莎白個人的母親是什麼樣，如果伊麗莎白要有任何對自己的感知（做為自我），如果她的個體性要誕生，那母親就需要成為一個「壞母親」（Hillman, 1983a）。將壞母親的形象詮釋為被伊麗莎白自己的攻擊性投射所污染，就這一點而言，也是足夠真實的，但它對患者的原型意義和發展需要來說是不夠的。就像壞媽媽和被剝奪的孩子形

成了一個結構性的統一體一樣，壞媽媽和勝利的英雄（英雌）在他們的圖像極性中也需要彼此。在某些時候，伊麗莎白提到了她的母親也可能有她自己的脆弱和傷痛，但她變得很焦慮，說她不能忍受在這個時候想到這些。人們當然可以從中看到梅蘭妮‧克萊恩（Melanie Klein）描述的透過分裂來抵禦的憂鬱性焦慮。但原型的角度似乎會讓治療師不傾向於（只）從這些語彙來解釋伊麗莎白的圖像與焦慮。在她發展的這一時刻，伊麗莎白需要一個壞母親。伊麗莎白不是在「攻擊壞人」，而是在與母體分離。在接續的治療中，伊麗莎白更充分地體現了其他人物，值得注意的是，整個圖像結構發生了變化。壞母親和英雌轉變為有同情心的母親和受傷的小女孩。她的心理生活也有一個更安全的三元（伊底帕斯）結構，有心靈空間、邊界和限制、多重視角和道德感性。這是指父親的原型意義。

　　伊麗莎白的出生在結構上和主題上與狄奧尼索斯（Dionysos）的神話有相似之處，可以回顧一下，狄奧尼索斯是被他的父親宙斯從他死去的母親塞默勒（Semele）的冰冷子宮中取出的。塞默勒沒有懷足狄奧尼索斯，所以宙斯把狄奧尼索斯縫入他的大腿中，直到孩子足月出生。簡而言之，伊麗莎白的個人生命因被封鎖在她冰冷、死氣沉沉的身體中而受到威脅，而她的身體是她將她母親的身體占有（「內攝」〔introjected〕）而認定為自己的身體。儘管伊麗莎白的幻想是劈開自己而得到自由，但治療師是故事中的一個重要人物。雖然我做為一個「好母親」出現在伊麗莎白面前，但我也有一種做為男性形象的意義，他的「陽具—精神」力量（phallic-spiritual power）出現在母親和孩子之間，邀請她進入一個超越母子

關係的世界。[3] 我的詮釋，包括穿透性（陽具）和語言（精神─文化），為她的出生助了一臂之力。但是，像狄奧尼索斯一樣，伊麗莎白還沒有獨立或真正的自由。可以這麼說，有一段時間，她仍然被縫在我的腿上。最後，狄奧尼索斯是放縱之神，與豐產和瘋狂有關。我很高興地報告，伊麗莎白並沒有像狄奧尼索斯的女信徒那樣，加入縱慾狂歡和狂熱的教派團體。然而，她確實變得不那麼拘謹了，而且隨著時間的推移，她在性方面更加活躍和自信。正如我們所看到的，她也變得更容易接觸到她的憤怒。

這裡出現的是，放大的實際使用問題，這在分析心理學中一直是一個爭論激烈的議題。從佛洛伊德開始，精神分析學家們批評榮格學派把他們私人的放大作用明白顯示。考慮到放大會產生防衛性的理智化、膨脹以及阻止治療關係中經驗的個人化和整合的效果（移情），我很少使用放大。然而，值得注意的是，放大法可以用來產生良好的效果，就像在本案例中。在這些事件發生的幾個月後，伊麗莎白在絕望和興奮之間搖擺不定。她含淚敘述說，當她不快樂時，她覺得自己永遠不會痊癒，而當她快樂時，她覺得自己終於「好多了」。每一次經歷都是全面的，沒有任何角度可以理解發生在她身上的事情。然後她說她失去了某種精神性，這種精神性曾經穩定她的情緒，給她的生活帶來一些意義。在我看來，將前幾個月的事件與狄奧尼索斯的誕生神話連結起來，承認自己尚未成熟就被生出來的感覺，接受她仍然被縫在我的腿上，這些都是合適的。伊麗莎白被這些反思深深地打動了，並被其所涵容。幾個月後，她告訴我，她是如何能夠停止試圖控制她的痊癒之路，並允許自己在治療過程中休息，這個過程有自己的節奏和時間，她感到與我和其

他參與這個治療故事的人有深刻的聯繫。在我看來，這種放大的大部分力量在於，它的表述就是進入語言、文化和父系精神之維持力量的召喚，而在治療中將之表述的**過程**因此與放大的**內容**是一致的。過程和內容朝同一方向發展。沒有混淆的訊息。也許所有的放大都是朝這個方向發展的過程。如果是這樣，那麼當放大召喚的經驗與放大過程中所給予的兩者方向不同，則可能會使經驗破裂，而不是使其統一。那麼，理智化的問題等等很可能會隨之而來。

最後，引導伊麗莎白和我完成那段治療的線索不是我們自己創造的。伊麗莎白的故事及其在這一時期的轉變過程劇碼有其自身的邏輯、要求和結論，而我們做為治療師和患者的任務主要是為這種情況的發生提供空間。伊麗莎白的自性是一個多重結構，它了解自己，並「知道」如果她的生活要得到充實需要做什麼。回過頭來看，很難想像由自我建構的治療設計怎麼可能不是一種濫用，這種濫用會助長伊麗莎白自我療癒的狂躁企圖，並使她的分裂長期存在。指導性治療方法的問題——甚至在心理治療的詮釋上也會發生——似乎是，很難知道「誰」在聽並對其做出反應。指導和詮釋很可能被伊麗莎白的母親和她的孩子聽到，而且還有其他角色人物也在聽。允許圖像顯示自己以及他們所有的想法和感受的一個好處是，構成一個人自我的角色人物可以被直接面對。

## 註釋

1. 實際上，如果圖像和感覺是「負面的」（憤怒、傷害、貪婪、被剝奪，等等），一般最好是從治療者的「人」開始。這有助於掌握和遏制這

些，而使它們的原始品質個人化，並消除它們的全能性。但關於治療師顯現為故事中圖像人物的根本性存有論觀點仍然存在。

2. 內部性和外部性之間的辯證關係需要進一步發展，我最近曾試圖取得一些進展（Brooke, 2012）。我認為這個辯證關係沒有因訴諸吉格里希「激進內部性」的饒富創造力工作而得到令人信服的解決。我現在認為，內部性和外部性之間的辯證張力是內部性本身的結構固有的，這種張力必須被保留，而不是被昇華為純粹的內部性。外部性將內部性視為為一個持續的存在基礎；內部性無休止地收集和編織外部性到其想像的邏輯中。沒有內部性，外部性就沒有敘事或歷史意義；沒有外部性，內部性就會蒸發成邏輯形式，沒有重量，沒有事實性、身體、創傷或道德義務。

3. 塞利格曼（Seligman）寫道：

正是父親（儘管如此）扮演著從子宮到世界之艱難過渡的特定與核心角色的中介者。如果沒有父親的情感支持，在我看來，孩子要正確地出生並確認自己的身分，幾乎是不可跨越的困難……「缺席的父親」症候群促發了與母親相互共謀的「相互擁抱」……發展中的孩子無法自拔，使他既不在子宮內，也不在子宮外，而是被夾在中間，可以說是半生半死。（Seligman, 1982, p. 10）

榮格與現象學 ｜第十章｜
*Jung and Phenomenology*

# 主題的整合

藉由展示榮格各個概念之詮釋如何整合,把本書的各項結論聚集起來,會是有幫助的。然後,我另外要補充的是,存在現象學和分析心理學可以如何貢獻於一個整合的現象學分析心理學。

心靈是一種感知的世界開放性,在這種開放性中,世界做為人類構成和參與的世界而出現。心靈不是世界上一個與其他實體相似的實體,也不是世界上的一個特定位置。它是透過事物的展現而被給出的圖像性質地。做為圖像的意向性,心靈是「之間」,人與其世界從其中出現,並奠基於其中。做為一種圖像的意向性,心靈的開放性是一種「虛無」('nothingness'),但這並不是一種空洞、真空。當世界以其特定於人類的和必要的方式開放和聚集,心靈的圖像性維度即具有豐富的紋理和結構。這種心靈開放性母體是集體無意識,而它的潛在結構,即原型,是人類在這個母體中誕生的原始模式。這不是否認心靈是徹底歷史的、文化的,在語言中結構的,而是聲稱歷史、文化和語言在某種程度上是榮格稱之為原型的那些跨歷史和必要結構的衍生面向。

個體化是一個個人分化的過程,它發生在存在本身之中。在出生後不久(或可能在出生前),它就以初級形式開始,人開始區分與母親相關的好壞經驗,將母親視為與其他在場者不同的存有者,以有所置身的感覺獲得自我感,並且更漸進地擁有自己的私人幻想生活。個體化意味著要處理這樣一個事實,即那些充斥在一個人的世界裡的其他人有他們自己的意志,而且,舉例來說,他們的母職和父職作為,並沒有定義一個人的完整父母是誰。有了足夠好的養育方式,孩子通常能應對這種全能的喪失和分離焦慮,並發展出一種與世界更有彈性與象徵性的關係。心靈開放性的圖像性維度意味

著，世界顯露出豐富的紋理，因為它是以特定於人類的和必要的方式聚集。因此，個體化意味著區分出那些自性的原型潛在可能性並將之占有為自己的，而個人身體化生活的深度至少在一定程度上已經參與在這些潛在可能性之中。

對原型所賦予之種種的區分與占有在一定程度上隨著心理發展而發生。當原型在一個人的個人生活情結中表現出來時，它們就具有了歷史和個人的形態。但是，一個人身體化生活的這些情結雖然構成了一定程度的分化和個人化，但也可能停留在前反思生活的初始狀態。榮格所稱的意識者指的是對原型複雜態的進一步分化和個人化，這種分化和個人化發生在一個人（「自我」）反身地將自己一直盲目活出的情結占為己有。這種在意識的光照下對前反思生活的占有涉及認識到一個人的世界一直以來被不適當地限制了，只顯露於那些他認同之以原型為基礎的情結限圍內。在這裡，榮格所說的意識的發展不是指類似於更多的智性理解，而是指一種存在性的開放運動。對自性的身體化意向性的深入洞察，同樣也是對一個人之世界中的事物（自然物、人、事件）的內部性的深化意識，當從受情結限制的知覺控制中鬆脫後，這些事物以更豐富、更深刻、更微妙的意義顯示出來。

最後，榮格的詮釋學取向有這樣的現象學強調，即關注於立即呈現與不斷自我揭示之現象的領受性（receptivity），也就契合於他對心理生活和治療工作的看法。

# 現象學對現象學分析心理學的貢獻

現象學對現象學分析心理學的貢獻已經在本書中詳細討論過了，但重點可以總結如下：

1. 笛卡兒式的主體與世界分離被克服了。這使人與物的世界恢復成為心理生活的原始家園，它將世界的原初實在恢復為有意義的關聯性。

2. 它探索並闡明了人之身體是人類整體存在的身體維度，是心理生活的身化。有了身體的心理性和心靈的具身性，關於「心身」關係的問題就可以從那些視其為實務困境的觀點中拯救出來。就實務問題所在的範圍而言（例如，關於思覺失調症的構成因素），這些問題位於人類身體存在本身的模糊性帶來的內在糾纏狀態中。但是，由於人類秩序構成了身體生命和自然秩序的轉化，人們認識到，沒有任何人類的身體現象是沒有內含的心理意義的。

3. 它對揭示與隱藏、已知的與活出的之間的存在張力的探索，闡明了一種關於「模糊」的存有論和認識論。因此，它並不為聲稱人類存在的隱喻性為其基本結構而感到歉意，而且它取消了實證主義的信念，這個信念認為以隱喻方式表達之心理學洞見的當代地位只是「暫時的」。現象學闡述了心理學發現的科學和認識論的地位。

4. 它闡明了一種心理學探究的方法，它是內生於做為人文科學的心理學的方法。

# 分析心理學對現象學分析心理學的貢獻

分析心理學的突出貢獻可以概括為以下幾點：

1. 在心理學探究上，榮格的方法有效地實現了心理學中現象學取向的治療和研究價值。也就是說，榮格強調要克服預設，要領受生活經驗的直接給予，要聚焦於事物／圖像的隱喻質地，產生了大量的心理學洞察，同時也具有治療作用。
2. 分析心理學透過闡明心理學的洞察，深化了存在現象學對人的理解。如果正確解讀，這些洞察並不衝突於以存在來理解人的看法。可以特別提到的是情結、原型、圖像的結構和作用，以及心理發展和轉化的模式。
3. 分析心理學詳細描述了人類關係作用的基本模式，即共享之生活世界的結構。在表明這些模式是神話性的時候，榮格同樣表明，這些神話在心理上仍然存在，並且在歷史性的存在中，有一種跨歷史的、匿名的敏感性，我們仍然受其約束，並受惠於它。
4. 分析心理學將人類存在的圖像結構主題化。它表明，存在的本質在存有論上不相離於或先於其圖像性的自我揭示。存在是以圖像的多重性而活出的，正是在這個圖像的關係性母體中，我們尋求理解我們自己和他人，並且我們從中尋求讓自己構建為人。

| 附錄一 |

# 參考文獻

Abenheimer, K. (1968). The ego as subject. In J. Wheelwright (Ed.): *The Reality of the Psyche*, pp. 61–73. New York: G. P. Putnam's Sons.
Adams, M. (1996). *The Multicultural Imagination: Race, Color, and the Unconscious*. New York: Routledge.
Adler, G. (1949/69). *Studies in Analytical Psychology*. New York: Capricorn Books.
Avens, R. (1980). *Imagination is Reality*. Dallas: Spring Pubs.
Avens, R. (1982). Heidegger and archetypal psychology. *International Philosophical Quarterly*, 22, 1, 183–202.
Avens, R. (1984). *The New Gnosis: Heidegger, Hillman, and Angels*. Dallas: Spring Pubs.
Bar, E. (1976). Archetypes and ideas: Jung and Kant. *Philosophy Today*, 20, 114–23.
Barrett, W. (1967). *Irrational Man*. London: Heinemann.
Barton, A. (1974). *Three Worlds of Therapy*. Palo Alto: Mayfield Publishing Co.
Berry, P. (1973). On reduction. *Spring*, 67–84.
Berry, P. (1974). An approach to the dream. *Spring*, 58–79.
Bettelheim, B. (1983). *Freud and Man's Soul*. London: Chatto and Windus.
Binswanger, L. (1946). The existential analysis school of thought. In R. May, E. Angel, H. Ellenberger (Eds): *Existence*, pp. 191–213. New York: Basic Books, 1958.
Binswanger, L. (1963). Freud's conception of man in the light of anthropology. Trans. J. Needleman. In J. Needleman (Ed.): *Being in the World: Selected Papers of Ludwig Binswanger*, pp. 149–81. New York: Basic Books.
Boer, C. and Kugler, P. (1977). Archetypal psychology is mythical realism. *Spring*, 131–52.
Bollnow, O. (1967). Lived Space. In N. Lawrence and D. O'Connor (Eds): *Readings in Existential Phenomenology*, pp. 178–86. Englewood Cliffs: Prentice-Hall, Inc.
Boss, M. (1957). *The Analysis of Dreams*. Trans. A. Pomerans. New York and London: Rider and Co.
Boss, M. (1963). *Psychoanalysis and Daseinsanalysis*. Trans. L. Lefebre. New York: Da Capo Press, 1982.
Boss, M. (1964). What makes us behave at all socially. *Review of Existential Psychology and Psychiatry*, 4, 1, 53–68.
Boss, M. (1975). *Existential Foundations of Medicine and Psychology*. Trans. S. Conway and A. Cleaves. London and New York: Jason Aronson, 1979.
Brooke, R. (1985). Jung and the phenomenology of guilt. *The Journal of Analytical Psychology*, 30, 2, 165–84.
Brooke, R. (1986). Merleau-Ponty's conception of the unconscious. *The South African Journal of Psychology*, 16, 4, 126–30.

Brooke, R. (2008). *Ubuntu* and the individuation process: toward a multicultural analytical psychology. *Psychological Perspectives*, 51, 36–53.

Brooke, R. (2009). Self, psyche, and world: a phenomenological interpretation. *Journal of Analytical Psychology*, 2009, 54, 599–616.

Brooke, R. (2012). Notes on the phenomenology of interiority and the foundations of psychology, *International Journal of Jungian Studies*, 5(1), 1–16. DOI:10.1080/19409052.2012.726927

Buber, M. (1938). What is man? In *Between Man and Man*, pp. 118–205. Trans. R. Smith. New York: Macmillan Publishing Co., 1965.

Buber, M. (1952). *Eclipse of God*. New York: Harper Torchbook edition, 1957.

Cahen, R. (1983). ['Do worry, it's psychic!']. *Analytische Psychologie*, 14, 2, 134–46.

Carafides, J. (1974). H. Spiegelberg on the phenomenology of C. G. Jung. *Journal of Phenomenological Psychology*, 5, 1, 75–80.

Carotenuto, A. (1981). *The Vertical Labyrinth*. Trans. J. Shepley. Toronto: Inner City Books, 1985.

Carvalho, R. (1983). Book review of *The Gnostic Jung* by S. Hoeller. *The Journal of Analytical Psychology*, 28, 4, 388–9.

Casey, E. (1987). Jung and the post-modern condition. *Spring*, 100–5.

Cohen, E. (1976). *C. G. Jung and the Scientific Attitude*. Totowa, New Jersey: Littlefield, Adams and Co.

Corbin, H. (1972). Mundus imaginalis, or the imaginary and the imaginal. *Spring*, 1–19.

Davidson, D. (1966). Transference as a form of active imagination. In M. Fordham, R. Gordon, J. Hubback, K. Lambert (Eds): *Technique in Jungian Analysis*, pp. 188–99. London: William Heinemann Medical Books Ltd., 1974.

Descartes, R. (1647). The principles of philosophy. In *The Philosophical Works of Descartes*, Vol. 1, pp. 201–302. Trans. E. Haldane and G. Ross. New York: Dover Publications, Inc., 1931.

De Voogt, S. (1977). C. G. Jung: psychologist of the future? 'philosopher' of the past. *Spring*, 175–82.

De Voogt, S. (1984). Fantasy versus fiction: Jung's Kantianism appraised. In R. Papadopoulos and G. Saayman (Eds): *Jung in Modern Perspective,* pp. 204–28. Craighall: A. D. Donker.

Downing, C. (1977). Poetically dwells man upon this earth. In C. Scott (Ed.): *On Dreaming: an Encounter with Medard Boss*, pp. 85–102. Chico, CA.: Scholar's Press, 1982.

Dry, A. (1961). *The Psychology of Jung: a Critical Interpretation*. London: Methuen and Co.

Eckman, B. (1986). Jung, Hegel and the subjective universe. *Spring*, 88–99.

Edinger, E. (1972). *Ego and Archetype*. New York: Pelican Books, 1973.

Edwards, P. (1967). *The Encyclopaedia of Philosophy*. New York: The Macmillan Company and the Free Press.

Eliade, M. (1957). *The Sacred and the Profane*. Trans. W. Trask. New York: A Harvest Book. Harcourt, Brace and World, Inc., 1959.

Fordham, F. (1966). *An Introduction to Jung's Psychology*. Harmondsworth: Penguin Books.

Fordham, M. (1957a). *New Developments in Analytical Psychology*. London: Routledge

and Kegan Paul.
Fordham, M. (1957b). Reflections on image and symbol. *The Journal of Analytical Psychology*, 2, 1, 85–92.
Fordham, M. (1960). Counter-transference. In M. Fordham, R. Gordon, J. Hubback, K. Lambert (Eds): *Technique in Jungian Analysis*, pp. 240–50. London: William Heinemann Medical Books, 1974.
Fordham, M. (1963). The empirical foundation and theories of the self in Jung's Works. In M. Fordham, R. Gordon, J. Hubback, K. Lambert, M. Williams (Eds): *Analytical Psychology: a Modern Science,* pp. 12–38. London: Academic Press, 1980.
Fordham, M. (1968). Individuation in childhood. In J. Wheelwright (Ed.): *The Reality of the Psyche*, pp. 54–60. New York: G. P. Putnam's Sons.
Fordham, M. (1969). *Children as Individuals.* New York: G. P. Putnam's Sons.
Fordham, M. (1974). Jungian views of the mind–body relationship. *Spring*, 166–78.
Fordham, M. (1976). *The Self and Autism.* London: William Heinemann Medical Books.
Fordham, M. (1981). Neumann and childhood. *The Journal of Analytical Psychology*, 26, 2, 99–122.
Fordham, M., Gordon, R., Hubback, J., Lambert, K., Williams, M. (Eds) (1973). *Analytical Psychology: a Modern Science.* London: Academic Press, 1980.
Fourcher, L. (1979a). Human ethology and phenomenology, part I. *Behaviorism*, 7, 1, 23–36.
Fourcher, L. (1979b). Human ethology and phenomenology, part II. *Behaviorism*, 7, 2, 85–95.
Freud, S. (1895). Project for a scientific psychology. In *The Standard Edition of the Complete Psychological Works of Sigmund Freud,* Vol. I, pp. 295–387. Trans. J. Strachey. London: The Hogarth Press, 1953–1974.
Freud, S. (1914). On the history of the psycho-analytic movement. In *The Standard Edition of the Complete Psychological Works of Sigmund Freud,* Vol. XIV, pp. 7–66. Trans. J. Strachey. London: The Hogarth Press, 1953–1974.
Freud, S. (1923). *The Ego and the Id.* Trans. J. Riviere. London: The Hogarth Press.
Frey-Rohn, L. (1969). *From Freud to Jung.* Trans. F. and E. Engreen. New York: A Delta Book, Dell Publishing Co., 1974.
Friedman, M. (Ed.) (1964). *The Worlds of Existentialism.* New York: Random House, Inc.
Friedman, M. (1967). *To Deny Our Nothingness.* Chicago: The University of Chicago Press, 1978.
Friedman, M. (1984). *Contemporary Psychology: Revealing and Obscuring the Human.* Pittsburgh: Duquesne University Press.
Friedman, M. (1985). *The Healing Dialogue in Psychotherapy.* New York: Jason Aronson.
Gabel, S. (1985). Sleep research and clinically reported dreams. *The Journal of Analytical Psychology*, 30, 2, 185–205.
Gelven, M. (1972). Guilt and human meaning. *Humanitas*, 9, 69–81.
Gendlin, E. (1978). *Focusing.* New York: Everest House.
Gendlin, E. (1978–9). *Befindlichkeit:* Heidegger and the philosophy of psychology. *Review of Existential Psychology and Psychiatry*, 16, 43–71.
Giegerich, W. (1975). Ontogeny = phylogeny? *Spring*, 110–29.

Giegerich, W. (1984). Hospitality towards the gods in an ungodly age: Philemon–Faust–Jung. *Spring*, 61–75.

Giegerich, W. (1987). The rescue of the world. *Spring*, 107–14.

Giorgi, A. (1970). *Psychology as a Human Science*. New York: Harper and Row.

Giorgi, A. (1974). The meta-psychology of Merleau-Ponty as a possible basis for unity in psychology. *The Journal of Phenomenological Psychology*, 5, 1, 53–74.

Giorgi, A. (1982). Phenomenology and Psychological Research. Unpublished paper presented at Rhodes University.

Glover, E. (1950). *Freud or Jung?* London: Allen and Unwin Ltd.

Goodheart, W. (1984a). C. G. Jung's first 'patient': on the seminal emergence of Jung's thought. *The Journal of Analytical Psychology*, 29, 1, 1–34.

Goodheart, W. (1984b). Successful and unsuccessful interventions in Jungian analysis. *Chiron*, 89–117.

Gordon, R. (1968a). Symbols: content and process. In J. Wheelwright (Ed.): *The Reality of the Psyche*, pp. 293–304. New York: G. P. Putnam's Sons.

Gordon, R. (1968b). Transference as the fulcrum of analysis. In M. Fordham, R. Gordon, J. Hubback, K. Lambert (Eds): *Technique in Jungian Analysis*, pp. 178–87. London: William Heinemann Medical Books, 1974.

Gordon, R. (1978). *Dying and Creating*. London: The Society of Analytical Psychology.

Gordon, R. (1985a). Big self and little self. *The Journal of Analytical Psychology*, 30, 3, 261–71.

Gordon, R. (1985b). Losing and finding: the location of archetypal experience. *The Journal of Analytical Psychology*, 30, 2, 117–33.

Gordon, R. (1987). Archetypes on the couch. *Chiron*, 93–114.

Harding, M. Esther (1965). *The 'I' and the 'Not-I'*. New York: Pantheon Books.

Harding, M. Esther (1968). The reality of the psyche. In J. Wheelwright (Ed.): *The Reality of the Psyche*, pp. 1–13. New York: G. P. Putnam's Sons.

Hayasaka, T. (1984). Phenomenology of the Japanese self. In D. Kruger (Ed.): *The Changing Reality of Modern Man*, pp. 126–34. Cape Town: Juta and Co.

Heidegger, M. (1927). *Being and Time*. Trans. J. Macquarrie and E. Robinson. Oxford: Basil Blackwell, 1962.

Heidegger, M. (1935/36). The origin of the work of art. In *Basic Writings*, pp. 149–87. Introduced and edited by D. Krell. London: Routledge and Kegan Paul, 1977.

Heidegger, M. (1936). What are poets for? In *Poetry, Language, Thought*, pp. 91–142. Trans. A. Hofstader. New York: Harper Colophon Books, 1971.

Heidegger, M. (1947). Letter on humanism. In *Basic Writings*, pp. 193–242. Introduced and edited by D. Krell. London: Routledge and Kegan Paul, 1977.

Heidegger, M. (1951). Building, dwelling, thinking. In *Basic Writings*, pp. 319–39. Introduced and edited by D. Krell. London: Routledge and Kegan Paul, 1977.

Heidegger, M. (1954a). The thinker as poet. In *Poetry, Language, Thought*, pp. 1–14. Trans. A. Hofstader. New York: Harper Colophon Books, 1971.

Heidegger, M. (1954b). What calls for thinking? In *Basic Writings*, pp. 345–67. Introduced and edited by D. Krell. London: Routledge and Kegan Paul, 1977.

Herman, N. (1984). The long way home. *British Journal of Psychotherapy*, 1, 2,

152–6.
Hersch, J. (1980). The ethnic unconscious. *The Journal of Analytical Psychology*, 25, 2, 181–91.
Hillman, J. (1964). *Suicide and the Soul.* Zurich: Spring Publications.
Hillman, J. (1970a). C. G. Jung's contributions to 'feelings and emotions': synopsis and implications. In M. Arnold (Ed.): *Feelings and Emotions*, pp. 125–34. New York: Academic Press.
Hillman, J. (1970b). Why 'Archetypal' psychology? In *Loose Ends*, pp. 138–45. Dallas: Spring Pubs, 1978.
Hillman, J. (1973). Anima. *Spring*, 97–132.
Hillman, J. (1974a). Anima II. *Spring*, 113–46.
Hillman, J. (1974b). Archetypal theory: C. G. Jung. In *Loose Ends*, pp. 170–95. Dallas: Spring Pubs, 1978.
Hillman, J. (1975). *Re-Visioning Psychology.* New York: Harper Colophon Books, 1977.
Hillman, J. (1977). An enquiry into image. *Spring*, 62–88.
Hillman, J. (1978). Further notes on images. *Spring*, 152–82.
Hillman, J. (1979). *The Dream and the Underworld.* New York: Harper and Row.
Hillman, J. (1980a). On the necessity of abnormal psychology. In *Facing the Gods*, pp. 1–38. Irving, Texas: Spring Pubs.
Hillman, J. (1980b). The therapeutic value of alchemical language. In I. Baker (Ed.): *Methods of Treatment in Analytical Psychology*, pp. 118–26. Dallas: Spring Pubs.
Hillman, J. (1981). *Archetypal Psychology: a Brief Account.* Dallas: Spring Pubs, 1985.
Hillman, J. (1982). Anima Mundi: the return of the soul to the world. *Spring*, 71–93.
Hillman, J. (1983a). The bad mother. *Spring*, 165–81.
Hillman, J. (1983b). *Inter Views.* New York: Harper Colophon Books, 1984.
Hillman, J. and Kugler, P. (1985). The autonomous psyche. *Spring*, 141–61.
Hobson, R. (1958). Book Review of *Religion and the Psychology of Jung* by R. Hostie. *The Journal of Analytical Psychology*, 3, 1, 64–9.
Hobson, R. (1971). The archetypes of the collective unconscious. In M. Fordham, R. Gordon, J. Hubback, K. Lambert, M. Williams (Eds): *Analytical Psychology: a Modern Science*, pp. 66–75. London: Academic Press, 1980.
Hobson, R. (1985). *Forms of Feeling.* London: Tavistock Pubs.
Hoeller, K. (1982–3). Phenomenology, psychology and science, II. *Review of Existential Psychology and Psychiatry*, 18, 143–54.
Hoeller, S. (1982). *The Gnostic Jung and the Seven Sermons to the Dead.* Wheaton, USA: The Theosophical Publishing House.
Holt, D. (1975). Projection, presence, profession. *Spring*, 130–44.
Hostie, R. (1957). *Religion and the Psychology of Jung.* Trans. G. Lamb. London and New York: Sheed and Ward, Inc.
Hoy, D. (1983). Numinous experience: frequent or rare? *The Journal of Analytical Psychology*, 28, 1, 17–32.
Hubback, J. (1986). Body language and the *self. Chiron*, 127–43.
Husserl, E. (1913). *Ideas: General Introduction to Pure Phenomenology.* Trans. W. Boyce Gibson. London: George Allen and Unwin Ltd., 1931.
Ihde, D. (1971). *Hermeneutic Phenomenology: the Philosophy of Paul Ricoeur.* Evanston:

Northwestern University Press.
Izenberg, G. (1976). *The Existentialist Critique of Freud.* Princeton: Princeton University Press.
Jacobi, J. (1942/68). *The Psychology of C. G. Jung.* Trans. R. Manheim. London: Routledge and Kegan Paul.
Jacobi, J. (1959). *Complex. Archetype. Symbol.* Trans. R. Manheim. Princeton: Princeton University Press.
Jacobi, J. (1965). *The Way of Individuation.* Trans. R. Hull. London: Hodder and Stoughton, 1967.
Jaffe, J. (1971). *The Myth of Meaning.* Trans. R. Hull. New York: Penguin Books, 1975.
Jonas, H. (1963). *The Gnostic Religion.* Second edition. Boston: Beacon Press.
Jung, C. (1902). On the psychology of so-called occult phenomena. In *The Collected Works of C. G. Jung,* Vol. I, pp. 3–88. Trans. R. Hull. Edited by Sir Herbert Read, M. Fordham, G. Adler; executive editor, W. McGuire. Bollingen Series XX, 20 volumes. London: Routledge and Kegan Paul; Princeton: Princeton University Press, 1953–79. [Henceforward referred to as *C.W.*, with the volume and page numbers.]
Jung, C. (1905). The psychological diagnosis of evidence. *C.W.2*, 318–52.
Jung, C. (1906). Association, dream, and hysterical symptom. *C.W.2*, 353–407.
Jung, C. (1912a). New paths in psychology. *C.W.7*, 245–68.
Jung, C. (1912b). *Psychology of the Unconscious: a Study of the Transformations and Symbolisms of the Libido.* Trans. B. Hinkle. London: Routledge, Trench, Trubner and Co., 1919.
Jung, C. (1912/52). Symbols of transformation. *C.W.5*.
Jung, C. (1913/55). The theory of psychoanalysis. *C.W.4*, 83–226.
Jung, C. (1914a). On psychological understanding. *C.W.3*, 179–93.
Jung, C. (1914b). On the importance of the unconscious in psychopathology. *C.W.3*, 203–10.
Jung, C. (1914c). Psychoanalysis and neurosis. *C.W.4*, 243–51, 187.
Jung, C. (1916a). Prefaces to 'Collected Papers on Analytical Psychology'. *C.W.4*, 290–7.
Jung, C. (1916b). The structure of the unconscious. *C.W.7*, 269–304.
Jung, C. (1916/57). The transcendent function. *C.W.8*, 67–91.
Jung, C. (1917/43). On the psychology of the unconscious. *C.W.7*, 9–119.
Jung, C. (1918). The role of the unconscious. *C.W.10*, 3–28.
Jung, C. (1919). Instinct and the unconscious. *C.W.8*, 129–38.
Jung, C. (1921). Psychological types. *C.W.6*.
Jung, C. (1922). On the relation of analytical psychology to poetry. *C.W.15*, 65–83.
Jung, C. (1925). Marriage as a psychological relationship. *C.W.17*, 187–201.
Jung, C. (1926). Spirit and life. *C.W.8*, 319–37.
Jung, C. (1927/31a). Introduction to Wickes's 'Analyse der Kinderseele'. *C.W.17*, 39–46.
Jung, C. (1927/31b). Mind and earth. *C.W.10*, 29–49.
Jung, C. (1927/31c). The structure of the psyche. *C.W.8*, 139–58.

Jung, C. (1928a). On psychic energy. *C.W.8*, 3–66.
Jung, C. (1928b). The relations between the ego and the unconscious. *C.W.7*, 127–241.
Jung, C. (1928c). Child development and education. *C.W.17*, 47–62.
Jung, C. (1928/31a). Analytical psychology and a 'Weltanschauung. *C.W.8*, 358–81.
Jung, C. (1928/31b). The spiritual problem of modern man. *C.W.10*, 74–94.
Jung, C. (1929a). The aims of psychotherapy. *C.W.16*, 36–52.
Jung, C. (1929b). Commentary on 'The Secret of the Golden Flower'. *C.W.13*, 1–56.
Jung, C. (1929c). Freud and Jung: Contrasts. *C.W.4*, 333–40.
Jung, C. (1929d). Problems of modern psychotherapy. *C.W.16*, 53–75.
Jung, C. (1930). The complications of American psychology. *C.W.10*, 502–14.
Jung, C. (1930/31). The stages of life. *C.W.8*, 387–403.
Jung, C. (1931a). Archaic man. *C.W.10*, 50–73.
Jung, C. (1931b). Basic postulates of analytical psychology. *C.W.8*, 338–57.
Jung, C. (1932a). Psychotherapists or the clergy. *C.W.11*, 327–47.
Jung, C. (1932b). Sigmund Freud in his historical setting. *C.W.15*, 33–40.
Jung, C. (1933a). *Modern Man in Search of a Soul*. Trans. C. Baynes. London. Routledge and Kegan Paul.
Jung, C. (1933b). The real and the surreal. *C.W.8*, 382–4.
Jung, C. (1934a). The meaning of psychology for modern man. *C.W.10*, 134–56.
Jung, C. (1934b). The practical use of dream analysis. *C.W.16*, 139–61.
Jung, C. (1934c). A review of the complex theory. *C.W.8*, 92–104.
Jung, C. (1934d). The soul and death. *C.W.8*, 404–15.
Jung, C. (1934e). The state of psychotherapy today. *C.W.10*, 157–73.
Jung, C. (1934/54). Archetypes of the collective unconscious. *C.W.9.i.*, 3–41.
Jung, C. (1935a). Principles of practical psychotherapy. *C.W.16*, 3–20.
Jung, C. (1935b). The Tavistock lectures. *C.W.18*, 1–182.
Jung, C. (1935/53). Psychological commentary on 'The Tibetan Book of the Dead'. *C.W.11* 509–26.
Jung, C. (1936). Psychological typology. *C.W.6*, 542–55.
Jung, C. (1936–7/59). The concept of the collective unconscious. C. *W.9 .i.*, 42–53.
Jung, C. (1936/54). Concerning the archetypes, with special reference to the anima concept. *C.W.9.i.*, 54–72.
Jung, C. (1937). The realities of practical psychotherapy. *C.W.16*, 327–38.
Jung, C. (1937/42). Psychological factors determining human behaviour. *C.W.8*, 114–25.
Jung, C. (1938/40). Psychology and religion. *C.W.11*, 3–105.
Jung, C. (1938/54). Psychological aspects of the mother archetype. *C.W.9.i.*, 73–110.
Jung, C. (1939a). Conscious, unconscious, and individuation. *C.W.9.i.*, 275–89.
Jung, C. (1939b). The dreamlike world of India. *C.W.10*, 515–24.
Jung, C. (1939c). In memory of Sigmund Freud. *C.W.15*, 41–9.
Jung, C. (1939d). The symbolic life. *C.W.18*, 265–90.
Jung, C. (1939/54). Psychological commentary on 'The Tibetan Book of the Great Liberation'. *C.W.11*, 475–508.
Jung, C. (1940). The psychology of the child archetype. *C.W.9.i.*, 149–81.
Jung, C. (1940/54). Transformation symbolism in the Mass. *C.W.11*, 257–8.

Jung, C. (1941). The psychological aspects of the Kore. *C.W.9.i.*, 182–203.
Jung, C. (1942/48). A psychological approach to the dogma of the Trinity. *C.W.11*, 107–200.
Jung, C. (1943). Psychotherapy and a philosophy of life. *C.W.16*, 76–83.
Jung, C. (1943/48). The spirit Mercurius. *C.W.13*, 191–250.
Jung, C. (1944/52). Psychology and alchemy. *C.W.12*.
Jung, C. (1945). Psychotherapy today. *C.W.16*, 94–110.
Jung, C. (1945/48a). The phenomenology of the spirit in fairy tales. *C.W.9.i.*, 205–54.
Jung, C. (1945/48b). On the nature of dreams. *C.W.8*, 281–97.
Jung, C. (1946). The psychology of the transference. *C.W.16*, 163–323.
Jung, C. (1947/54). On the nature of the psyche. *C.W.8*, 159–234.
Jung, C. (1949a). Foreword to G. Adler's *Studies in Analytical Psychology*. In G. Adler: *Studies in Analytical Psychology*. New York: Capricorn Books, 1969.
Jung, C. (1949b). Foreword to Harding: *Woman's Mysteries*. *C.W.18*, 518–20.
Jung, C. (1949c). Foreword to Neumann: *The Origins and History of Consciousness*. *C.W.18*, 521–2.
Jung, C. (1951a). Aion. *C.W.9.ii*.
Jung, C. (1951b). Foreword to Custance: *Wisdom, Madness and Folly*. *C.W.18*, 349–52.
Jung, C. (1951c). Fundamental questions of psychotherapy. *C.W.16*, 111–25.
Jung, C. (1952a). Answer to Job. *C.W.11*, 355–470.
Jung, C. (1952b). Religion and psychology: a reply to Martin Buber. *C.W.18*, 663–70.
Jung, C. (1952c). Synchronicity: an acausal connection principle. *C.W.8*, 417–519.
Jung, C. (1954). The philosophical tree. *C.W.13*, 251–349.
Jung, C. (1955–6). Mysterium coniunctionis. *C.W.14*.
Jung, C. (1957). The undiscovered self. *C.W.10*, 245–305.
Jung, C. (1958a). Flying saucers – a modern myth. *C.W.10*, 307–433.
Jung, C. (1958b). A psychological view of conscience. *C.W.10*, 437–55.
Jung, C. (1959). Good and evil in analytical psychology. *C.W.10*, 456–68.
Jung, C. (1959/68). The archetypes and the collective unconscious. *C.W.9.1*.
Jung, C. (1961). *Memories, Dreams, Reflections*. Recorded and edited by A. Jaffe. Trans. R. and C. Winston. The Fontana Library of Theology and Philosophy, 1967.
Jung, C. (1964). Approaching the unconscious. In *Man and His Symbols*, pp. 1–94. New York: Dell Publishing Co., 1968.
Jung, C. (1973). *Letters, Vol. I*. Edited by G. Adler in collaboration with A. Jaffe. Trans. R. Hull. London: Routledge and Kegan Paul.
Jung, C. (1976a). *Letters, Vol. II*. (op. cit.).
Jung, C. (1976b). *The Visions Seminars*. In two volumes. Zurich: Spring Pubs.
Jung, C. (1977). *C. G. Jung Speaking*. Edited by W. McGuire and R. Hull. London: Pan Books, 1980.
Kant, I. (1781) *Critique of Pure Reason*. Trans. N. Smith. Abridged edition. London. Macmillan and Co., 1934.
Kay, D. (1984). Foetal psychology and the analytic process. *The Journal of Analytical Psychology*, 29, 4, 317–36.
Kockelmans, J. (1967). What is phenomenology? In J. Kockelmans (Ed.): (op.cit.), pp. 24–36.

Kruger, D. (1979). Towards an understanding of the Xhosa diviner. In F. Orkin and S. Welz (Eds): *Society in Southern Africa*, pp. 39–60. Johannesburg: The Association for Sociology in Southern Africa.

Kruger, D. (1979/88). *An Introduction to Phenomenological Psychology.* (With a contribution by C. Stones.) Cape Town: Juta and Co.

Kruger, D. (Ed.) (1984). *The Changing Reality of Modern Man.* Cape Town: Juta and Co.

Kwant, R. (1968). The human body as the self-awareness of Being. *Review of Existential Psychology and Psychiatry*, 8, 2, 117–34.

Lambert, K. (1981a). *Analysis, Repair and Individuation.* London: Academic Press.

Lambert, K. (1981b). Emerging consciousness. *The Journal of Analytical Psychology*, 26, 1, 1–17.

Laplanche, J. and Pontalis, J-B. (1973/80). *The Language of Psycho-Analysis.* Trans. D. Nicholson-Smith. London: The Hogarth Press.

Le Fevre, P. (1962). Heidegger and Buber on conscience and guilt. *The Chicago Theological Seminary Register*, 52, 1, 26–31.

Levin, D. (1982–3). Eros and Psyche: a reading of Merleau-Ponty. *Review of Existential Psychology and Psychiatry*, 18, 219–39.

Levin, D. (1985). *The Body's Recollection of Being: Phenomenological Psychology and the Deconstruction of Nihilism.* London: Routledge and Kegan Paul.

Luijpen, W. (1969). *Existential Phenomenology.* Revised Edition. Pittsburgh: Duquesne University Press.

Macquarrie, J. (1968). *Martin Heidegger.* Atlanta: John Knox Press.

Macquarrie, J. (1972). *Existentialism.* London: Pelican Books, 1973.

Maduro, R. and Wheelwright, J. (1983). Analytical psychology. In R. Corsini and A. Marsella (Eds): *Personality Theories, Research and Assessment*, pp. 125–88. Itasca, IL: F.E. Peacock Pubs., Inc.

Marriott, K. (1983). Book Review of *A Natural History of the Self* by A. Stevens. *The Journal of Analytical Psychology*, 28, 1, 80–2.

Martin, P. (1955). *Experiment in Depth.* London: Routledge and Kegan Paul.

Mattoon, M. (1981). *Jungian Psychology in Perspective.* New York: The Free Press.

Mehta, J. (1976). *Martin Heidegger: The Way and the Vision.* Honolulu: The University of Hawaii Press.

Meier, C. (1963). Psychosomatic medicine from the Jungian point of view. *The Journal of Analytical Psychology*, 8, 2, 103–21.

Merleau-Ponty, M. (1942). *The Structure of Behavior.* Trans. A. Fisher. Boston: Beacon Press, 1963.

Merleau-Ponty, M. (1945). *The Phenomenology of Perception.* Trans. C. Smith. London: Routledge and Kegan Paul, 1962.

Merleau-Ponty, M. (1960a). Phenomenology and psychoanalysis: preface to Hesnard's *L'Oeuvre de Freud.* Trans. A. Fisher. *Review of Existential Psychology and Psychiatry*, 18, 1982–3, 67–72.

Merleau-Ponty, M. (1960b). *Signs.* Trans. R. McCleary. Evanston: Northwestern University Press, 1964.

Merleau-Ponty, M. (1968). *The Visible and the Invisible.* Edited by C. Lefort; trans. A. Lingis. Evanston: Northwestern University Press.

Metzner, R., Burney, C., and Mahlberg, A. (1981). Towards a reformulation of the typology of functions. *The Journal of Analytical Psychology*, 26, 1, 33–47.
Miller, D. (1981). *The New Polytheism*. Dallas: Spring Pubs.
Moore, N. (1983). The archetype of the way, I. *The Journal of Analytical Psychology*, 28, 2, 119–40.
Moore, T. (1987). Animus mundi: the bull at the centre of the world. *Spring*, 116–31.
Moreno, A. (1970). *Jung, Gods and Modern Man*. London: Sheldon Press, 1974.
Murray, E. (1975). The phenomenon of the metaphor. In A. Giorgi, C. Fischer, E. Murray (Eds): *Duquesne Studies in Phenomenological Psychology, Vol. II*, pp. 281–300. Pittsburgh: Duquesne University Press.
Murray, E. (1986). *Imaginative Thinking and Human Existence*. Pittsburgh: Duquesne University Press.
Neumann, E. (1949). *The Origins and History of Consciousness*. Trans. R. Hull. Princeton: Princeton University Press, 1970.
Neumann, E. (1973). *The Child*. Trans. R. Manheim. London: Hodder and Stoughton.
Newman, K. (1980). Counter-transference and consciousness. *Spring*, 117–27.
Newton, K. (1965/71). Mediation of the image of infant–mother togetherness. In M. Fordham, R. Gordon, J. Hubback, K. Lambert, M. Williams (Eds): *Analytical Psychology: a Modern Science*, pp. 173–86. London: Academic Press, 1980.
Nietzsche, F. (1883). *Thus Spake Zarathustra*. Trans. R. Hollingdale. Penguin Books, 1969.
Olkowski, D. (1982–3). Merleau-Ponty's Freudianism: from the body of consciousness to the body of the flesh. *Review of Existential Psychology and Psychiatry*, 18, 97–116.
Papadopoulos, R. (1984). Jung and the concept of the Other. In R. Papadopoulos and G. Saayman (Eds): *Jung in Modern Perspective*, pp. 54–88. Craighall: A. D. Donker.
Papadopoulos, R. (1987). *Adolescence and Homecoming*. London: The Guild of Pastoral Psychology, pamphlet.
Peele, S. (1981). Reductionism in the psychology of the eighties. *American Psychologist*, 36, 8, 807–18.
Perry, J. (1962). Reconstitutive process in the psychotherapy of the self. *Annals of the New York Academy of Sciences*, 96, 853–76.
Perry, J. (1970). Emotions and object relations. *The Journal of Analytical Psychology*, 15, 1, 1–12.
Peters, R. (1987). The eagle and the serpent. *The Journal of Analytical Psychology*, 32, 4, 359–81.
Plaut, A. (1956). The transference in analytical psychology. In M. Fordham, R. Gordon, J. Hubback, K. Lambert (Eds): *Technique in Jungian Analysis*, pp. 152–60, London: William Heinemann Medical Books, 1974.
Plaut, A. (1959). Aspects of consciousness. *British Journal of Medical Psychology*, 1, 32, 4, 239–48.
Plaut, A. (1982). Book Review of *Analysis, Repair and Individuation* by K. Lambert. *The Journal of Analytical Psychology*, 27, 3, 285–8.
Plaut, A. (1985). The self: concept and fact. *The Journal of Analytical Psychology*, 30, 3,

247–50.
Prifitera, A. (1981). Jungian personality correlates of cerebral hemispheric preference. *The Journal of Analytical Psychology*, 26, 2, 151–62.
Progoff, I. (1956). *The Death and Rebirth of Psychology.* Englewood Cliffs: McGraw-Hill, 1973.
Rauhala, L. (1969). *Intentionality and the Problem of the Unconscious.* Turku: Turun Yliopisto.
Rauhala, L. (1984). The basic views of C. G. Jung in the light of hermeneutic metascience. In R. Papadopoulos and G. Saayman (Eds): *Jung in Modern Perspective*, pp. 229–44. Craighall: A. D. Donker.
Redfearn, J. (1970). Bodily experience in psychotherapy. *British Journal of Medical Psychology*, 43, 301–12.
Redfearn, J. (1974). Mandala symbolism and the individuation process. In G. Adler (Ed.): *Success and Failure in Analysis*, pp. 120–136. New York: G. P. Putnam's Sons.
Redfearn, J. (1977). The self and individuation. *The Journal of Analytical Psychology*, 22, 2, 125–41.
Redfearn, J. (1978). The energy of warring and combining opposites. In I. Baker (Ed.): *Methods of Treatment in Analytical Psychology*, pp. 206–18. Dallas: Spring Pubs, 1980.
Redfearn, J. (1983). Ego and Self: terminology. *The Journal of Analytical Psychology*, 28, 2, 91–106.
Redfearn, J. (1985). *My Self; My Many Selves.* London: Academic Press.
Richardson, W. (1965). The place of the unconscious in Heidegger. *Review of Existential Psychology and Psychiatry*, 5, 3, 265–90.
Ricoeur, P. (1970). *Freud and Philosophy: an Essay on Interpretation.* New Haven: Yale University Press.
Ricoeur, P. (1973). Human sciences and hermeneutical method: meaningful action considered as text. In D. Carr and E. Casey (Eds): *Explorations in Phenomenology*, pp. 13–46. The Hague: Martinis Nijhoff.
Romanyshyn, R. (1975). Metaphors and human behaviour. *Journal of Phenomenological Psychology*, 5, 2, 441–60.
Romanyshyn, R. (1977). Phenomenology and psychoanalysis. *The Psychoanalytic Review*, 64, 2, 211–23.
Romanyshyn, R. (1978). Psychology and the attitude of science. In R. Valle and M. King (Eds): *Existential Phenomenological Alternatives for Psychology*, pp. 18–47. New York: Oxford University Press.
Romanyshyn, R. (1982). *Psychological Life: from Science to Metaphor.* Austin, TX: University of Texas Press.
Romanyshyn, R. (1984). The despotic eye. In D. Kruger (Ed.): *The Changing Reality of Modern Man*, pp. 87–109. Cape Town: Juta and Co.
Romanyshyn, R. (1985). Unpublished lectures, Rhodes University.
Romanyshyn, R. (1988). Psychotherapy as a creative process. In E. Stem (Ed.): *Psychotherapy and the Creative Patient*, pp. 35–46. New York: The Howarth Press.
Roszak, T. (1972). *Where the Wasteland Ends.* London: Faber and Faber.

Samuels, A. (1983a). Dethroning the self. *Spring*, 43–58.
Samuels, A. (1983b). The emergence of schools of post-Jungian analytical psychology. *The Journal of Analytical Psychology*, 28, 4, 345–62.
Samuels, A. (1983c). The theory of archetypes in Jungian and post-Jungian analytical psychology. *International Review of Psycho-Analysis*, 10, 429–44.
Samuels, A. (1985a). Countertransference, the 'mundus imaginalis' and a research project. *The Journal of Analytical Psychology*, 30, 1, 47–71.
Samuels, A. (1985b). *Jung and the Post-Jungians.* London: Routledge and Kegan Paul.
Samuels, A., Shorter, B., and Plaut, A. (Eds) (1986). *A Critical Dictionary of Jungian Analysis.* London: Routledge and Kegan Paul.
Sandner, D. (1986). The subjective body in clinical practice. *Chiron*, 1–17.
Sardello, R. (1975). Hermeneutical reading: an approach to the classic texts of psychology. In A. Giorgi, C. Fischer, E. Murray (Eds): *Duquesne Studies in Phenomenological Psychology, Vol. II*, pp. 273–80. Pittsburgh: Duquesne University Press.
Sardello, R. (1984). Taking the side of things. *Spring*, 127–35.
Sartre, J.-P. (1956). *Being and Nothingness.* Trans. H. Barnes. New York: The Philosophical Library.
Satinover, J. (1985). At the mercy of another: abandonment and restitution in psychosis and psychotic character. *Chiron*, 47–86.
Satinover, J. (1987). Science and the fragile self: the rise of narcissism, the decline of God. In D. Levin (Ed.): *Pathologies of the Modern Self*, pp. 84–113. New York: New York University Press.
Schenk, R. (1986). Bare bones: the aesthetics of arthritis. *Chiron*, 167–81.
Schwartz-Salant, N. (1987). The dead self in borderline personality disorders. In D. Levin (Ed.): *Pathologies of the Modern Self*, pp. 114–62. New York: New York University Press.
Scott, C. (1973). Existence and consciousness. In D. Carr and E. Casey (Eds): *Explorations in Phenomenology*, pp. 434–44. The Hague: Martinus Nijhoff.
Scott, C. (1975). Daseinanalysis: an interpretation. *Philosophy Today*, 19, 3/4, 182–97.
Scott, C. (1977). Archetypes and consciousness. *Idealistic Studies*, 7, 28–49.
Scott, C. (1980). On Hillman and Calvin. *Soundings*, 63, 61–73.
Scott, W. (1949). The psycho-analytic view of mandala symbols. *British Journal of Medical Psychology*, 21, 23–5.
Seligman, E. (1982). The half-alive ones. *The Journal of Analytical Psychology*, 27, 1, 1–20.
Serbin, D. (1984). In conversation with Joseph B. Wheelwright. *Psychological Perspectives*, 15, 2, 149–67.
Serrano, M. (1968). *C. G. Jung and Herman Hesse: a record of Two Friendships.* Trans. F. MacShane. New York: Schocken Books.
Shapiro, K. (1972). A critique of introversion. *Spring*, 60–73.
Shapiro, K. and Alexander, I. (1975). *The Experience of Introversion: an Integration of Phenomenological, Empirical, and Jungian Approaches.* Durham, NC: Duke University Press.
Shelburne, W. (1983). Existential perspective in the thought of Carl Jung. *Journal of*

*Religion and Health*, 22, 1, 58–73.
Shelburne, W. (1984). A critique of James Hillman's approach to the dream. *The Journal of Analytical Psychology*, 29, 1, 35–56.
Singer, J. (1972). *The Boundaries of the Soul.* New York: Anchor Books, 1973.
Singer, J. (1979). The use and misuse of the archetype. *The Journal of Analytical Psychology*, 24, 1, 3–17.
Sipiora, M. (1999). *Anima mundi* and the fourfold: Hillman and Heidegger on the 'idea' of the world. In R. Brooke (Ed.): *Pathways into the Jungian World*, pp. 67–83. London and New York: Routledge.
Smith, D. (1975). Freud's metapsychology: the psychoanalytic construction of reality. In A. Giorgi, C. Fischer, E. Murray (Eds): *Duquesne Studies in Phenomenological Psychology, Vol. II*, pp. 60–71. Pittsburgh: Duquesne University Press.
Spiegelberg, H. (1960). *The Phenomenological Movement.* Two volumes. The Hague: Martinus Nijhoff.
Spiegelberg, H. (1972). *Phenomenology in Psychology and Psychiatry: a Historical Introduction.* Evanston: NorthWestern University Press.
Steele, R. (1982). *Freud and Jung: Conflict of Interpretations.* London: Routledge and Kegan Paul.
Stein, L. (1957). What is a symbol supposed to be? In M. Fordham, R. Gordon, J. Hubback, K. Lambert, M. Williams (Eds): *Analytical Psychology: a Modern Science*, pp. 39–51. London: Academic Press, 1980.
Stein, L. (1962). An entity named ego. *The Journal of Analytical Psychology*, 7, 1, 41–54.
Stein, L. (1967). Introducing not–self. *The Journal of Analytical Psychology*, 12, 2, 97–114.
Stein, M. (1985). *Jung's Treatment of Christianity.* Wilmette, IL: Chiron Pubs.
Stein, R. (1976). Body and psyche: an archetypal view of psychosomatic phenomena. *Spring*, 66–80.
Steiner, G. (1978). *Heidegger.* New York: Fontana.
Stevens, A. (1982). *Archetype: a Natural History of the Self.* London: Routledge and Kegan Paul.
Stewart, L. (1987a). Affect and archetype in analysis, *Chiron*, 131–62.
Stewart, L. (1987b). A brief report: affect and archetype. *The Journal of Analytical Psychology*, 32, 1, 35–46.
Storr, A. (1973). *Jung.* New York: Fontana.
Strasser, S. (1963). *Phenomenology and the Human Sciences.* Pittsburgh: Duquesne University Press.
Strasser, S. (1970). Feeling as a basis of knowing and recognising the other as ego. In M. Arnold (Ed.): *Feelings and Emotions*, pp. 291–307. New York: Academic Press.
Straus, E. (1966). *Phenomenological Psychology.* London: Tavistock Publications.
Van den Berg, J. (1959–61). *Het Menselijk Lichaam.* Two volumes. Nijkerk: Callenbach.
Van den Berg, J. (1972). A *Different Existence.* Pittsburgh: Duquesne University Press.
Van den Berg, J. (1980). Phenomenology and psychotherapy. *Journal of Phenomenological Psychology*, 11, 2, 21–49.
Van der Post, L. (1976). *Jung and the Story of Our Time.* London: The Hogarth Press.

Van Kaam, A. (1966). *Existential Foundations of Psychology.* Pittsburgh: Duquesne University Press.
Vitale, A. (1978). Psychotherapy in depressive psychotic states. In I. Baker (Ed.): *Methods of Treatment in Analytical Psychology*, pp. 219–21. Dallas: Spring Pubs, 1980.
Von Franz, M.–L. (1978). *Projection and Recollection in Jungian Psychology.* La Salle and London: Open Court, 1980.
Vycinas, V. (1972). *Search for Gods.* The Hague: Martinus Nijhoff.
Welwood, J. (1977). Meditation and the unconscious. *The Journal of Transpersonal Psychology*, 9, 1, 1–26.
Wharton, B. (1985). 'Show me another reality!': the need for a containing ego. *The Journal of Analytical Psychology*, 30, 3, 273–95.
Wheelwright, P. (1962). *Metaphor and Reality.* Bloomington: Indiana University Press.
Whitmont, E. (1973). Prefatory remarks to Jung's 'Reply to Buber. *Spring*, 188–95.
Whitmont, E. (1982). Recent influences in the practice of Jungian psychology. In M. Stein (Ed.) *Jungian Analysis*, pp. 335–64. London and La Salle: Open Court.
Williams, M. (1963). The indivisibility of the personal and collective unconscious. In M. Fordham, R. Gordon, J. Hubback, K. Lambert, M. Williams (Eds): *Analytical Psychology: a Modern Science*, pp. 76–82. London: Academic Press, 1980.
Williams, M. (1983). Deintegration and the transcendent function. *The Journal of Analytical Psychology*, 28, 1, 65–6.
Winnicott, D. (1951). Transitional objects and transitional phenomena. In *Collected Papers: Through Paediatrics to Psycho-Analysis*, pp. 229–42. London: Tavistock Pubs, 1958.
Winnicott, D. (1964). Book review of *Memories, Dreams, Reflections* by C. G. Jung. *The International Journal of Psycho-Analysis*, 45, 450–5.
Woocher J. (1977). From guilt feelings to reconciliation: images of modern man. *Review of Existential Psychology and Psychiatry*, 15, 2, 186–209.
Zaner, R. (1964). *The Problem of Embodiment: Some Contributions to a Phenomenology of the Body.* The Hague: Martinus Nijhoff.
Zaner, R. (1975). On the sense of method in phenomenology. In E. Pivcevic (Ed.): *Phenomenology in Philosophical Understanding*, pp. 125–42. Cambridge: Cambridge University Press.
Zeman, K. (1977). [The language of a symptom and a symbol.] *Ceskoslovenska Psychiatrice*, 73, 4, 263–9.
Zimmerman, M. (1986). *Eclipse of the Self: the Development of Heidegger's Concept of Authenticity* (revised edition). London: Ohio University Press.
Zinkin, L. (1979). The collective and the personal. *The Journal of Analytical Psychology*, 24, 3, 227–50.
Zinkin, L. (1985). Paradoxes of the self. *The Journal of Analytical Psychology*, 30, 1, 1–17.
Zinkin, L. (1987). The hologram as model for analytical psychology. *The Journal of Analytical Psychology*, 32, 1, 1–21.

| 附錄二 |

# 英文索引

編按：附錄所標示之數字為原文書頁碼，查閱時請對照貼近內文左右之原文頁碼；頁碼數字後標示「n＋數字」者，表示該索引詞條請見註解欄，如 166n9，為頁 166 註 9。

## A

- Abenheimer, K. 阿本海默 xvii, 45, 104
- active imagination 積極想像 4, 86, 93, 136
- Adler, Alfred 阿弗雷德・阿德勒 xvi, 66, 85
- Adler, Gerhard 格哈德・阿德勒 62
- adolescence 青春期 23
- affects 情感 17, 27
  archetypes and 原型和— 157-8, 164, 166n9, 166n10
- Africa: Jung's experience in 非洲：榮格在—的經歷 44, 54-65, 69, 81, 97, 102, 105, 106, 107, 110
- Alberti, Leon Battista 阿爾貝蒂 xi-xii, xiii
- alchemy/alchemists 煉金術／煉金術士 7, 94, 117-18, 145
- Alexander, I. 亞歷山大 46
- alienation 疏離 19-20, 23, 42
- amplification 放大 33-4, 40-1, 176-7
- analytical psychology: 分析心理學
  and attunement —與情調同頻 158
  and fantasy —與幻想 48

'fatal defect' of Jung's thinking 榮格理論思維的「致命缺陷」 9
historically grounded 歷史性地奠基 31
*homo psychicus* as subject of 做為—主體的「心靈人」 70
importance of archetypes 原型的重要性 162
individuation as central concept 個體化做為核心概念 22, 55
and the interpersonal dimension —與人際關係層面 7, 77
Jung's eclecticism within —之內榮格的折衷主義 30
lack of certitude 缺乏確定性 43
natural-scientific approach 自然科學取向 5
post-Jungian 後榮格— 9, 31-2
and priority of the life-world —和給生活世界以存有論上的優先 82
on relationship between body and psyche —論「身體」和「心靈」的關係 73-4, 75
relationship with phenomenology —與現象學的關係 xvii-xviii, 167, 180-1
response to Buber's ideas —對布伯

思想的回應 76
schools of 一學派 9-10
and the self 一和自性 102
and serenity 一與沉著 158
and subjectivity and the ego 一與主體性和自我 104
tension between schools 學派間的張力 53n3
trivialisation of term 'archetype' 「原型」語彙的瑣碎化 149
and the unconscious 一與無意識 134-5
see also Archetypal psychology; Classical School; Developmental school; phenomenological analytical psychology 亦見原型心理學；古典學派；發展學派；現象學分析心理學

- *Analytical Psychology: a Modern Science* (Fordham *et al.*) 《分析心理學：一門現代科學》（佛登等著） 31
- *Analytical Psychology and a 'Weltanschauung'* (Jung) 《分析心理學與世界觀》（榮格著） 83-4
- anima 阿尼瑪 25, 77
- animus 阿尼姆斯 25, 79
- anonymity 無名狀態 62, 173
- anthropocentrism 人類中心主義 93, 102, 144, 163
- anthropology 人類學 2, 5, 6, 26, 27, 31, 152, 163, 164
- anthropomorphism 擬人化 57, 73, 79, 111
- apperception 統覺 125-6, 135
- approach: 取向
    Jung's 榮格的一 31
    use of term 語彙的使用 30

- *Approaching the Unconscious* (Jung) 《接近無意識》（榮格著） 157
- appropriation 占有 109-12, 113-14, 121, 125-6, 130, 132, 135, 180
- archetypal images 原型圖像 19, 23, 24, 25, 27, 47, 53n3, 78-9, 86, 146, 154-8;
    distinguished from archetypes 一與原型的區分 17, 21, 141-2, 143, 144, 147, 148
- Archetypal psychology 原型心理學 9-10, 37, 70, 114, 119, 134-5, 148, 157, 162, 165-6n8, 174
- archetypal reality: imaginal autonomy of 原型實在：一的圖像自主性 161-3, 164
- archetypal situations 原型處境 155
- archetypes 原型 17-18, 140-66, 180
    affects of 一的情感 157-8, 164, 166n10
    and ambiguity 一和模糊性 41
    and attunement 一和情調同頻 158-9, 164
    as being-in-the-world 一做為在世存有 152-9, 164
    bodiliness of 一的身體性 150-3, 155, 163-4
    'central archetype' 「中心原型」 100
    in childhood 童年的一 23
    as cores of meaning 一做為意義核心 148, 152, 153
    definitions 定義 143, 144, 163
    differentiation from images and symbols 圖像與象徵的區別 21
    in dreams 夢中的一 17, 154-5, 156, 162

dyads 雙生組合 18, 26, 157
essences as 本質如同— 42
ethological perspective 動物行為學的視角 150-2, 163-4
hermeneutic critique of —的詮釋學批判 145-50, 163
and individuation —和個體化 22-6
introduction to Jung's concept 榮格的概念介紹 140-5
Kantian theory and 康德的理論和— 78-9
levels of —的層次 159
'negative' 「負面」的— 24-5
ontological 'place' of —的存有論「位置」 27
power of —的力量 160-1
as psychic necessities —做為心靈所必要的 159-61, 164
psychoid archetype 類心靈原型 84-5, 88, 141
relation to instincts 與本能的關係 143-4
relations with ego 語自我關係 19;
role of the brain 大腦的角色 149, 150-2, 165n2
as things-in-themselves —做為物自身 136
trivialization of term 語彙的平庸而瑣碎化 149
typical themes 典型的主題 160
see also archetypal images 亦見原型圖像

assumptions 假設 37
Atman 神我 102
attunement 情調同頻 158-9, 164

Augustine of Hippo 奧古斯丁 142
authenticity 本真性 91, 93
autism 自閉症 106
Avens, Robert 阿文斯 53n6, 161

B

baboons 狒狒 60
Bachelard, Gaston 巴舍拉 xii
Barrett, William 巴雷特 49
Baucis 鮑西絲 63, 137
behaviour 行為 132-3
Being: 存有
  archetypes and 原型和— 163
  and awareness —與意識 853
  body's recollection of 身體對—的回憶 95, 138;
  bracketing of (*epoché*) —的置入括弧（懸擱） 34-6, 50
  and death —與死亡 91
  Heidegger's concept of 海德格對—的概念 6-7, 89, 90, 91, 92, 107, 108, 134
  and imagination —和想像 92
  Jung's experience of 榮格對—的經驗 106
  manifestation of —的顯化 134
*Being and Time* (Heidegger) 《存有與時間》（海德格著） 6, 92
being-in-the-world 在世存有 13, 27, 44, 46, 47, 48, 94, 95, 120, 127
  archetypes and 原型與— 152-9, 164
  see also *Dasein*; world-relatedness 亦見此在；與世界的關聯
Bennet, E. A. 貝內特 42, 43
Berry, P. 貝利 70, 147, 157

- Binswanger, Ludwig 賓斯旺格 xvi, 8, 70, 151
- biologism 生物主義 149, 150
- biology 生物學 3, 32, 144, 146
- Blake, William 布雷克 xiv
- blame 歸咎 16
- Bleuler, Eugen 布萊勒 3
- body: 身體
    abandonment of 拋棄－ xii-xiii, xiv
    animal 動物的－ 74-5
    'anonymity' of －的「無名性」173
    and archetypes －與原型 150-3, 155, 163-4
    carbon of －的碳 84, 102
    concept of continuity of －連續性的概念 95
    and Dasein －和此在 91
    and the ego －和自我 117
    as flesh －做為肉身 85, 97n4
    importance in phenomenological analytical psychology －在現象學分析心理學的重要性 180-1
    intentionality of －的意向性 138
    and interiority －與內部 117-19
    lived 生活－ 71, 72, 74, 75, 76, 131, 134, 138
    recollection of Being 對存有的回憶 95, 138
    relation to the world 和世界的關係 94
    relationship with psyche 與心靈的關係 70-5, 76, 84, 85, 87, 91
    responses in word association studies 對字詞關聯研究的回應 129-30
    'subtle' 微妙的－ 91
- Bohr, Niels 波耳 4
- Bonaventure, St 聖文德 100
- borderline 邊緣人格 161
- Boss, Medard 博斯 xvi, xvii, 4, 10, 29, 47, 69, 137, 139n5
    on attunement 論情調同頻 158
    criticism of collective unconscious concept 對集體無意識概念的批評 123-4
    criticism of Jung's position on symbols 對榮格論象徵立場的批評 115-16
    on existentialia 論存在論特性 159
    on Jung's metaphysical background 論榮格的形上學背景 153-4
    on Jung's understanding of the psyche 論榮格對心靈的理解 80
    on serenity 論沉著 158
- boundaries: 界限
    personal 個人－ 23, 59, 63, 79, 81, 84, 86, 87, 101, 110
    see also ego boundaries 亦見自我界限
- bracketing of being see epoché 將存有置入括弧 參見懸擱
- brain: 大腦
    and archetypes －與原型 149, 150-2, 165n2;
    cerebral-hemispheric preference 大腦半球側化 5
    and the psyche －與心靈 68, 69, 70, 72, 73
    and the unconscious －與無意識 123
- bridge: as symbol 橋梁：做為象徵 115-16

- Brooke, Roger 布魯克 104
- Brunelleschi, Filippo 布魯內列斯基 xi
- Buber, Martin 布伯 75, 76-8, 81, 122n2

## C

- C.G. Jung Institute, Zurich 蘇黎世榮格學院 52, 64
- Carafides, J. 卡拉菲德斯 29
- care 牽掛／照顧 107
- Carotenuto, A. 卡洛特努托 77
- Cartesian thought 笛卡兒思想 xi, xii, xvii, 102, 103,112
    - dualism 二元論 68, 71, 135
    - as European mode of thought 做為歐洲人的思考模式 62, 63, 116
    - Freud and 佛洛伊德與— 29, 81
    - Husserl and 胡塞爾與— 39
    - influence on Jung 一對榮格的影響 29, 51, 63, 68-9, 80, 117
    - and modernism 一與現代主義 65n2
    - phenomenology's criticism of 現象學對—批評 69, 118
    - psyche as 'inner world' 做為「內在世界」的心靈 47, 61
    - res cogitans concept 「我思」的概念 57
    - res extensa concept 「物質實體」的概念 7, 69, 153
    - separation of subject and world (knower and known) 主體和世界的分離（認識者和被認識者） 7, 8-9, 11, 51, 55, 63, 71, 76, 79, 87, 147, 180
- Casey, E. 凱西 xvii, 36
- causes, final 最終因 49-50
- child (archetype) 兒童（原型） 25, 154
- childhood: 兒童期；童年
    - and consciousness 一與原型 127, 129
    - images 圖像 21
    - individuation 個體化 23, 114
    - and lived body 一與生活身體 74
    - and mother 一與母親 79, 154
    - see also infant 亦見嬰兒
- Christianity 基督教 53n5, 59, 70, 122n3, 136
- Chronus 克洛諾斯 154
- circles see hermeneutic circle of selfunderstanding; quadrated circles 圓；循環。參見自我理解的詮釋學循環；方型圓
- Classical school (of analytical psychology) （分析心理學的）古典學派 9, 45, 53n3, 114
- Cohen, E. 柯恩 52
- collective unconscious 集體無意識 16, 27, 91, 123-4, 127, 133-5, 140, 142, 145-6
- colonialism 殖民主義 64-5n1
- compensation 補償 29, 132, 135
- complexes 情結 16, 18, 128-31, 134, 138, 180
    - relation to archetypes 與原型的關係 142, 145
    - shadow as 陰影做為— 24
- conscience 意識 102, 107
- consciousness 意識 15-16
    - ambiguity of term 語彙的模糊性 125-8, 131, 132, 137-8

attitude of, and relation to the unconscious 對－的態度，以及與無意識的關係 135-7
and compensation －和補償 20
and concept of the complex －和情結的概念 128-30
definitions 定義 125, 135
development of －的發展 18-19, 57-8, 180
and development of the self －和自性的發展 110
and the ego －和自我 15-16, 112, 125-7, 129, 135
emergence of －的出現 20-1
and essences －和本質 38
expanded 擴展的－ 84, 109
fragmentary nature 零散的特質 129
and hero archetype －和英雄原型 126, 135
as intentionality －做為意向性 43-50
Jung's use of term 榮格對該語彙的使用 51
light of (as human goal) －之光（做為人類的目標） 56-7
as moment of dawn 做為黎明之初 60-1
of Nature 自然的－ 85
as personalisation of archetypal complexity 做為原型複雜態的個人化 180
place in the psyche 在心靈中的位置 27
'subjective psyche' equivalent to －的同義詞「主觀心靈」 80
- Corbin, H. 柯賓 86

- *Critical Dictionary of Jungian Analysis* (Samuels et al.) 《榮格心理學辭典》（山繆斯等編） 143
- countertransference 反移情 7, 86, 126
  'illusory' 「虛幻的」－ 87

# D

- daemons 惡魔 57-8
- darkness: 黑暗
  of natural law 自然法則的－ 61
  as symbol －做為象徵 55
- *das Man* see they, the 「他們」（德語）。參見他們
- *Dasein* 此在（德語） 39, 48, 68, 79, 88-93, 96, 98, 159
  and gathering and appropriation －與聚集和占有 110
  self as 自性做為－ 98, 101-2, 104-9
  twelve points of connection with the psyche 12項與心靈之間的連結 89-93;
  *see also* being-in-the-world; world-relatedness 亦見在世存有；與世界的關聯
- Davidson, D. 戴維森 86
- dawn 黎明 60-1
- death 死亡 91-2
  as image of mid-life crisis －做為中年危機圖像 23
- defence mechanisms 防衛機制 19
- depression 憂鬱症 5, 23-4
- depth psychology 深度心理學 xiv, 44, 50, 117, 119
- Descartes, René *see* Cartesian thought

description, phenomenological 笛卡兒。參見笛卡兒思想描述，現象學的 32-4
- despiritualisation 去精神化 57-8, 69, 81
- detachment 分離 19-20
- Developmental School (of analytical psychology)（分析心理學的）發展學派 9, 53n3, 75, 102, 114, 135, 167, 174
- dialogue 對話 129
- differentiation 分化；區分 16, 21, 25, 55, 91, 94, 105, 110-11, 121, 148, 179, 180
- Dionysus 狄奧尼索斯 176
- displacement 錯置 19
- dissemblance, phenomenal 相異，現象的 36
- distancing 疏遠 xii
- divine, the 神性 59, 92, 108, 117-18; see also God 亦見上帝
- Downing, Christine 唐寧 82
- dreams: 夢
  amplification method and 放大法和— 40-1;
  and archetypes 一和原型 17, 154-5, 156, 162
  as bodily experience 一做為身體經驗 117
  Elizabeth's (clinical study) 伊麗莎白的—（臨床研究） 168
  experimental research 一的實驗研究 5
  and images 一和圖像 36, 174
  Jung's 榮格的— 62, 139n5
  as reflection of personal fear 一做為個人恐懼的反映 136
  as self-reflection 一做為自我反照 154-5
  and transference 一和移情 86
  and truth 一和真實 93
  and the unconscious 一和無意識 20, 129, 130, 132
  Westerners' 白人的— 83
- Dry, Avis 卓萊 53n4, 131
- dyads 對立面；雙生組合 18, 26, 157

# E

- earth, meaning of 大地，其意義 94-6
- eclecticism, Jung's 折衷主義，榮格的 3, 30
- *Eclipse of God* (Buber) 《神之蝕》（布伯著） 76
- Edinger, E. 艾丁傑 99, 112
- ego: 自我
  and archetypes 一與原型 19-20
  confused with psyche 一與心靈混淆 59, 81, 88
  and consciousness 一與意識 15-16, 112, 125-7, 129, 135
  definition 定義 102-4
  development of 一的發展 22, 23, 24, 110-13
  distinction from, and relation to the self 與自性的關係，和不同 63, 81-2, 101, 102, 105-6, 108, 109-11, 112, 114, 120
  Freud on 佛洛伊德論— 117;
  inflated 膨脹— 25
  of introvert 內傾— 46-7
  and metaphors 一與隱喻 112-13
  and the Other 一與他者（上帝）

77
  self-reflection of 自我反身（照）的－ 129
  and subjectivity －與主體性 103-4
  and the unconscious －與無意識 16, 18, 20, 112
  vulnerability 脆弱 63, 64
ego boundaries 自我界限 63, 87, 90-1, 102-3, 111-12, 117
ego-complex: use of term 自我情結：語彙的使用 103
eidetic reduction 本質還原 32, 38-9
Einstein, Albert 愛因斯坦 4
Elgon, Mount 埃爾貢山 59-61, 62, 109, 162
Elgonyi 埃爾貢尼人 60
Elizabeth (clinical study) 伊麗莎白的（臨床研究） 167-78
emotions see affects 情緒。參見情感
empiricism 經驗主義 9, 42-3, 77
energy: 能量
  as concept in physics －做為物理學概念 5, 45
  see also psychic energy 亦見心靈能量
Enlightenment 啟蒙時代 116
epistemology 認識論 xvii, 8, 42, 70, 103, 145, 167, 181
epoché 懸擱 34-6, 50
essences, search for 對本質的尋求 38-43, 50
Eternal Youth (puer aeternus) 永恆少年 23, 52, 154
ethology 動物行為學 17, 150-2, 160, 163-4
European identity 歐洲人認同 54,

55, 56-7, 62, 63, 64, 65n2, 83; see also Western thought 亦見西方思想
existence: 存在
  as an awakening of being 做為一種存有的覺醒 134;
  body and 身體和－ 152
  and intentionality －和意向性 44;
  pre-personal 前個人－ 90-1
  relationality of －的關係 157;
  use of term 語彙的使用 130
  see also being-in-the-world 亦見在世存有
existential phenomenology 存在現象學 xvi, xvii, 1-2, 4, 6, 8
  definition 定義 44
  on existence as gathering 論存在做為聚集 110
  and 'fatal defect' of Jung's thinking －和榮格思維的「致命缺陷」 9
  as heterogeneous movement －做為異質性的運動 10
  link with hermeneutics 與詮釋學之間的連結 31-2, 40
  and reduction －和還原 35, 38-9
  rejection of Freud's metapsychology 對佛洛伊德後設心理學的拒絕 117
  on world-relatedness of the body 論身體的世界關聯性 76
  existentialia 存在論特性 159
  experience 經驗 42, 79, 116
  knowledge versus 知識 vs. － 2-3, 8-9
  of wholeness 完整性的－ 99
exteriority 外部性 177n2; see also inner-outer distinction 亦見內在與外

在的區別
- extraversion 外傾 46, 47

## F

- fallenness 沉淪 91
- fantasy 幻想 36, 49, 53*n*6, 86, 120, 136, 174;
  - archetypes and 原型與— 162
  - Hillman on 希爾曼論— 174
  - as intentionality 一做為意向性 48, 50-1, 61, 92, 97,112, 130, 161
  - and metaphor —和隱喻 114
  - therapist and 治療師和— 86
  - *see also* imagination 亦見想像
- father (archetype) 父親（原型） 18, 23, 151, 154, 159,176, 178*n*3
- fatherhood 父職 79, 160, 168, 172
- Faust 浮士德 58, 93, 114, 126
- finality 最終性 49-50
- finitude 最終性 91-2
- fixed action pattern 固定的行動模式 17, 150, 160
- foetus 胎兒 106
- Fordham, Michael 佛登 5, 6, 31, 157, 163, 167;
  - on active imagination 論積極想像 86
  - on 'illusory counter-transference' 論「虛幻的反移情」 87
  - on individuation 論個體化 22
  - on infants and children 論嬰兒與兒童 105-6
  - as pioneer of Developmental school 一做為發展學派的開創者 9
  - on the self 論自性 100

- on Stein's paper 論史丹的論文 71
- on synchronicity 論共時性 70
- Fourcher, L. 佛歇 151
- free association 自由聯想 40-1
- free imaginative variation 自由的想像變異 38, 41, 50
- Freud, Sigmund: 佛洛伊德
  - Binswanger on 賓斯旺格論— 70
  - Cartesianism 笛卡兒主義 81
  - concept of instinct 本能的概念 17
  - concept of the unconscious 無意識的概念 28*n*2, 123-4, 137-8
  - criticisms of Jung 榮格的批評 33-4, 176
  - depth psychology of —的深度心理學 xiv
  - on the ego 論自我 117
  - Jung's criticisms of 榮格對—的批評 xvi, 3, 19, 29, 30, 31, 33, 53*n*1, 68, 69, 87, 129, 144
  - materialism of 物質主義 33, 40
  - Merleau-Ponty's dialogue with 梅洛龐蒂與—的對話 138-9*n*1
  - Metapsychology of —的後設心理學 xvii, 4, 29, 104, 117, 124, 140
  - phenomenologists' criticisms of 現象學家對—的批評 29
  - on psychodynamics 論心理動力學 19, 28*n*3
  - psychology's shift from 從—心理學的轉變 63
  - reductionism of —的化約主義 19, 40, 45, 129
  - on sexuality 論性 21, 29, 138-9*n*1
  - and subjectivity —和主體性 103,

104
and symbols －和象徵 115
and therapy －和治療 85
*Project for a Scientific Psychology*
《科學心理學計畫》 68
● Friedman, Maurice 弗里德曼 13*n1*, 76, 77, 85

## G

● Galileo 伽利略 xi-xii
● gathering 聚集 109-12
● genetics 遺傳學 150-2
● Giegerich, Wolfgang 吉格里希 9, 13-14*n2*, 122*n6*, 177*n2*
● Giorgi, A. 吉歐吉 30, 34, 53*n2*
● Gnosticism 諾斯替主義 8, 13*n1*
● God: 上帝
 and call of the self －和自性的呼喚 107-8
 as circle 如同圓 100
 death of －之死 58
 manifestations of －的多種表現 99
 monotheism 一神論 108
 otherness of －的他者性 76, 113
 the soul and 靈魂和－ 78
 will of －的旨意 136
 *see also* divine, the 亦見神性
● God-image (archetype) 上帝的形象（原型） 18, 78, 79
● gods 諸神 8, 42, 57-8, 92, 103, 108-9, 113, 162, 163
 as pathologies －和心理病理 118
 polytheism 多神論 108, 122*n3*
 sun-god 太陽神 60
● Goethe, Johann Wolfgang von 歌德 63
● Goodheart, W. 古德哈特 86
● Gordon, Rosemary 高登 6, 102, 115, 157
● guilt 罪疚感 102

## H

● Harding, Esther 哈丁 67-8
● Heidegger, Martin 海德格 10, 47, 53*n2*, 61, 82, 88-93, 134, 144, 153
 on archetypal image of Greek temple 論希臘神廟的原型圖像 156
 on circularity 論迴圈性 68
 concept of Being 存有的概念 6-7, 89, 90, 91, 92, 107, 108, 134
 critiques of 對－的批評 122*n2*
 on the earth 論大地 94, 95-6
 on *existentialia* 論存在論特性 159
 on Fourfold structure of things 論事物四重結構 97*n8*
 influence on Levin 對萊文的影響 95
 on the poet 論詩人 8, 137
 and religion －和宗教 108
 on resoluteness 論決斷 139*n6*
 and texts －和著作 5
 on understanding 論理解 48-9, 51, 90
 *see also* Dasein 亦見此在
● Heisenberg, Werner 海森堡 4
● Hekate 赫卡特 137
● hermeneutic circle of self-understanding 自我理解的詮釋學循環 26, 32, 67-8, 90
● hermeutics 詮釋學 9, 30-2, 39, 40,

50

    critique of concept of archetypes 對原型概念的批評 145-50, 163

    as method in Elizabeth's therapy (clinical study) 做為在伊麗莎白治療中的方法（臨床研究） 173

    self-discipline 自律 36-7

- hero (archetype) 英雄（原型） 23, 25, 121, 126, 135, 136, 154

    Jung as 榮格如同－ 37

- heroic inflation 英雄式的膨脹 58, 63-4

- Hillman, James 希爾曼 xviii, 50, 73, 104, 108,167

    anti-hermeneutics stance 反對詮釋學立場 146

    and Archetypal psychology －和原型心理學 6, 9-10, 37, 48;

    critique of concept of archetype 對原型概念的批評 146-7, 149, 163, 164-5*n1*

    critique of Jung 對榮格的批評 37

    definition of psyche as perspective 將心靈視為視角的定義 89

    on despiritualisation 論去精神化 58, 162

    on finitude 論有限性 92

    on Fourfold structure of things 論事物四重結構 97*n8*

    on Hekate 論赫卡特 137

    on images 論圖像 92

    on interiority 論內部 119

    on Jung's poeticism 論榮格的詩性 4

    and primacy of the imaginal 圖像的首要地位 86

    on relationship of analyst and images 論分析師與圖像的關係 174

    on the unconscious 論無意識 123

    on understanding 論理解 30

- Hinduism 印度教 99
- historical situatedness 歷史置身 36, 37, 146, 147
- history: continuity of 歷史連續性 94-5
- Hobson, Robert 霍布森 xviii, 31, 73, 79, 97*n5*, 142
- Hoeller, S. 霍勒 13*n1*
- Holt, David 霍爾特 xviii, 119-20
- Horus 荷魯斯 60
- hospitality 悅納他者 93, 119
- Hostie, Raymond 霍斯蒂 79
- Hubback, Judith 赫巴克 152
- humanism 人文主義 63, 65*n2*, 102, 103
- humour 幽默 25, 137
- Husserl, Edmund 胡塞爾 xii, 34, 38, 39, 41, 50, 53*n2*, 82
- hysteria 歇斯底里症 70, 129-30

# I

- id 本我 123
- idealism 觀念論 93
- identity: personal 認同：個人的 15, 23, 44, 62, 80, 91, 101-2, 110, 111, 120, 121; *see also* European identity 亦見歐洲人認同
- images 圖像 17, 21, 36, 52, 112, 120, 131, 134, 153

    analyst and 分析師與－ 86, 174

    befriending 被友善對待的－

136-7
  confused with archetypes 與原型的混淆 149, 152
  connection with things 與事物之間的聯繫 92-3
  differentiated from symbols 與象徵的區分 115
  historical nature of －的歷史特性 146, 147
  ineffable nature of －難以描述的特質 148
  and meaning －和意義 148
  as metaphor －做為隱喻 148
  ontological primacy of －的存有論優先性 174
  'primordial' 原始的－ 140-1, 142
  role of the brain 大腦的角色 151
  subjectiveness of term 語彙的主體性 93
  see also archetypal images 亦見原型圖像
- imaginal intentionality: psyche as 心靈做為圖像的意向性 179
- imaginal realm 圖像領域 86-7
- imagination 想像 7-8, 38, 53n6
  active 積極－ 4, 86, 93, 136
  and archetypal reality －和原型實在 161-3, 164
  archetypes as categories of 原型做為－的範疇 143
  and Dasein －和此在 92, 93
  metaphor and 隱喻和－ 61
  see also fantasy 亦見幻想
- 'Imago': use of term 「意象」：語彙的使用 140
- India 印度 54, 83
- individuation 個體化 21-6, 91, 102, 107, 120-2, 179-80
  ambiguity of term 語彙的矛盾 22
  beginning of －的開展 7
  Gerhard Adler on 格哈德・阿德勒論－ 62
  goal of －的目標 22, 25, 34, 49, 54, 62, 83, 101
  and interiority －和內部 116-20
  Jung's African experience and 榮格的非洲經驗和－ 54, 55, 62
  as process of gathering and appropriation －做為聚集和占有的歷程 109-12, 113-14, 121
  as psychic upheaval －體驗為心理動盪 113
  relation to the self 與自性的關係 27, 49
  stages in process －歷程階段 22-6
  two-stage schema －兩階段模式 22, 23
- infant 嬰兒 105-7
- inflation 膨脹 19
  heroic 英雄的－ 58, 63-4
- inner-outer distinction 內在－外在的區分 19, 46-8, 51, 56-7, 63, 69, 76, 77, 111, 119
- instinct 本能 17, 143-4
  Freud's emphasis on 佛洛伊德對－的強調 19
- 'Instinct and the Unconscious' (Jung) 〈本能與無意識〉（榮格著） 141
- intentionality 意向性 43-51, 61, 92
  of complexes 情結的－ 129, 130-1, 138
  embodied by the unconscious 由無

- 意識具身　132, 133, 138
  imaginal　圖像的－　179
  incarnate　身體化－　134
  and Jung's African experience　－與榮格的非洲經驗　4, 54-65
- interiority　內部；內部性　116-20, 177n2, 180
- interpretation　詮釋　148
- introversion　內傾　46-7, 116
- intuition　直覺　38, 39, 48, 49

## I

- Jacobi, J.　雅各比　5, 142
- Jaffe, J.　亞菲　84, 101, 145, 148
- Japan　日本　118
- Jonas, H.　喬納斯　13n1
- Jung, Carl:　榮格：
  academic limitations and problems with writing　學術限制與寫作問題　2-3
  African experience　非洲經驗　44, 54-65, 69, 81, 97, 102, 105, 106, 107, 110
  on analytical psychology　論分析心理學　83
  autobiography　自傳　34, 45, 54, 64, 139n5
  case studies　案例研究　166n12
  colonialism of　－的殖民主義　64-5n1
  dreams of　－的夢　62, 139n5
  language　語言　4-5, 42
  life at Bollingen　伯林根的生活　95, 97
  literalism of　－的字面意思　97n9
  and religion　－與宗教　108, 113
  retreat from Africa　從非洲撤退　61-2
  shifts in working life　工作生涯的轉變　43
  *see also specific* themes and works　亦見特殊主題和工作
- Kant, Immanuel　康德　51, 108
  'categories' notion　「範疇」概念　142
  *noumenon* and *phenomenon* concepts　本體（物自身）和現象（表象）的概念　34, 78-9, 147, 149, 165n3
- Klein, Melanie　克萊恩　175
- knowledge:　知識
  perspectival nature of　－的觀點本質　6
  versus experience　－ vs. 經驗　2-3, 8-9
- Kockelmans, J.　科克曼斯　38
- Kruger, D.　克魯格　10, 158-9, 166n11
- Kwant, R.　寬特　85

## L

- Lamarck, Jean-Baptiste　拉馬克　141
- language:　語言
  of dreams　夢的－　41
  Jung's　榮格的－　4-5, 42
  of phenomenology　現象的－　31, 39-40, 50
  power of　－的力量　39, 41, 42
  pre-Enlightenment　前啟蒙時代－　42, 50
- letters, Jung's　信件，榮格的　42-3, 49, 66, 67, 95, 99, 110, 134, 159, 165n5
- Levi-Bruhl, Lucien　列維－布留爾

19

- Levin, David　萊文　95, 133, 139n2
- libido　力比多　45-6, 69, 123
- life-world (*lebenswelt*)　生活世界　35, 38, 40, 44, 82, 89, 96, 134, 175
- light:　光
    - of dawn　黎明的—　60-1
    - Newton's study of　牛頓對—的研究　xii-xiii
    - scientific　科學之—　61
    - as symbol　—做為象徵　55
- linear perspective vision　線性透視　xi-xiv
- literalism　字面意義　112-13, 114
- lived body　生活身體　71, 72, 74, 75, 76, 131, 134, 138
- Locke, John　洛克　68
- Lorenz, Konrad　勞倫茲　150
- Luijpen, W.　萊彭　10, 34

## M

- *Man and His Symbols* (Jung)　《人及其象徵》（榮格著）　150
- *mana*　神力　4, 25
- mandalas　曼陀羅　53n3, 99
- mania　躁狂　42
- marriage (archetype)　162
- Marriott, K.　馬里奧特　160-1
- materialism　物質主義　5, 33, 35-6, 40, 70
- mathematics　數學　84
- meaning　意義　30, 31, 33, 51-2
    - cultural　文化—　40
    - search for　尋求—　22
    - images and　圖像和—　148
    - through metaphors　—透過隱喻

61

- 'ultimate core of'　「終極—核心」　148, 152, 153
- Meier, C. A.　梅爾　70
- *Merkur* (journal)　《信使》（期刊）　76
- Merleau-Ponty, Maurice　梅洛龐蒂　xiv, xv, 10, 41, 84, 94, 95, 143
    - on 'anonymity' of the body　論身體的「無名性」　173
    - on body as flesh　論身體做為肉身　85, 97n4
    - on the conscious and unconscious　論意識與無意識　129, 131
    - definition of phenomenology　對現象學的定義　32, 50
    - dialogue with Freud　與佛洛伊德的對話　138-9n1
    - on the lived body　論生活身體　72, 74, 75, 131, 134, 138
- metaphors　隱喻　4-5, 39, 41, 50, 58-9, 114
    - the ego and　自我和—　112-13
    - images as　圖像做為—　148
    - and imagination　—和想像力　61
    - poetic perspective and　詩性視角和—　6, 8
    - primordial　身體化　60-1
- metaphysics　形上學　36
- metapsychology: Freud's　後設心理學・佛洛伊德的　xvii, 4, 29, 104, 117, 124, 140
- method:　方法
    - 'constructive'　「建構性的」—　40
    - Jung's　榮格的—　31, 40
    - relation to 'approach'　和「取向」

373

的關係 30
- methodology 方法論 26-7, 51, 52
- Metzner, R. 梅茲納 49
- mid-life crisis 中年危機 22, 23-4
- *Mitsein* 共在（德語） 91
- modernism 現代主義 65n2
- modernity 現代性 57
- monotheism 一神論 108
- mother (archetype) 母親（原型） 17, 18, 79, 154, 159, 175-6
  Great Mother 偉大一 18, 23, 25, 52, 136
- motherhood 母職 17, 105-7, 114, 160, 179
  as element in clinical study of Elizabeth 一做為伊麗莎白臨床研究的元素 168, 169-72, 174, 175-6
- *mundus imaginalis* 想像世界（拉丁語） 86-7
- Murray, Edward 莫瑞 39, 92, 111
- myth 神話 5, 31, 142, 163, 176

## N

- narcissism 自戀 77, 79
- natural science 自然科學 3, 4, 5-6, 29, 34, 43, 69, 70, 116
- Nature 自然 85, 162
- Neumann, Erich 諾伊曼 95, 106, 139n2
- neurophysiology 神經生理學 69
- neurosis 精神官能症 16, 19, 23, 87
- Newton, Issac 牛頓 xii-xiii
- Nietzsche, Friedrich 尼采 8, 58, 93
- nihilism 虛無主義 93, 95, 149
- *noumenon* (Kant) 本體（康德） 34, 78-9, 147, 149, 165n3

## O

- object: 對象；客體
  and fantasy 一與幻想 48
  introversion and 內傾與一 46-7
  otherness of 一的「他者性」 30, 77-8
  relation to subject 與主體的關係 88
  separation from subject 與主體分離 30, 57
- object-relations 客體關係 6, 9, 36, 106
- 'objective psyche' 「客觀心靈」 16, 79, 80, 136
- Oedipal complex 伊底帕斯情結 23, 176
- 'On the Nature of the Psyche' (Jung) 〈論心靈的本質〉（榮格著） 4, 128, 141
- ontology 存有論 xvii, 2, 8, 27, 75, 77, 85, 92, 102, 103, 107, 108, 112, 117, 146-7, 163, 174, 181
- otherness 他者性 30, 76-8, 79, 100, 113
- 'ownmost' 「屬己的」 91

## P

- paganism 異教主義 59
- Papadopoulos, Renos 帕巴多博洛斯 61, 157
- para-psychology 超心理學 84-5
- parenthood 親職 25, 160, 179; *see also* fatherhood; motherhood 亦見父職；母職

participation mystique　神祕參與　19, 57, 112, 113
Pauli, Wolfgang　包立　4
Peele, S.　皮爾　71
Perry, J. W.　佩里　100, 157
persona　社會面具；角色　23-4
personality:　人格
　　development of　一的發展　21-6
　　unified　統一的一　109
Peters, Roderick　彼得斯　117-18
phenomenological analytical psychology　現象學分析心理學　9, 111, 156-7, 179, 180-1
phenomenology:　現象學
　　definitions　定義　32, 50
　　of experience　經驗的一　42
　　four characteristics of　一的四個特徵　32-50
　　hermeneutic　詮釋學的一　39, 50, 53n5
　　Jung's relation to　榮格與一的關聯　xvi-xvii, 4, 29-32, 51-2
　　language of　一的語言　31, 39-40, 50
　　'pure' or 'transcendental'　「純粹」或「超越論」一　38, 39
　　relation to analytical psychology　與分析心理學的關聯　xvii-xviii, 167, 180-1
　　role of　一的角色　xiv-xv
　　see also existential phenomenology　亦見存在現象學
phenomenon (Kant)　現象（康德）　78-9, 149, 165n3
Philemon　費萊蒙　63, 93, 114, 137
physics　物理學　5, 45, 51, 157
Plato　柏拉圖　142

Plaut, A.　普勞特　86, 102, 104, 174
*poesis*/poetic perspective　詩性／詩性視角　xiv, 4, 6, 7-8, 10, 30, 92, 108
poet, role of　詩人，其角色　8
poetry, defining　詩，其定義　7-8
polytheism　多神論　108, 122n3
positivism　實證主義　29, 69, 70, 71
post-modernism　後現代主義　36
potentialities:　潛能
　　archetypes as　原型做為一　13, 17, 18, 19, 104, 106, 134, 144-5, 157, 159, 180
　　of the self　自性的一　98, 104, 106, 107
　　speciesspecific　特定物種　152-3
prejudices　偏見　34
pre-personal existence　前個人存在　90-1
'primitives'　「原始人」　103
Progoff, Ira　普羅戈夫　45, 143
*Project for a Scientific Psychology* (Freud)　《科學心理學計畫》（佛洛伊德著）　68
projection　投射　20, 21, 55, 56, 79, 81, 116-17
projections, withdrawal of　投射，的撤回　57-9, 63, 69, 116, 117, 119-20
Prometheus　普羅米修斯　154
psyche　心靈　66-97
　　as antecedent to mankind　一做為人類之前身　60
　　autonomy of　一的自主性　66-71, 72, 73, 86, 87-8
　　Boss's critique of concept of　博斯對一概念的批評　124
　　confused with ego　與自我的混淆　59, 81, 88

as *Dasein* 一做為此在 88-96, 98
deeper layers 深層 84
definitions 定義 88, 89, 96-7, 98, 120, 179
difficulty of defining 難以定義 66, 67-70, 86-7, 90
dynamics 一動力 19-21
formed through acts of introjections 透過內攝動作形成 59
head-dominated view of 以頭為主導的一觀點 72-3
as lived world 一做為生活世界 79-88, 89
as location of complexes 一做為情結的位置所在 130
and the meaning of earth 一以及大地的意義 94-6
objective 客觀一 16, 79, 80, 136
and the Other 一和獨立他者 76-8
as perspective 一做為視角 89
questions about 關於一的問題 26
relation to the self 與自性的關係 98
relationship with body 與身體的關係 70-5, 76, 84, 85, 87, 91
structure 一結構 15-19
subjective 主觀一 80
totality of 一整體 12, 25, 63, 67, 98-101, 120, 130
use of term 語彙的使用 51
psychiatry 精神醫學 3, 30, 75
psychic energy 心靈能量 3-4, 5, 69, 123
complexes as centres of 情結做為一的中心 18

psychic epidemics 心靈流行病 127
psychic reality 心靈實在 7, 63, 82, 83, 86, 87
psychoanalysis 精神分析 36, 70, 73, 74, 80-1, 85-6, 87, 102, 176; *see also* Freud, Sigmund 亦見佛洛伊德
psychoid archetype 類心靈原型 84-5, 88, 141
*Psychological Types* (Jung) 《榮格論心理類型》（榮格著） 45-8, 63, 66, 67, 81, 124, 125
psychologism 心理主義 69, 70, 75-9, 85
psychology: 心理學
 experimental 實驗一 35
 natural-scientific 自然科學的一 4
 pop- 流行一 52
 significance of the rise of 一興起的歷史意義 8
 and study of the spirit 一與對精神的研究 70
 *see also* analytical psychology 亦見分析心理學
*Psychology and Alchemy* (Jung) 《心理學與煉金術》（榮格著） 63
'Psychology and Religion' (Jung) 〈心理學與宗教〉（榮格著） 32-3, 57-8
psychopathology 心理病理學 3, 5, 86, 106, 113
psychophysical parallelism 心理物理的平行論 72, 87
psychophysiology 心理生理學 36, 145
psychosis 精神病 19
psychosomatics 身心學 70, 71
psychotherapy 心理治療 73, 85-7, 107, 111-12, 118-19, 156

clinical study 臨床研究 167-78;
function of 一的作用 27
Jung's approach to 榮格一的取向 36
see also therapist 亦見治療師
- Pueblo Indians 普埃布洛印第安人 72
- *puer aeternus see* Eternal Youth 永恆少年（拉丁語）。參見永恆少年
- *puer-senex* relation 小孩一老人關係 154, 156

## Q

- quadrated circles 方形圓 33-4
- questions 問題 26-7

## R

- Rational Man 理性人 103
- rationalism 理性主義 35-6
- Rauhala, Lauri 勞哈拉 29, 47, 165*n7*
- realism 實在論 32, 68-9, 71, 93
- reality 現實 32, 67; *see also* archetypal reality; psychic reality 亦見原型實在；心靈現實
- rebirth 重生 24
- Redfearn, J. 雷德費恩 72-3, 86, 98-9, 101, 153
- reduction: 還原
    eidetic 本質一 32, 38-9;
    phenomenological 現象學一 34-7, 51
- reductionism 化約主義 5, 32, 33, 69, 70, 71, 73-4, 75, 87, 88
    Freud's 佛洛伊德的一 19, 40, 45, 129

Jung's 榮格的一 149
- reflection 反思 125-6, 130, 135
- regression 退行 57, 59
- religious experience 宗教經驗 8, 19-20, 33, 79, 108, 118; *see also* Christianity; despiritualisation; God; gods; Hinduism 亦見基督教；去精神化；上帝；諸神；印度教
- renaissance 文藝復興 116
- repression 壓抑 130
- 'Review of the Complex Theory, A' (Jung) 〈情結理論的回顧〉（榮格著） 128
- Ricoeur, Paul 呂格爾 xv, 43, 50, 53*n2*
- Rilke, Rainer Maria 里爾克 xiii
- Romanyshyn, Robert D. 羅曼尼遜 xvii, 10, 41, 53*n5*, 69, 137, 148, 162
    on the 'despotic eye' 論「專橫之眼」 147
    on existence 論存在 133
    on role of modern psychology 論現代心理學的角色 92, 116, 117, 118

## S

- Samuels, Andrew 山繆爾 9-10, 14*n3*, 77, 86-7, 140, 167
- Sandner, D. 桑德納 166*n12*
- Sardello, R. 薩德洛 xvii, 162
- Sartre, Jean-Paul 沙特 10
- Satinover, J. 薩蒂諾弗 77, 157
- Schenk, Roland 申克 xviii
- schizoid retreat 孤僻性撤退 27, 77
- schizophrenia 精神分裂症（思覺失調症） 3
- Schopenhauer, Arthur 叔本華 142

science: 科學
　European tradition 歐洲傳統 42
　'dualistic realism' 「二元實在論」 68, 71
　illusory nature of 一的幻覺性質 163
　modern 現代一 xi-xiii, 32, 35
　as myth 一做為神話 5
　natural 自然一 3, 4, 5-6, 29, 34, 43, 69, 70, 116
　and reality 一與現實 82
　see also Cartesian thought; empiricism; physics 亦見笛卡兒思想；經驗主義；物理學
Scott, Charles 史考特 xvii, 105, 153-4
self 自性 18-19, 20
　call from the 來自一的呼喚 107, 121
　as care 一做為牽掛 107
　as centre 一做為中心 100-1
　in childhood 童年期的一 23
　as Dasein 一做為此在 98, 101-2, 104-9
　definitions 定義 27, 98-9, 100, 120
　distinction from, and relation to, the ego 一與自我的關聯和區別 63, 81-2, 101, 102, 105-6, 108, 109-11, 112, 114, 120
　fear of disintegration and loss 對解體與喪失之恐懼 61-3
　as matrix 一做為母體 55, 105, 112
　as the Other within 一做為在內部的他者 76-7
　psychosomatic theory of 一的身心

學理論 71
　realization of 一的實現 22, 23, 24, 55, 56, 64
　relation to the unconscious 與無意識的關係 100
　and religion 一與宗教 108
　return to 回返一 55, 57
　spirituality of 一的精神性 62-3
　symbols of 一的象徵 25, 99
　totality of 一整體 12, 23, 63, 81, 98-101, 104, 105
　see also individuation 亦見個體化
self-reflection 自我反身；自我反思；自我反映（照） 129, 132, 136, 154-5
Seligman, E. 塞利格曼 178n3
Semele 塞默勒 176
senex see wise old man 老人（拉丁語）。參見智慧老人
sensation 感覺 49
Serbin, D. 瑟賓 166n12
serenity 沉著 158-9
Serrano, M. 塞拉諾 100
sexuality: 性
　Freudian 佛洛伊德學派的一 21, 29, 138-9n1
　Jung's approach to 榮格對一的取向 19
　spirit as 精神做為一 42
shadow 陰影 24-5, 99
Shapiro, K. 夏皮羅 46
Singer, J. 辛格 157
Sipiora, M. 西比歐拉 97n8
snake (symbol/archetype) 蛇（象徵／原型） 21, 117, 142
social conformity 順應社會 22, 23
soma 軀體 26

- soul 靈魂 77, 78
- South Africa 南非 136
- spatiality 空間性 90
- Spiegelberg, H. 史匹格伯格 xvi, 29, 52
- spirit: 精神
    as sexuality 一做為性 42
    study of 一的研究 70
    use of term 語彙的使用 72
- 'Spirit and Life' (Jung) 〈精神與生命〉（榮格著） 68, 69, 70
- spirituality 精神性 62-3; see also religious experience 亦見宗教經驗
- Steele, Robert 斯蒂爾 30, 145-6, 147, 149, 163, 166n12
- Stein, L. 利奧波德・史丹 5, 71, 104
- Stein, Murray 莫瑞・史丹 53n5
- Stein, R. 羅伯特・史丹 70
- Steiner, G. 史坦納 6
- Stewart, L. 史都華 158, 166n10
- Storr, Anthony 史脫爾 2
- Straus, Erwin 史特勞斯 76
- *Studies in Word Association* (Jung) 《字詞關聯研究》（榮格著） 128
- subject: 主體
    and fantasy 一與幻想 48
    introversion of 一的內向性（內傾） 46-7
    and meaning 一與意義 30
    relation to object 與對象的關係 88
    separation from object 與物件（對象）的分離 30, 57
- 'subjective psyche' 主觀心靈 80
- subjectivity: and the ego 主體性：以及自我 103-4

- sun-god 太陽神 60
- super-ego 超我 42
- Superman 超人 58
- symbolic activity 象徵活動 20-1, 24
- symbolic life 象徵性生活 12, 61, 114, 121; see also transcendent function 亦見超越功能
- symbolic transformations 象徵性轉化 116, 139n2
- symbols 象徵 17, 20-1, 24, 114-16, 131, 133
    definitions 定義 20, 115
    differentiated from images 與圖像的區別 115
    hermeneutics and 詮釋學和一 40
    light and darkness 光明和黑暗 55
    primordial 原初一 61
    of the self 自性的一 25, 99
- synchronicity 共時性 70-1, 90, 153, 157

# T

- Tao 道 102
- 'Tavistock Lectures' 「塔維斯托克講座」 40-1, 71
- teleology 目的論 49
- temporality 時間性 91-2
- texts 文本 40-1, 50, 52
- theologians 神學家 76
- therapist 治療師 85-7, 111-12, 126, 132, 174, 176-7
- they, the (*das Man*) 他們 91, 107
- things: and images 事物：與圖像 92-3, 153
- thought 思想 72, 144
- Tinbergen, Nikolaas 丁伯根 150,

- transcendent function 超越功能 86, 114, 115; see also symbolic life 亦見象徵生活 157
- transference 移情 7, 86, 107; see also countertransference 亦見反移情
- transformation 轉化 112-14, 116, 117, 119, 121, 131, 139n2, 160
- trickster (archetype) 搗蛋鬼（原型） 18, 25, 52, 159
- truth 真理；真相 31, 93
- types, theory of 類型理論 45-8

## U

- *Umwelt* 周遭世界（德語） 150, 151
- unconscious: 無意識
  ambiguity of term 詞彙的模糊性 125-8, 131, 132, 137-8
  collective 集體－ 16, 27, 91, 123-4, 127, 133-5, 140, 142, 145-6
  and concept of the complex －和情結的概念 128-30
  criticism of Jung's concept of 對榮格－概念的批評 123-4
  definition 定義 135
  ego and 自我與－ 16, 18, 20, 112
  ethnic 種族－ 139n3
  the face of －的面貌 135-7
  as intentionality －做為意向性 132, 133
  of introvert 內向者的－ 47
  Jung's divergence from Freud 榮格與佛洛伊德的分歧 123-4
  as lived matrix －做為生活母體 130-3, 135
  'objective psyche' equivalent to 「客觀心靈」等同於－ 80
  personal 個人的－ 16, 124, 140, 142
  place in the psyche －在心靈中的位置 27
  relation to the self 與自性的關聯 100
  relation to consciousness 與意識的關聯 135-7
  represented by Great Mother 偉大母親所代表的－ 25
  seen as layers －被視為層次 139n3
  use of term 語彙的的使用 51
  and understanding －和理解 49
  as vital matrix －做為生機蓬勃母體 130-3, 135
- understanding (*verstehen*): 理解
  as dimension of intentionality －做為意向性的維度 49, 51
  Heidegger on 海德格論－ 48-9, 51, 90
  Kant's 'categories' of 康德的－「範疇」 78
  psychologies of －的心理學 30
  see also hermeneutic circle of self-understanding 亦見自我理解的詮釋學循環
- unity: 統一體；統一性
  lived 生活－ 71-2
  mind-body-world 「心智－身體－世界」－ 94
  of personality 人格的－ 109
  role of archetypes 原型的角色 154
  of the self 自性的－ 111

- unknown, the　未知　136
- *unus mundus*　同一世界（拉丁語）　94

## V

- validity　有效性　42-3
- Van den Berg, J. H.　范丹伯　32, 53*n*5, 92, 94, 95
- *verfallen see* fallenness　沉淪（德語）。參見沉淪
- *verstehen see* understanding　理解（德語）。參見理解
- vision *see* linear perspective vision　影像；視野。參見線性透視
- *Visions Seminars, The* (Jung)　《影像研討會》（榮格著）　166*n*12
- Vitale, A.　維塔里　5
- Von Franz, M.-L.　馮・法蘭茲　81
- Von Uexküll, Jakob　馮・韋克斯庫爾　150, 151
- Vycinas, Vincent　維西納斯　162

## W

- *Wandlungen und Symbole der Libido* (Jung)　《力比多的轉化與象徵》（榮格著）　140
- *Weltanschauung* (world view)　世界觀（德語）　83-4, 88
- Welwood, J.　威爾伍德　165*n*7
- Western thought　西方思想　44, 72-3, 83, 112-13, 118, 119, 121; *see also* European identity　亦見歐洲人認同
- Wheelwright, Joseph　約瑟夫・惠萊特　166*n*12
- Wheelwright, Philip　菲利普・惠爾萊特　61
- Whitmont, E.　惠特蒙　77-8, 79, 104
- Wholeness　完整性　77
  - experience of　一的經驗　99
- Winnicott, D.　溫尼考特　61, 86, 102
- wise old man (archetype)　智慧老人（原型）　18, 25, 52, 154
- wise old woman (archetype)　智慧老婦人（原型）　18
- word association studies　字詞關聯研究　72, 128, 129-30, 132, 138
- world:　世界
  - awakening of　一的覺醒　111
  - inaccessibility of reality　現實的無法觸及性　67
  - man's unique place in　人在一中的獨特地位　59
  - relation to body　與身體的關聯　94
  - relation to the earth　與大地的關聯　95-6
  - as temple　一做為神殿　59-61, 62-3, 89, 92
- world-relatedness　世界關聯性　26, 44-5, 46, 47, 48, 55-7, 76, 86; *see also* being-in-the-world; *Dasein*　亦見在世存有；此在
- wounded healer (archetype)　負傷的治療者（原型）　18
- Wundt, Wilhelm　馮特　4

## Z

- Zaner, R.　詹納　35
- Zeman, K.　澤曼　115
- Zeus　宙斯　8, 154, 176
- Zimmerman, M.　齊默曼　139*n*6

- Zinkin, :Louis　齊金　63,65*n3*, 75, 119, 157
- Zurich *see* C.G. Jung Institute, Zurich 蘇黎世。參見蘇黎世榮格學院

PsychoAlchemy 049

# 榮格與現象學
## Jung and Phenomenology

著―羅傑・布魯克（Roger Brooke）　譯―李維倫

---

出版者―心靈工坊文化事業股份有限公司
發行人―王浩威　總編輯―徐嘉俊
執行編輯―裘佳慧　特約編輯―林婉華
內文排版―龍虎電腦排版股份有限公司
通訊地址―106台北市信義路四段53巷8號2樓
郵政劃撥―19546215　戶名―心靈工坊文化事業股份有限公司
電話―02）2702-9186　傳真―02）2702-9286
Email―service@psygarden.com.tw　網址―www.psygarden.com.tw

製版・印刷―中茂分色製版印刷事業股份有限公司
總經銷―大和書報圖書股份有限公司
電話―02）8990-2588　傳真―02）2290-1658
通訊地址―242新北市新莊區五工五路2號（五股工業區）
初版一刷―2024年11月　ISBN―978-986-357-402-6　定價―720元

**Jung and Phenomenology, 1st Edition**
**ISBN: 9781138787285**
**© 2015 Roger Brooke**

Authorized translation from the English language edition published by Routledge, a member of Taylor & Francis Group LLC; All rights reserved. 本書原版由Taylor & Francis出版集團旗下Routledge出版公司出版，並經其授權翻譯出版。版權所有，侵權必究。

PsyGarden Publishing Company is authorized to publish and distribute exclusively the Chinese (Complex Characters) language edition. No part of the publication may be reproduced or distributed by any means, or stored in a database or retrieval system, without the prior written permission of the publisher. 本書繁體中文翻譯版授權由心靈工坊文化事業股份有限公司獨家出版。未經出版者書面許可，不得以任何方式複製或發行本書的任何部分。

Copies of this book sold without a Taylor & Francis sticker on the cover are unauthorized and illegal. 本書封面貼有 Taylor & Francis 公司防偽標籤，無標籤者不得銷售。

**Complex Chinese translation copyright © 2024 by PsyGarden Publishing Company**
**ALL RIGHTS RESERVED**

---

版權所有・翻印必究。如有缺頁、破損或裝訂錯誤，請寄回更換

國家圖書館出版品預行編目(CIP)資料

榮格與現象學 / 羅傑・布魯克（Roger Brooke）著；李維倫譯 . -- 初版 . -- 臺北市：心靈工坊文化事業股份有限公司，2024.11
　面；　公分 . -- （PsychoAlchemy；49）
譯自：Jung and Phenomenology
ISBN 978-986-357-402-6（平裝）

1. CST：榮格（Jung, C. G.(Carl Gustav), 1875-1961）　2. CST：學術思想　3. CST：精神分析學　4. CST：現象學

170.189　　　　　　　　　　　　　　　　　　　　　　　113015791